物联网金融业态下的动产押物监管问题研究

RESEARCH ON THE SUPERVISION OF CHATTEL PLEDGE IN THE FINANCIAL INDUSTRY OF INTERNET OF THINGS

靳晓婷◎著

中国经济出版社
CHINA ECONOMIC PUBLISHING HOUSE
北 京

图书在版编目（CIP）数据

物联网金融业态下的动产押物监管问题研究／靳晓婷著.
—北京：中国经济出版社，2019.8
ISBN 978-7-5136-5750-1

Ⅰ.①物… Ⅱ.①靳… Ⅲ.①动产—抵押贷款—金融监管—研究—中国 Ⅳ.①F832.4

中国版本图书馆 CIP 数据核字（2019）第 133419 号

责任编辑　姜　静　赵立颖
责任印制　马小宾
封面设计　久品轩装帧设计

出版发行　中国经济出版社
印 刷 者　北京柏力行彩印有限公司
经 销 者　各地新华书店
开　　本　710mm×1000mm　1/16
印　　张　16
字　　数　243 千字
版　　次　2019 年 8 月第 1 版
印　　次　2019 年 8 月第 1 次
定　　价　68.00 元
广告经营许可证　京西工商广字第 8179 号

中国经济出版社 **网址** www.economyph.com **社址** 北京市西城区百万庄北街 3 号 **邮编** 100037

本版图书如存在印装质量问题，请与本社发行中心联系调换（联系电话：010-68330607）

前言

金融部门是经营信用的主体之一，信用经营的关键在于风险管理，但风险管理能力取决于对融资主体的信息掌握程度。目前，我国现行的动产融资过程中债权人（银行）和债务人信息严重不对称，银行“看不住”“抢不到”“难处置”动产抵质押物的现象时有发生，动产融资的数量偏低、质量偏差，致使国内出现企业贷款需求很旺盛，但有需求的民营企业特别是小微企业贷不到款，而金融机构不仅批贷条件严格，而且可能还有“难言之隐”：有的对民营企业不愿贷、不敢贷，多一事不如少一事，怕担风险、担责任的现象。

国务院总理李克强2018年11月9日主持召开的国务院常务会议要求：“金融部门主动作为，加大金融支持力度，缓解民营企业特别是小微企业的融资难融资贵问题。”针对目前国内动产融资过程中的抵质押物难监管问题，作者基于物联网金融视角，通过调研动产抵质押物的监管现状与风险分析，在广泛吸收业内专家学者真知灼见的基础上，通过借助物联网技术赋予动产以不动产属性，从动产融资抵质押物实时感知、仓单及仓储的智能化管理，非标仓单的标准化及智能仓单的统一化管理，供应链动产融资的全程无遗漏监管等维度，构建了物联网金融业态下的动产融资押物监管模型，并对动产融资的抵质押物智能监管进行了实证分析。研究成果变革了供应链金融模式，带来动产融资业务的智慧式新发展，对银行全面、主动监控抵押物并及时掌握供应链上下游企业经营状况，提高银行对动产融资的积极性，破解当下的动产融资困局，推动动产融资业务蓬勃发展，构建物联网金融信任新体系，防范化解金融信贷风险及银行信贷决策提供了有益参考。同时，研究成果对解决企业融资难、融资贵问题，优化配置企业资本，规范商品流通秩序以及推动金融创新等，具有一定的理论指导意义和实际应用价值。

作者

2019 年 8 月

目　录

第一章

物联网金融与新金融业态分析

随着互联网的崛起和移动通信网的飞速发展，非计算机设备大规模接入互联网，物联网（IoT，Internet of Things）应运而生。同时，金融信息化的飞速发展带来了金融服务与资金流数字化。近几年，随着科技运用到金融领域，金融行业的生态日渐重构。继“互联网+金融”（以下简称“互联网金融”）深度融合后，“物联网+金融”（以下简称“物联网金融”）这一新业态也开始出现。

什么是物联网金融？物联网金融有哪些特点和创新模式？物联网金融与互联网金融有何区别与联系？物联网金融的现状与发展趋势如何？本章将针对上述问题，进行概要阐述。

第一节　物联网金融概述

一、相关概念及其界定

（一）金融

中、西方在不同的历史发展阶段，对金融的定义也不尽相同。一般地，在经济学术语中，金融（Finance）是货币资金融通的总称，主要指与货币流通和银行信用相关的各种活动。主要内容包括：货币的发行、投放、流通和回笼；各种存款的吸收和提取；各项贷款的发放和收回；银行会计、出纳、转账、结算、保险、投资、信托、租赁、汇兑、贴现、抵押、证券买卖以及国际贸易和非贸易的结算、黄金白银买卖、输出、输入等。

另外，从狭义和广义不同角度、学术领域、从业机构等方面看，金融的含义大致包括以下几种：

从狭义角度看，金融是动态的货币经济学。

从专业角度看，金融是从储蓄到投资的过程，是人们在不确定环境中进行资源跨期的最优配置决策的行为。

从学术领域看，广义金融包括会计、财务、投资学、银行学、证券学、保险学、信托学等。

从从业机构看，从事金融活动的机构主要有银行、信托投资公司、保险公司、证券公司、投资基金，还有信用合作社、财务公司、金融资产管理公司、邮政储蓄机构、金融租赁公司以及证券、金银、外汇交易所等。

从本质上看，金融是价值流通，金融是交易活动，而且金融交易的频繁程度能够反映一个地区、区域乃至国家经济在特定阶段的繁荣状况。

一般说来，传统金融的概念是研究货币资金流通的学科，而现代金融的本质就是经营活动的资本化过程。

（二）互联网金融

1. 定义

在国内，对互联网金融的定义大致有以下几种：

定义 1：互联网金融（Internet Finance，ITFIN）是互联网技术和金融功能的有机结合，依托大数据和云计算在开放的互联网平台上形成的功能化金融业态及其服务体系，包括基于网络平台的金融市场体系、金融服务体系、金融组织体系、金融产品体系以及互联网金融监管体系等，并具有普惠金融、平台金融、信息金融和碎片金融等相异于传统金融的金融模式。

定义 2：互联网金融（ITFIN）是指传统金融机构与互联网企业利用互联网技术和信息通信技术，实现资金融通、支付、投资和信息中介服务的新型金融业务模式。

定义 3：互联网金融（ITFIN）指的是：具有互联网精神（开放、平等、协作和分享）、以互联网技术和信息通信技术为基础来实现金融功能（资源配置、支付清算、风险管理、提供价格信息等）的新兴金融业态。

2016 年 10 月 13 日，国务院办公厅公布的《互联网金融风险专项整治工作实施方案》明确提出，“互联网金融不是互联网和金融业的简单结合，而是在实现安全、移动等网络技术水平上，被用户熟悉接受后（尤其是对电子商务的接受），自然而然为适应新的需求而产生的新模式及新业务，是传统金融行业与互联网技术相结合的新兴领域。”2018 年 10 月 10 日，中国人民银行、中国银行保险监督管理委员会、中国证券监督管理委员会出台并公布《互联网金融从业机构反洗钱和反恐怖融资管理办法（试行）》。基于上述文件精神，考虑到互联网金融首先诞生于互联网公司而非传统金融公司，笔者认为：互联网金融是在互联网精神的影响下，传统金融功能衍生出的新的实现方式。因此，互联网金融的核心是互联网精神连接资产与资金，而金融功能是其表现形式。

2. 发展历程

在中国，互联网金融的发展历程要远远短于美国、德国、英国等美欧发达经济体。截至 2018 年，中国的互联网金融大致可以分为以下三个发展阶段：

（1）萌芽阶段（2005 年之前）。1990—2005 年，真正的互联网金融形态尚未形成，但随着计算机的普及和互联网的出现，以银行为主要代表的传统金融机构逐渐开始把以人工为主的金融业务搬到互联网，并逐步利用互联网开展金融业务。在此期间，1993 年以全新商务运作模式诞生的电子商务、1998 年国内第一笔网上支付的实现、2002 年银联在上海成立，以及网上转账、网上证券开户、网购保险等业务的出现，预示着互联网金融时代的到来。

（2）起步阶段（2005 年到 2012 年前后）。在此阶段，2005 年被誉为第三方支付的元年。这一年，阿里巴巴的支付宝、腾讯的财付通相继成立；此外，招商银行手机银行内置的拉卡拉支付、宝付、国付宝、迅银支付等数十家第三方支付公司相继成立，网上购物者使用网上支付的比例于 2015 年跃升到 48.4%。在此过程中，随着计算机技术的普及应用，尤其是互联网的迅猛发展，电子商务集中爆发，进一步助推了第三方支付平台的出现和繁荣。2007 年，“P2P 网贷”的出现，预示着互联网金融又一标志性业务形态出现。尽管国内的第三方支付在 2005 年已出现很多，但受限于市场需求和环境影响，2005—2009 年的发展速度极为缓慢，官方也尚未对第三方支付进行认证。直到 2010 年，中国人民银行（以下简称央行）出台了《非金融机构支付服务管理办法》之后，才于 2011 年为支付宝（中国）网络技术有限公司、北京银联商务有限公司、北京商服通网络科技有限公司、深圳市财付通科技有限公司等 27 家支付公司正式发放第一批支付牌照，具体信息如表 1-1 所示。

表 1-1　首批 27 家第三方支付牌照企业

序号	省市	公司名称	产品名称
1	浙江	支付宝（中国）网络技术有限公司	支付宝
2	北京	北京商服通网络科技有限公司	商通卡
3	北京	开联通网络技术服务有限公司	连心卡
4	北京	北京通融通信息技术有限公司	易宝支付
5	北京	钱袋网（北京）信息技术有限公司	钱袋网、手机充值、网游充值、买机票、买彩票、手机支付
6	北京	北京数字王府井科技有限公司	POS 机
7	北京	北京银联商务有限公司	POS 机
8	北京	裕福网络科技有限公司	福卡
9	北京	网银在线（北京）科技有限公司	网银在线
10	北京	北京拉卡拉网络技术有限公司	拉卡拉
11	广州	深圳市财付通科技有限公司	财付通
12	广州	深圳市快付通金融网络科技服务有限公司	快付通、红荔卡便民支付、B2C（金融产品）
13	广州	广州银联网络支付有限公司	网付通、网付包、易航宝、基金网付通
14	广州	深圳银盛电子支付科技有限公司	E 票通
15	广州	深圳市壹卡会科技服务有限公司	一卡会
16	海南	海南新生信息技术有限公司	易卡
17	上海	银联商务有限公司	POS 机、ATM、预付卡、便民支付、商城
18	上海	通联支付网络服务股份有限公司	行业综合支付服务和金融外包服务
19	上海	快钱支付清算信息有限公司	快钱支付
20	上海	上海汇付数据服务有限公司	汇付天下、天天盈
21	上海	上海盛付通电子商务有限公司	盛付通
22	上海	上海东方电子支付有限公司	业务范围包括 B2G 和 B2B 领域，海关税费支付
23	上海	杉德电子商务服务有限公司	POS 机、POS 机公共缴费
24	上海	迅付信息科技有限公司	—
25	上海	上海捷银信息技术有限公司	捷银卡、手机支付

续表

序号	省市	公司名称	产品名称
26	上海	上海付费通信息服务有限公司	付费通
27	天津	渤海易生商务服务有限公司	易生商旅卡、易生消费卡、易生旅游卡等围绕航空业务的预付卡

（3）高速发展阶段（2013 年及以后）。2013 年被誉为互联网金融元年。这一年，以“余额宝”为代表的“宝宝类”理财产品的诞生和规模增速狂飙为契机，P2P、众筹、第三方支付、消费金融等以资产证券化为手段进行操作的金融模式都取得了跨越式发展。2010—2014 年银行理财产品的数据信息及走势如图 1-1 所示。

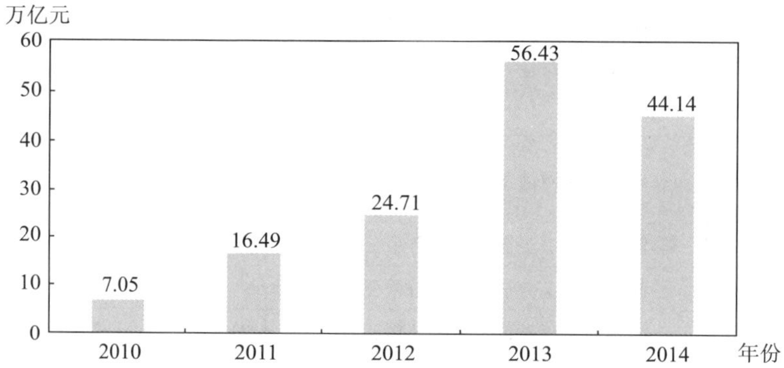

图 1-1　2010—2014 年银行理财产品规模走势图

资料来源：融 360

相关研究结果表明，图 1-1 中所示的 2014 年银行理财规模较 2013 年下降的原因，主要在于 2014 年银行理财产品发行量激增，导致金融的分流。

2010—2016 年 P2P 行业的成交规模走势如图 1-2 所示。

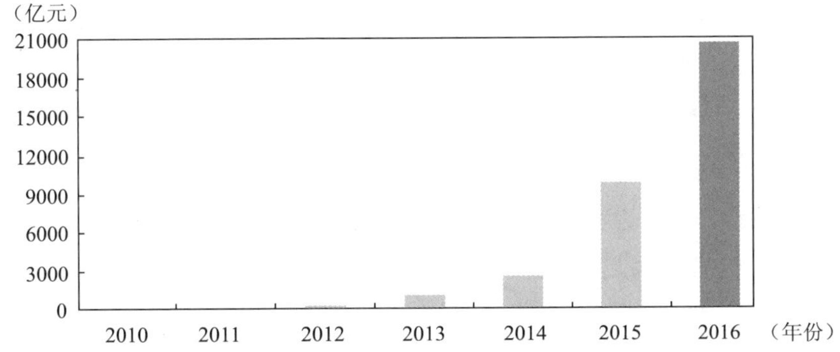

图 1-2　2010—2016 年 P2P 行业的成交规模走势图

注：图 1-2 的数据不包含线下平台/公司的成交数据。
资料来源：网贷之家、盈灿咨询

2011—2015 年我国互联网众筹平台数量走势如图 1-3 所示。

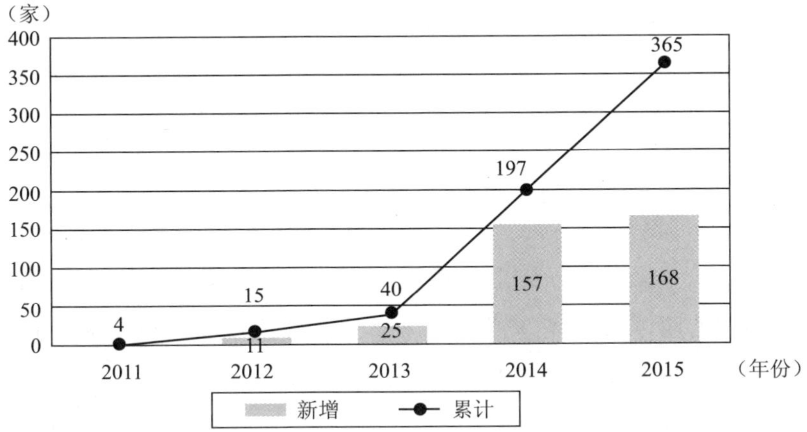

图 1-3　2011—2015 年我国互联网众筹平台数量走势图

资料来源：零壹研究院

（三）物联网金融

在国际电信联盟（ITU）发布的 ITU 互联网报告中，物联网的定义为：通过二维码识读设备、射频识别（RFID：Radio Frequency Identification）装置、红外感应器、全球定位系统和激光扫描器等信息传感设备，按约定的协议，把任何物品与互联网相连接，进行信息交换和通信，以实现智能化识别、定位、跟踪、监控和管理的一种网络。中国物联网校企联盟将物联网定义为当下几乎所有技术与计算机、互联网技术的结合，实现物体与物体之间环境以及状态信息的实时共享以及智能化的收集、传递、处理、执行。简而言之，物联网就是一个基于互联网、传统电信网等信息承载体，让所有能够被独立寻址的普通物理对象，实现互联互通的网络，即所谓的“物物相连的互联网”。

由此可见，在物联世界数字化、物品网络化背景下，数字化金融与数字化物品的有机集成与整合，使得物联网中物品的物品属性与价值属性有机融合，这也是物联网金融产生的缘由。目前，针对物联网金融（IoTFin：Internet of Things Finance），常见的定义方法主要有以下几种：

定义 1：物联网金融就是将传感器、数据采集等物联网技术应用到金融领域，增强信息的真实性，从而建立更为客观的信用体系。

定义 2：物联网金融是指面向物联网的金融服务与创新，涉及所有的各类物联网应用，并非仅局限于金融物联网应用。它是金融机构和物联网企业利用物联网技术和信息通信技术，实现支付、资金融通、投资、资产管理及信息中介等服务的新型金融业态。

定义 3：物联网金融实质上是对现在互联网金融的“去线下化”，建立一个纯线上模式的金融体系。物联网金融通过海量的、客观的、全面的数据建立相对客观的信用体系，风险管控的可靠性和效率性将得到提升，将会产生更好的信贷模式和风险管控模式。

平安银行的钢贸贷款，以及中国工商银行、中国银行、中信银行等基于 GPS（Global Positioning System，全球定位系统）的车贷等动产融资业务的事实表明：物联网和金融的深度融合，使得金融能够依托物联网技术提升服务体验、降低运营成本，实现资金流、信息流、实体流的三流合一，变革了金融行业传统的信用体系，使金融风险得到了一定的控制。可以预见：物联网将深刻而持久地变革银行、证券、保险、租赁、投资等众多金融领域的原有模式，并引领金融模式的新变革。

综上所述，物联网金融是金融信息化演进到一定阶段的必然产物。其形成和发展有“三大支柱”：一是跨界融合。物联网金融是物联网和金融相互影响、渗透并不断融合的产物。一方面，物联网不断应用于金融服务的各个领域，促进现代金融的信息化和数字化发展。另一方面，金融服务嵌入信息交换和网络化管理，催生供应链金融等全新的商业模式，为物联网的发展壮大提供了有力支持。二是大数据支撑。对金融机构而言，物联网提供的不是人与人的交往信息，而是物与物、物与人的社会合作信息。通过对海量数据信息的存储、挖掘和深入分析，能够透视客户的自然和行为属性，为金融机构大到服务战略、小到业务决策提供全面客观的依据。三是互联网基础。物联网金融本质上是对物联网上的物品信息进行综合分析、处理、判断，在此基础上开展相应的金融服务，以减少信息不对称性。而物品信息生成后的标识、传输、处理、存储、交换共享的整个流程都是在互联网上进行的，没有互联网，物联网金融将寸步难行。因此，可以认为物联网金融是金融信息化的不断延伸，是互联网金融的深化发展。

二、物联网金融产业链

物联网金融产业链涵盖动产融资、保险、供应链金融、租赁等环节（如图 1-4 所示）。

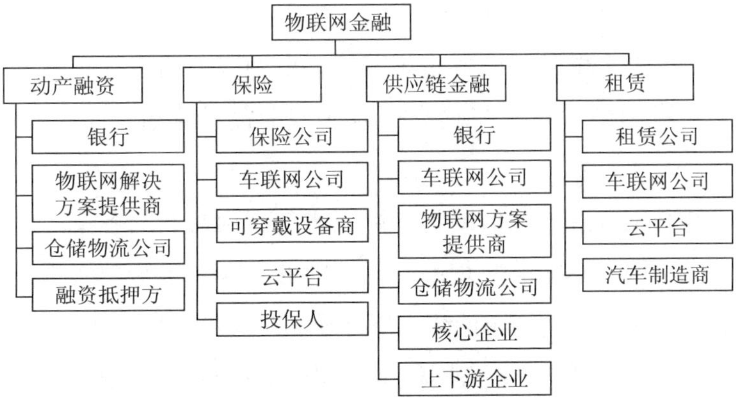

图 1-4　物联网金融产业链

资料来源：马宏建．物联网的金融蓝海［R］．方正证券

在动产融资环节，虽然银行主导动产融资，但是物联网解决方案提供商将从巨大的仓库改造市场中获益颇多；同时，物联网解决方案提供商和仓储物流公司合作负责仓库改造，银行等金融机构将增加对改造后的仓库的使用需求。物联网保险和租赁业务都需要服务商对车辆进行改装，运用云平台对车辆进行实时监控。供应链金融领域需要核心企业和仓储物流企业提供贸易往来数据，从而了解中小企业财务和经营状况，决定授信规模。仓储物流公司不仅可以配合银行主导的供应链金融，获得仓储和物流业务，还可以凭借自己在货物运输信息上的优势，开展其主导的供应链金融业务。

三、物联网金融的特点

中投顾问发布的《2017—2021 年中国物联网金融产业深度调研及投资前景预测报告》指出："物联网金融实现了商业网络、服务网络在金融层面的融合，使金融服务得到自动化和智能化，创造出多种商业模式。"具体说来，物联网金融的特点如下：

第一，物联网金融拓展了金融业务的范围，丰富了现代金融活动的内容。不难看出：物联网金融使得金融服务由主要面向"人"的金融服务延伸到可以面向"物"的金融服务，服务范围明显变大。

第二，物联网金融是将商业金融网络、金融服务网络等金融网络进行有机的融合，物联网金融技术与理念可以实现商品社会各类商品的智慧金融服务。

第三，物联网金融可以借助物联网技术整合商品社会各类经济活动，能够实现传统金融服务不能够实现的交易，能够在现实生活中实现金融服务的自动化，并能够进一步实现智能化，更好地满足现代社会发展的需要。

第四，物联网将现实的金融服务融入虚拟的金融服务中，可以创造出形式多样的金融商业模式，从而不断地推动金融业向前发展。

四、物联网金融的应用

2010年6月，工信部已将物联网正式列入国家重点发展的战略性新兴产业。《国务院关于加快培育和发展战略性新兴产业的决定》，由国务院于2010年10月10日以国发〔2010〕32号文下发公布，内容共分八个方面，其中包括使节能环保、新一代信息技术、生物、高端装备制造、新能源、新材料、新能源汽车七大产业用20年达世界先进水平。由此可见，作为新一代信息技术之一的物联网，在国家政策层面早已受到重视。然而，从技术价值层面看，物联网在连接层的价值只有5%，更大的价值是在提供信息化应用层面，是一个既包括硬件连接又包括软件服务，但是更多价值是在软件层面的应用技术。

在金融领域常规的金融贷款、抵押、租赁等经营项目中，有效管控资产，进而避免金融风险或者规避风险损失，是过去、现在乃至将来亟待解决的问题。物联网能够实时感知的特点，恰巧能够满足金融领域对抵押物动态感知的需要，可以避免金融损失，创造金融盈利，从而创造出非常直接的经济价值。为适应发展需要，平安、兴业等银行也都成立了专门的物联网金融部门，依托物联网技术，服务金融行业。

从服务领域看，物联网金融可服务于企业信用体系管理、个人理财及其他应用领域；从应用分类看，物联网金融可用于动产监管、企业运营状态监控、企业信贷风险防控（对应服务领域：企业信用体系管理），个人理财服务领域内的支付行为、感知支付、人身安全管理、资金安全管理，以及其他服务领域的银行证券保险、租赁投资、智能交通、物流信息管理等。物联网金融的应用版图如图1-5所示。

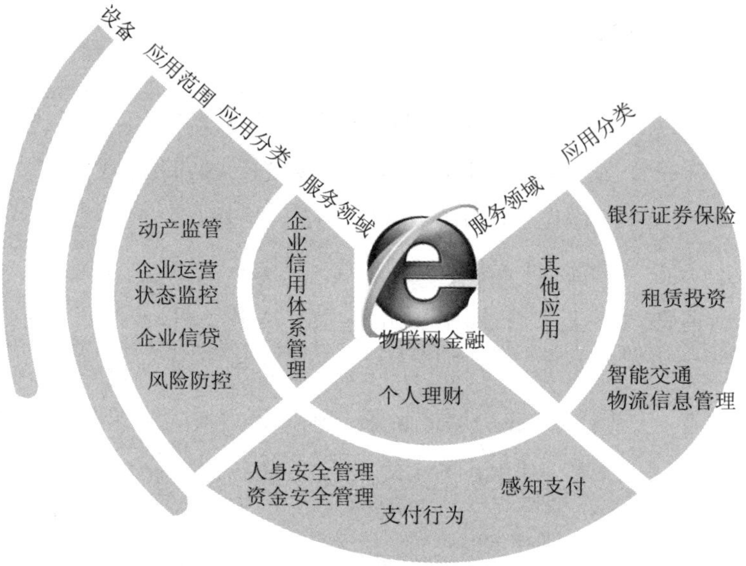

图 1-5　物联网金融应用版图

资料来源：马宏建. 物联网的金融蓝海［R］. 方正证券

下面从汽车金融监控系统、金融抵押物监控系统、融资租赁标的物监控系统三个方面，简要概述物联网金融的应用情况。

（一）汽车金融监控系统

目前，国内汽车销售行业的通常做法是：汽车经销商不直接向车厂支付大量现金购买汽车再销售，而是向银行贷款，由银行向汽车厂商支付车款，一旦销售，再向银行还款。在还款之前，经销商将车辆的合格证与钥匙抵押在银行处。

存在的痛点：上述购车方式，导致车辆和车辆的所有权实际分离，会产生很大的风险。其主要表现为：一是经销商可能会存在骗贷行为，把汽车违规倒卖了；二是经销商完成销售后，有可能不及时通知银行，从而延长还款期限，从事民间借贷。

解决的方案：利用物联网提供的以下三种技术，解决车辆与车辆所有权的分离问题，进而有效地监控风险。

（1）实时定位技术。利用 GPS 和移动基站双定位，即可实时定位车辆所在位置。

（2）电子围栏技术。设定监控车辆活动区域，越过设定区域即发送告警。

（3）销售状况动态实时评估技术。通过动态、实时评估销售状况，及时掌握经销商的销售状况，评估还款能力，进而能够为二次融贷提供依据。

（二）金融抵押物监控系统

在金融领域，传统的抵押贷款是商家在向银行或其他金融机构贷款或融资时，商家须提供抵押物，银行需要对抵押物进行监控。同时，银行还需要随时监控企业的生产经营情况，进而对企业能否有效还款进行动态研判。

存在的痛点：银行需要对静态的物体和动态的生产经营情况进行尽可能详细的监控。主要表现在两个方面：一是需要监控管理其贷款企业的资产抵押物；二是需要动态监控其生产设备状态和能耗水平，实时了解贷款企业的经营情况，从而使风险评估更加精准。

解决的方案：利用物联网提供的以下三种技术，满足随时监控静态物品和动态状况的需求。

（1）基于物联网的视频监控技术。实时检查抵押物，掌握完好程度，了解位置变化。

（2）基于物联网的仓储管理技术。对于企业生产经营状况，实时审查仓库及客流状况，掌握经营能力。

（3）基于物联网的信息实时采集技术。掌握企业生产能源消耗，实时采集水电气用量信息，从根本上掌握其偿债能力。

（三）融资租赁标的物监控系统

目前，流行的做法之一是：企业扩大再生产过程中，为了节省现金流，可以进行实物融资。即对购买的大型生产设备不支付全款，而是采用类似分期付款的形式完成支付。

存在的痛点：融资租赁企业一是需要确认设备是否安全，是否被挪用；二是企业是否正常生产，是否具有正常还款能力；三是需要进行实时的数据分析评估。

解决的方案：利用物联网提供的以下三种技术，满足融资租赁标的物的监控需求。

（1）基于预位仪的视频监控技术。预位仪相当于24小时的视频保安，当设备挪动后就会报警，同时也可以监控库房的出入库情况是否正常。

（2）无源GPS定位技术。同上述两种应用相同，具有实时定位、电子围栏、拆除告警等功能。

（3）基于蓝牙的室内定位技术。该技术是一种精准定位技术，是基于三边定位原理，有效抑制无线定位受环境干扰带来的波动大的难题，提升定位精度。由于对于标的物的盘点和监控通常是在室内进行的，因此高精度的室内蓝牙定位就显得非常高效了。

（四）基于物联网终端的保险创新

上述三类应用，都是银行与商家的关系。由此可见，基于物联网技术可以对物进行实时监控的功能，作为金融领域的保险公司，同样可以设置很多险种，以保障人、财、物的安全。

传统保险的痛点：用户对于人身安全、货物安全是有实时监控需求的，需要确保危险情况发生时，可以迅速警示，之后可能获得相应的理赔。

解决的方案：利用物联网提供的多种安全场景应用，解决对人、财、物安全保险的需求。

（1）基于物联网的电子胶带技术。通过对货物进行内置物联芯片的电子胶带封装，可以确保物品的完整密封，同时在物流领域，这样的技术也有很大的应用空间，随时监控物品的位置、状态、温度等，确保运输保险的实现。

（2）基于物联网的可穿戴技术。利用无源GPS定位技术，借助可穿戴设备，可以提供对小孩、老人的实时定位，电子围栏，实时告警等功能，保险公司可借助此技术特别设立相关的儿童保险、老人保险等险种。

（五）基于物联网的智能POS机

POS（Point of Sales，销售点）机是一种配有条码或OCR码技术终端阅读器，有现金或易货额度出纳功能。POS机的主要任务是对商品与媒体交易提供数据服务和管理功能，并进行非现金结算。简而言之，POS 机又叫刷卡机，具有支持消费、预授权、余额查询和转账等功能，使用起来安全、快捷、可靠。常见的 POS 品牌有即付宝、拉卡拉、佳维视、新大陆、瑞刷、汇付天下、好搭档、公达、吉成、名绅等。

从 POS 机出现到现在，其功能不断演进。在物联网技术的支持下，POS 机可以被理解为额外具有刷银行卡功能的智能手机。普通应用是以模块化的方式安装到 POS 机上，从而拓展不同的应用软件，应用在出租车、商圈、社区等多个场景中。

在支付界里，基于物联网的智能 POS 机有“一清”和“二清”的区别。所谓一清是指，银行或者有中国人民银行颁发支付牌照的正规的第三方支付公司，经过银联的清算中心把刷卡资金直接清算给商户，资金从银联的清算中心直接到达商户绑定的银行卡，中间是不经过任何第三方单位或个人进行转接清算的。所谓二清是指，持卡人在商户 POS 机终端刷卡交易之后，资金是由银联的清算中心或者第三方支付机构先清算到陌生的单位或者个人的账户中，再由这个陌生的单位或是个人进行二次清算，最终才结算到 POS 机的安装商户账户中。

产品举例：“拉卡拉 POS 机”，是拉卡拉公司新推出的一款专门面向全国小微商户的专属、智能、多用途收款终端。它整合了商户的收款需求和便利支付业务需求，并提供刷卡机具申请易、结算快的优质服务，一站式解决商户开店所需，是帮助商户聚集人气、减支创收的工具之一。

（六）其他移动支付方式

移动支付也称为手机支付，就是允许用户使用其移动终端对所消费的商品或服务进行账务支付的一种服务方式。单位或个人通过移动设备、互联网或者近距离传感直接或间接向银行金融机构发送支付指令，产生货币支付与资金转移行为，从而实现移动支付功能。

移动支付主要分为近场支付和远程支付两种。所谓近场支付是指消费者在购买商品或服务时，即时通过手机向商家进行支付，支付的处理在现场进行，使用手机射频（NFC）、红外、蓝牙等通道，实现与自动售货机以及 POS

机的本地通信。NFC 近距离无线通信是目前近场支付的主流技术，它是一种短距离的高频无线通信技术，允许电子设备之间进行非接触式点对点传输交换数据。该技术由 RFID 射频识别演变而来，并兼容 RFID 技术，最早由飞利浦、诺基亚、索尼主推，主要用于手机等手持设备中。

远程付款就是通过发送支付指令（如网银、电话银行、手机支付等）或借助支付工具（如通过邮寄、汇款）进行支付的方式。远程支付一般也指线上支付，是利用移动终端通过移动通信网络接入移动支付后台系统，完成支付行为的支付方式。根据交易对象，远程支付也分为远程转账（个人对个人）和远程在线支付（个人对企业）。一个典型的远程支付流程是，用户通过移动终端在电子商务网站购买产品后，按照商家提供的付款界面，跳转至手机银行或第三方移动支付页面完成支付。此外，通过短消息服务、互动式语音应答等方式进行的移动支付也属于远程支付。

移动支付方式有以下几种：

（1）短信支付。是手机支付的最早应用，即将用户手机的 SIM 卡与用户本人的银行卡账号建立一种对应关系，用户通过发送短信的方式，在系统短信指令的引导下完成交易支付请求，操作简单，可以随时随地进行交易。手机短信支付服务强调了移动缴费和消费。

（2）扫码支付。是一种基于账户体系搭建起来的新一代无线支付方案。在该支付方案下，商家可把账号、商品价格等交易信息汇编成一个二维码，并印刷在各种报纸、杂志、广告、图书等载体上发布。用户通过手机客户端扫拍二维码，便可实现与商家支付宝账户的支付结算。最后，商家根据支付交易信息中的用户收货、联系资料，就可以进行商品配送，完成交易。

（3）指纹支付。即指纹消费，是采用目前已成熟的指纹系统进行消费认证。顾客使用指纹注册成为指纹消费折扣联盟平台会员，通过指纹识别即可完成消费支付。

（4）声波支付。利用声波的传输，完成两个设备的近场识别。其具体过程是，在第三方支付产品的手机客户端里，内置有“声波支付”功能，用户打开此功能后，用手机麦克风对准收款方的麦克风，手机会发出一阵“咻咻咻”的声音。

五、物联网金融的创新

（一）物联网金融创新形式

随着金融科技的快速发展，物联网等技术的出现为提升金融风险控制能力、加强金融与实体经济的融合，促进金融向“智慧+”发展提供了有力手段。华夏物联网研究中心 2012 年的《中国物联网金融研究报告》指出：物联网金融的主要创新模式涵盖仓储物联网金融、货运物联网金融和公共服务物联网金融，这三种创新形式的物联网金融的含义如下：

1. 仓储物联网金融

仓储物联网金融是在仓储金融基础上发展起来的金融服务，是借助物联网技术对仓单质押、融通仓、物资银行等服务的进一步提升。借助物联网技术，可以对仓储金融的监管服务实现网络化、可视化、智能化，使过去独立的仓储金融服务得到发展，也使金融创新服务风险得到有效控制。

2. 货运物联网金融

货运物联网金融是在货运车联网技术的基础上创新的金融服务，由华夏物联网研究中心率先提出并进行了很多开拓性研究。通过货运物联网金融服务，可以借助双向管理（金融管理与物联网管理）手段，复合金融卡技术（RFID 卡与银行卡合一），面向货运车辆，实现一车一卡，集成卡车运营中的一切商务活动，进行金融服务创新。如：集成加油服务，可实现庞大客户群的加油团购，使得持卡加油大幅优惠，随着发卡量的增多，客户群会越来越大；集成卡车保险服务，可实现庞大客户群的保险团购，使得客户群远远大于车队规模，可获得大幅保险优惠，让保险公司与车主获利；等等。货运物联网金融可集成与整合的服务众多，创新空间巨大。

3. 公共服务物联网金融

如在远程抄表系统的智能卡上集成金融服务，可以实现远程金融直接结算，为控制风险，可增加手机或网络实时授权确认功能。这项金融服务可在燃气、水表、电表等公共服务上应用，可将几种服务集成在同一张卡上，借助金融卡的集成作用作为通行证，打通各个公共服务物联网，实现各个专业的、孤立的物联网之间的共享服务。

（二）物联网金融创新理论

物联网的产生和发展，在需求、技术和制度等多个方面为金融改革创新提供了条件；从理论和技术层面，为推动现有金融体系走上一条高效率、良性循环的制度变迁之路提供了支持。物联网金融创新的理论依据领域产生了新的革命。

第一，物联网金融重构了社会信用体系。目前，金融机构面临的信用困局主要包括信用缺失、欺诈盛行、信息孤岛、监管困难、过度杠杆、需求多样，如图 1-6 所示。但在物联网金融领域，基于物联网特征的物品信息，可以全面反映企业或个人的自然属性和行为属性，在丰富信用维度的基础上提高了社会信用体系的可靠性。在理论上，物联网的互联互通特征，能够进一步促进各部门信息的整合与共享，克服了传统社会信用体系中的信息孤岛问题。同时，物联网上的信用信息可以借助云计算、大数据挖掘等技术，避免人为判断的影响，保障信用评价结果的真实性。此外，物联网还能从理论和技术层面，保证评价结果与信用信息的同步更新，实现信用实时传递。简而言之，基于物联网和大数据重构的社会信用体系，能够帮助金融机构精准判断、提前发现、及时预警风险，并推动金融风险防控体系产生质的飞跃，进而将主观信用变为客观信用。

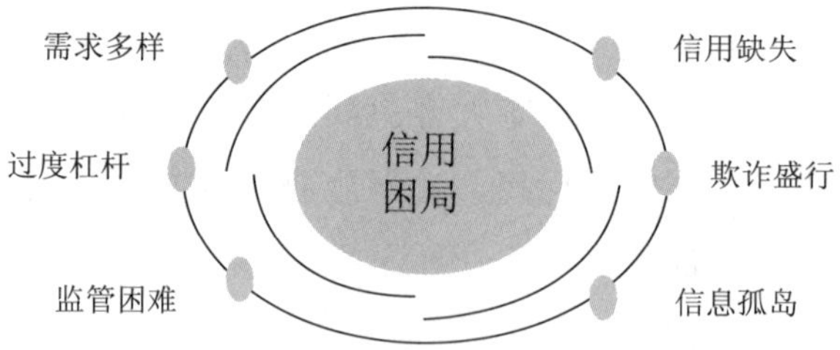

图 1-6　金融机构面临的信用困局

第二，物联网金融能够有效解决信贷供需双方的信息不对称问题。在物联网金融模式下，无论理论还是技术层面，信贷供方和监管机构都能够随时随地掌握抵押和质押物品的形态、位置、空间、价值转换等信息，而且能够将上述信息充分、有效、实时交换和共享，进而在理论层面彻底解决信贷监管过程中的“信息孤岛”和信息不对称问题。譬如：针对汽车险的恶意骗保顽疾，监管方通过在投保车辆上安装物联网终端，可以综合评判该车辆的驾驶行为，也可以根据驾驶员的驾驶习惯好坏确定保费水平；当车辆出现事故时，依靠物联网终端可以较为完整、实时地告知保险公司肇事车辆的行为，保险员不到现场即可判断交通事故是否属于人为故意行为。

第三，物联网金融能够有效促进金融风险的管控。如前所述，金融业本质上是经营风险的行业，风险控制是金融行业发展和创新的重中之重。借助物联网技术，金融体系可以从时间、空间两个维度，全面感知实体世界行为，对实体世界进行追踪历史、把控现在、预测未来，让金融服务融合在实体运行的每一个环节中，有利于全面降低金融风险。譬如：英国的 Insure the box 公司将含有 GPS、运动传感器、SIM 卡和电脑软件的盒子部署在汽车上，借助 GPS 技术追踪定位失窃车辆，并协助客户找回失窃车辆；当检测到车辆撞击或意外撞击事故时，盒子会自动告知公司，公司再电话联系客户，进而确认客户的人身安全；同时，在紧急情况下，还会呼叫应急救援部门参与救援；此外，盒子里的数据亦可协助客户分析车辆的损失情况。

第四，物联网金融推动了金融理论的创新。2016 年，阙方平在《银行家》上发表的《颠覆性变革悄然来临：物联网金融“十大假说”》中提出了物联网金融的风险收益“四象限”模型、金融市场“尾部均衡”、信用风险（违约概率）降低、操作风险“两极端”、市场风险上升、流动性风险上升、社会信用体系升级、巴塞尔协议第一支柱：风险资产资本全覆盖、巴塞尔协议第二支柱：大数据监管工具等十大假说，并对物联网金融对传统金融的颠覆性影响进行了深度剖析。

第五，物联网金融在理论和实践上变革了金融经营的管理模式。在银行、保险等传统金融业领域，普遍存在信息耗散、决策链条过长、效率相对低下等问题。而在物联网金融时代，物联网技术能够改造金融组织架构、管理模式和服务方式，提高金融运行和服务效率。主要表现为：一是物联网金融推动金融组织由垂直化向扁平化结构转变。随着物联网技术在金融部门的普及和推广，金融部门的组织架构将依靠信息管理系统进行连接，结构更加扁平化，系统更加贴近用户大众，应变能力和响应速度能够显著提高。二是物联网金融推动业务流程由分散化向集约化转变。也就是说，物联网将使金融部门从根本上重新思考和设计现有的业务流程，按照最有利于客户价值创造的运营流程进行重组，进而能够最大限度地提高业务办理的效率。三是物联网金融能够推动金融服务方式由标准化向个性化转变。通过综合运用物联网相关技术，金融机构能够更加顺畅地与客户交流，了解客户需求，提供有针对性的金融产品，将客户体验推向极致。

综上所述，以物联网为主要特征，融合云计算、大数据、人工智能等新一代信息技术的物联网金融，对传统金融市场的规模扩大和效率提高产生了革命性影响，基于物联网的金融风险控制模型，产生了如图 1-7 所示的转变。

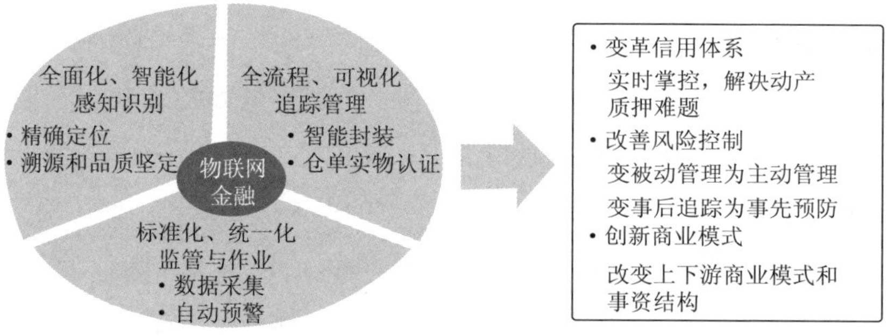

图 1-7　物联网金融风控模型

（三）工行物联网金融创新

胡稚弘在《物联网金融创新助力工行智慧转型发展》一文中，报道了中国工商银行的物联智慧金融，开拓并创新的经营服务模式，主要表现如下：

1. 重塑金融信用体系，铸就有效精准风控

物联网金融采集更丰富、客观、真实的客户数据，实现资金流、信息流、实体流的“三流合一”，促进金融机构建立客观信用体系。目前，金融机构面

临诸多信用困局，信息孤岛、信用缺失、监管困难等问题制约金融业务进一步发展。物联网金融能够全面反映物理实体自然属性和行为属性，可使客观数据和金融业务交叉印证，从而获取更广泛的客户行为信息，实现客观信用体系。金融机构可避免虚假数据和主观判断带来的影响，提高提前发现、预警风险、精准决策的风险控制水平，打破原有的主观粗犷的风险管理方式，提高风险管控的可靠性和实时性，推动金融风险防控体系建设。

2. 促进智慧金融转型，提升客户服务能力

物联网金融使金融机构能够依托物联网技术，创新金融业务模式，提升客户服务能力，为金融服务带来新的变化。

（1）物联网金融赋予动产以不动产属性，银行能够及时感知动产的事件发生和状态变化，开拓动产融资领域市场前景。

（2）物联网金融为企业供应链融资提供完整、闭环的贷前贷后服务。通过联通产业链上下游企业，建立供应链企业的信用信息库，为企业提供更便捷的融资、支付等基础金融服务和其他增值服务。

（3）物联网金融促进银行普惠服务发展。中小微企业是我国社会经济发展中不可或缺的力量，金融机构与小微企业缺少信息共享，无法有效判断企业风险，困扰金融机构服务发展，导致中小微企业融资难、融资贵等金融服务困局。物联网金融模式下，金融机构可以实时动态掌控贷款企业的全部运营生产过程，充分有效地交换和共享信息资源，降低企业贷前评估、贷中控制和贷后管理等成本，促使金融服务向普惠化发展，推动金融服务实体经济。

（4）物联网金融提高金融精细化服务水平。物联网金融数据带来更完整、更真实的客户画像，根据客户行为特征重新定义客户分类和等级，为客户提供更精准、更个性化的金融服务。同时，物联网金融可以根据客户行为信息数据，为客服提供主动、预测性服务，进一步提升客户金融服务体验。

3. 实现科学运营管理，助力银行降本增效

物联网金融为运营管理智能化、实物管理自动化、设备运维主动化及信息传递共享化等提供技术支撑，提高科学智能运营管理水平，降低运营成本。

（1）物联网金融支撑内部运营自动化。金融机构运营管理涉及实物品种

多、数量大，人工管理成本高，还涉及库存现金与贵金属保管、调运、企业上门服务等环节，交接管理复杂、身份核验困难、监控手段匮乏。同时，核算要素及各类档案管理，缺少实物与货架货位对应关系，查找、分拣、提取工作量大，人工成本高。物联网金融采用物品标识、智能容器、智能货架、生物识别、追踪监控等技术手段，围绕实物操作出库入库、调运交接和定位盘点等场景，实现自动化和智能控制，推进业务流程改革，提高物品操作效率，降低业务运营成本，大幅提升智能化运营管理水平。

（2）物联网金融助力运营管理智能化。智能 POS 机、自助设备等金融服务外设，根据监管要求，需要对布放行业、使用区域、风险交易进行风险控制。物联网金融通过设备自带的定位技术，设置地理围栏、定制监控规则、可视化地图，可实现移动外设的资产管理、风险控制。

（3）物联网金融带来设备运维主动化。智能网点建设和 ATM 投放增长，带来设备可用率与科学维护管理的挑战。物联网金融定期采集并上报部件状态或指标信息，进行维护精准预测，推动定期保养向按需保养转变，降低人工维护成本，减少因故障引发的服务中断，提高设备服务能力。

六、物联网金融 VS 互联网金融

在当今全新的数字化时代，银行、证券、保险等金融机构充分利用物联网、移动互联网、大数据、云计算、区块链、人工智能等现代科技，驱动金融创新，共同构建智慧生态圈，将是大势所趋。

从字面上看，虽然“物联网”与“互联网”仅一字之差，但含义却相距甚远。一般说来，互联网中是主观的、确定的信息，而物联网中是客观的、非确定的信息。也就是说，物联网中所有的信息都不是人工输入的，而是从现实世界感知的真实信息。正因如此，导致互联网和物联网时代的商业模式、架构体系、思维方式存在很大差别。

互联网金融还处于结构化数据和非结构化数据的阶段，主要是由线下到线上的整合。其逻辑是“流量制胜，价格驱动”，需要将产品和服务进行高度标准化，才能在流量制胜的逻辑下实现薄利多销。它更多的是在服务方式和终端渠道上的创新。

此外，互联网金融基于“长尾效应”填补了传统金融服务的一部分空白，创造了增量市场，但是传播路径上的创新不能对实体经济产生切实的支持作用。而且互联网金融在风险计量和控制上比较薄弱，没有从根本上解决风险控制的问题。比如金融机构的现行信用体系还是缺乏对实体企业的有效掌控。

不同于虚拟世界的互联网，物联网的产生和发展是建立在实体世界已有的智能化、网络化基础之上的，是对虚拟+实体的全面映射。物联网金融实质上是对互联网金融的“去线下化”，建立一个纯线上模式的金融体系。比如通过可穿戴设备采集人类生命体征信息，可推断出发病概率，然后直接应用到人寿险上，从而免去了线下投保人与保险人见面的过程。物联网金融能通过海量的、客观的、全面的数据建立相对客观的信用体系，风险管控的可靠性和效率性将得到提升，可以产生更好的信贷模式和风险管控模式。

基于上述事实，有关互联网金融与物联网金融区别与联系的比较，金融管理者、学者的看法和观点也不尽相同，笔者查阅的部分说法如下：吴少驹对物联网在互联网金融中的应用情况进行了分析；在 2015 中国金融创新论坛上，平安银行副行长赵继臣提出“物联网金融是互联网金融的新高点”；《金融时报》于 2016 年 11 月 14 日，发表了题为《物联网金融：下一个风口?》的文章；平安银行行长邵平指出“物联网金融是互联网金融的高阶形态”；杨健提出“物联网金融是互联网金融的高阶模式”。

在 2017 世界物联网金融峰会上，中国工程院院士刘韵洁表示“物联网现在正成为一个新的蓝海市场”；赛伯乐投资集团董事长朱敏从投资角度，解读了物联网产业的历史性机遇；开鑫金服总经理周治翰提出了“物联网金融进一步深化了服务实体、服务三农、服务小微企业”的理念；2018 年 10 月，在北京举办的世界物联网大会上，国际物联网金融高峰论坛的嘉宾再次提到了物联网金融对数字经济的影响。

简而言之，可以说“物联网金融是互联网金融的下一个阶段”，互联网金融与物联网金融的综合比较如表 1-2 所示。

表 1-2　互联网金融与物联网金融的综合比较

	互联网金融	物联网金融
金融模式	基于“长尾效应”填补传统金融服务部分空白，创造增量市场，但传播路径上的创新不能对实体经济产生切实的支持作用	是对互联网金融的“去线下化”，建立一个纯线上模式的金融体系
服务范围	基于第三产业，以消费领域为主，瞄准长尾客户	覆盖农业、工业、服务业等全部三个产业的所有客户
运营模式	同质化，产品和服务高度标准化	定制化，可实现同类产品的价值分层
信息类型	静态信息	实时监控，全维度动态信息
成本影响	主要是缩短流通环节，降低流通成本	潜入全产业链，全面降低成本
风险控制	信息流和资金流合一，缺乏对实体企业的有效掌控	资金流、信息流和实体流三流合一，彻底解决了信息不对称问题
创新模式	服务方式和渠道终端创新	商业模式变革
服务方式	提供的是大数据和信息内容服务	大事件服务，为金融体系带来更可靠的信用体系

第二节　物联网金融的现状及展望

一、国外物联网金融的现状及其应用

在国外，物联网金融的发展现状及应用情况摘述如下：

自 1999 年在美国召开的移动计算和网络国际会议首先提出“物联网”（Internet of Things）这一概念之后，物联网的相关技术应用开始引起人们的关注，世界各国也纷纷掀起发展物联网的热潮。物联网已成为许多国家发展的战略。

2005 年 4 月 8 日，在日内瓦举办的信息社会世界峰会（WSIS）上，国际电信联盟专门成立了泛在网络社会（U-biquitous Network Society）国际专家工作组，提供了一个在国际上讨论物联网的常设咨询机构。根据这个工作组的报告，近年来越来越多的国家开始了基于物联网的发展计划和行动。

日韩基于物联网的U社会战略，欧洲物联网行动计划以及美国智能电网、智慧地球等计划纷纷出台。2009年时任国务院总理温家宝在无锡考察时，提出了把无锡建成感知中国中心。各国都把物联网建设提升到国家战略高度，通过大力加强本国物联网建设，占领这个后IP时代的制高点，以推动和引领未来世界经济的发展。

目前，国外对物联网的研发、应用主要集中在美、欧、日、韩等少数国家和地区。最初的研发方向主要是条形码、RFID等技术在商业零售、物流领域的应用。

随着RFID、传感器技术、近程通信以及计算技术等的发展，近年来对物联网的研发、应用开始拓展到环境监测、生物医疗、智能基础设施等领域，如总部位于比利时的欧洲合作研发机构校际微电子中心（IMEC），已经利用GSRFID技术开发出远程环境监测、先进工业监测等系统，近年来该机构利用在微电子及生物医药电子领域的领先技术，积极研发可遥控、体积小、成本低的微电子人体传感器、自动驾驶系统等技术。

思科已经开发出“智能互联建筑”解决方案，为位于硅谷的美国网域存储技术有限公司节约了15%的能耗；IBM提出了“智慧地球”的概念，并已经开发出涵盖智能电力、智能医疗、智能交通、智能银行、智能城市等多项物联网应用方案；美国政府目前正在推动与墨西哥边境的“虚拟边境”建设，该项目应用了传感器网络技术，据报道仅其设备采购额就高达数百亿美元。

欧洲智能系统集成技术平台（Eposs）在“Internet of Things in 2020”报告中分析预测，物联网的发展将经历四个阶段，2010年之前RFID被广泛应用于物流、零售和制药领域，2010—2015年物体互联，2015—2020年物体进入半智能化，2020年之后物体进入全智能化。

就目前而言，许多物联网相关技术仍在开发测试阶段，距离不同系统之间融合、物与物之间的普遍链接的远期目标，尚存在一定的差距。

二、物联网技术对国内金融业的影响

正如第一节所述，金融的核心支撑是信用体系，而物联网技术及相关产品变革了金融领域原有的信用体系，建立了客观信用体系，实现了资金流、信息流、实体流的三流合一，降低了虚拟经济的风险，而且在一定程度上破解了国内不少企业（特别是小微企业）动产融资难的问题。也就是说，互联网时代向物联网时代的过渡，物联网技术与金融活动的结合，为商业银行带来了全新的发展机遇。在2016年国际物联网金融高峰论坛上，无锡物联网产业研究院院长刘海涛所做的报告《物联网技术对传统金融产业发展将产生深远的影响》及相关案例，也进一步证实了上述观点。

然而，2013年以来，非法吸金、平台展期、平台争议、限制提现、暂停运营、平台失联、平台清盘、经侦介入、老板“跑路”、平台倒闭等P2P事件频发，搜索平台被追责、消费者维权无门的“网贷问题”层出不穷，致使深圳、济南、北京、上海、长沙、株洲、怀化等10个城市相继出台了“网贷退出指引”。“退而不清成常态、如期还款是难点”的P2P现状，使互联网金融的热度不断被消解。那么，作为“下一个风口”的物联网及方兴未艾的物联网信息革命，究竟对传统金融业产生了哪些影响？

（一）物联网对国内银行业务的影响

2016年10月的银通智略报告显示：物联网对国内的银行业产生了深远影响，并建议商业银行依托物联网技术，变革银行的信用体系、防范经营风险、提升管理效能及改善客户体验。具体来说，物联网对银行的影响表现在以下方面：

1. 从主观信用走向客观信用模式

目前，银行业金融机构基本是通过调研来了解企业运营状况和财务情况进而进行信用评级。由于缺乏对实体企业的有效掌控，放贷风险较高。在物联网时代，银行可以利用物联网技术帮助银行实时动态掌控贷款企业的全部运营过程，包括采购渠道、生产过程、成品积压、销售情况和用户使用情况，可据此及时调整贷款进度和额度，帮助银行开展贷前调查、贷中管理、贷后预警，降低违约风险，提高风控水平，为银行建立起更为客观的信用体系，打造全新的商业模式。

2. 开启感知支付新时代

随着移动通信、互联网和近场通信技术的发展，基于物联网技术（如：生物识别技术、NFC 技术）的移动支付业务快速兴起。以后在支付领域，通过物联网技术不仅可以感知消费者的周边环境和自身的状态，以确保资金和人身安全，还可以将支付行为与企业运营状态、个人健康、家庭情况的动态变化相关联，动态调整支付额度，控制银行的风险。

3. 降低动产质押风险

传统的物流信息化的管理，是一种被动的静态的方式，存在极大的风险。物联网可实现对动产无遗漏环节的监管，大大降低动产质押的风险。物联网赋予动产以不动产的属性，通过全过程、全环节监控，解决仓单重复质押等一系列动产监管中的问题。

（二）物联网金融在银行的应用现状

中国民生银行党委委员石杰提出：物联网时代的金融服务主要有三个关键词，即温度、深度和广度。首先，物联网为银行提供了有“温度”的过程价值数据。借助物联网提供的有“温度”的，即实时的、有价值的、全流程的数据，可实现资金流、信息流、实体流的三流合一。同时，物联网给银行带来了三种变化：风险控制体系变化、供应链金融模式变化、零边际成本的金融服务。其次，物联网为银行带来了有“深度”的金融创新机会。譬如：民生银行在物联网金融领域，开展诸如移动金融、动产监管、追溯体系等多种实践；在动产监管方面，民生银行利用物联网的智能仓库、车押卫士、感知芯片等先进的物联网技术，为汽车金融、大宗商品金融提供了智能化的动产质押监管，资产余额已超 200 亿元。此外，利用物联网的可追溯技术，民生银行通过与 300 多家平台的系统对接，实现了平台客户的交易过程、交易环节可追溯，交易金额已高达 5 万亿元。

（三）物联网对中国金融发展的启示

针对物联网金融的未来发展，中国经济信息社董事长焦然指出：“我国应加强前瞻性研究和政策引导，推动物联网金融持续健康发展，积极抢占全球制高点。”目前，物联网金融尚处于早期发展阶段，实际投入应用还不多，有必要对我国物联网金融发展进行前瞻性研究，提早谋划制定高层次物联网整体发展规划。同时，物联网金融作为一种新兴业态，其发展必须有配套的制度和规范，其监管与立法必须有预见性。此外，还需要构建多层次物联网安全保障体系。

三、物联网金融为银行业带来的机遇

从本节前面的论述知道，物联网对中国商业银行的业务发展，产生了变革性影响。自 2009 年物联网被列入国家五大新兴战略性产业后，最近五年（2013—2018 年）来，国家出台的相关物联网产业政策主要有：2013 年 2 月，国务院发布了《关于推进物联网有序健康发展的指导意见》；2013 年 9 月，国家发改委发布了《物联网发展专项行动计划》；2016 年 7 月，国务院发布了《中共中央关于制定国民经济和社会发展第十三个五年规划的建议》；2017 年 1 月，国家工信部发布了《物联网发展规划（2016—2020 年）》；等等。这些物联网政策的贯彻实施，为物联网技术的大规模普及、应用和推广提供了政策依据，也为丰富商业银行的金融业务形态带来更大的发展机遇。

综合 2016 年银通智略的《供应链金融创新案例》、2017 年物联网金融行业市场分析、2018 年物联网金融行业市场投资咨询调研分析、2019—2023 年中国物联网金融产业深度调研及投资前景预测等报告，笔者认为：物联网金融现在乃至将来，会为中国的银行业带来很大的机遇，主要表现如下：

第一，作为物联网金融业务的起点和基础，商业银行的动产融资业务将再次蓬勃发展。通过物联网技术，商业银行可以对动产进行实时监控，监管由被动变为主动，由事后追踪变为事先管控，商业银行的动产融资业务将迎来更安全的环境。这是商业银行物联网金融发展的第一阶段。

第二，在物联网技术实现了对动产的严密监控后，可以建立新型的物联网仓单，传统的实物监管融资将变成更加规范、便捷、高效和安全的单证化融资。建立了物联网仓单，可以大幅降低融资成本，实现融资方式的根本转变。这是商业银行物联网金融发展的第二个阶段。

第三，在第三个阶段，即在物联网技术广泛应用前提下，各产业的所有生产、交易的各个环节都将物联网化，商业银行可以提供覆盖所有产业环节的全方位的、定制化的物联网金融服务。

未来，物联网金融将全面覆盖各个产业，物联网金融将同步改变上下游的商业模式和融资结构，全方位地满足产业升级换代过程中的金融服务需求。因此，商业银行的物联网金融业务将随着产业升级而呈现指数式的增长，迎来全新的发展机遇。

物联网银行扩展的生态系统如图 1-8 所示。

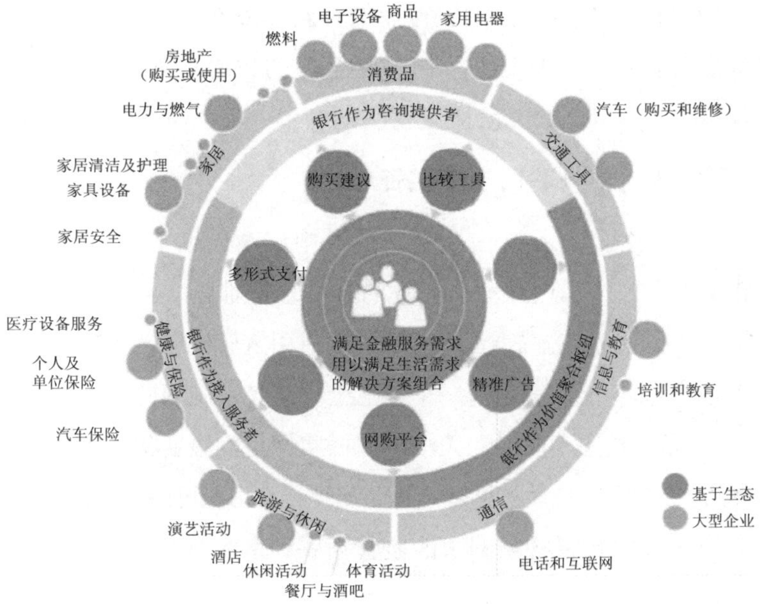

图 1-8　物联网银行扩展的生态系统

四、平安银行的物联网金融现状概述

2013 年前后，国内的大宗商品金融遭受重创，业务几乎全部停滞。2013 年 6 月，平安银行成立专题项目组，研究物联网技术与金融的结合。在深入调研、认真思索及征询多方意见的基础上，制定了平安银行物联网金融的发展路径。2015 年 6 月 29 日，平安银行在上海率先发布了物联网金融，尝试推动物联网技术在金融领域的应用，并勾勒出物联网金融的发展蓝图。平安银行物联网金融在汽车业、钢铁行业的破冰尝试，起到了引子的作用。目前，平安银行物联网智能仓储网络的全国布局初显成效，已累计与近百家重点港口、大型仓储企业、区域重点物流园区等合作伙伴签署了物联网金融合作协议。以下将从平安银行的物联网金融规划、物联网动产融资、物联网仓库建设、物联网智慧仓单、物联网新金融、供应链金融等方面进行论述：

（一）平安银行的物联网金融规划

在 2015 年 11 月 12 日召开的银行业例行新闻发布会上，平安银行贸易金融事业部总裁郭强表示，平安银行物联网金融的战略规划实行三步走：第一阶段是物联网动产融资，第二阶段是物联网仓单，第三阶段是物联网新金融。

（二）平安银行的物联网动产融资

2013 年，平安银行在品牌白酒存货业务中成功借助射频识别技术，进行押品溯源和追踪，破解了白酒动产业务的品质管理难题。

2014 年，平安银行首先瞄准汽车领域，通过引入感知卡，实现对汽车的智能监管，并建立起汽车智能监管系统。车押卫士与监管系统的使用，弥补了传统人工监管模式下，信息传递不及时、无法掌握抵质押车辆最新状态等不足，实现了对车辆移动实时跟踪和历史轨迹回放查询，出现异常情况可以及时预警、报警。

2015 年，平安银行将物联网智能监管拓展到钢铁行业。通过引入感知罩、感知箱等物联网传感设备，建立起“重力传感器+精准定位+电子围栏+仓位划分+轮廓扫描”的智能监管系统，赋予动产以不动产属性，进而实现对钢材的识别、定位、跟踪、监控等系统化、智能化管理。

2016 年，平安银行继续以汽车行业为突破口，逐步将物联网动产融资覆盖至有色金属、能源、建材、矿产品、农产品等多个行业，着力打造出“物联网+供应链”大宗商品金融范式。因此，其他商业银行可以在诸多领域与大型生产企业、交易平台、仓储物流企业合作，将“物联网+供应链”金融覆盖至多个行业。

（三）平安银行感知仓库及其建设

目前，平安银行物联网智能仓储网络的全国布局初显成效，已经在上海、广东、天津、沈阳、日照等地布局，建设物联网感知仓库，已累计与上海钢联电子商务股份有限公司、日照钢铁控股集团有限公司、厦门象屿集团有限公司等近百家重点港口、大型仓储企业、大型钢铁生产企业、区域重点物流园区等近200家合作伙伴签署了60余份物联网金融合作协议。预计在未来两年内，无锡感知科技集团有限公司（以下简称感知科技）将改造50~100个仓库，监管资产可达数十亿元。

物联网金融在钢铁行业的应用，有助于缓解平安银行在高利润增速背后所面临的资产质量问题，也将从根本上重塑钢铁行业的信用体系。平安银行作为物联网金融的先行者，将充分享受物联网金融为商业银行带来的诸多益处，并将重启大宗商品动产融资业务。

（四）平安银行的物联网智慧仓单

平安银行与中国人民银行征信中心合作，在中登网平台上实施动产融资统一登记，将物联网动产融资的仓单和期货仓单标准化、统一化。同时，运用互联/物联技术将现货、期货仓单进行物联网化，将质押标的物从动产演变为流通性更好、风险更低的权利凭证。逐步推动动产实物监管融资向单证化融资乃至单证化投融资演进，打造出一个标准的物联仓单投融资平台，将场外的交易场内化，场内交易低成本化。

（五）平安银行提出的物联网新金融

由于物联网技术全面渗透到行业的生产、流通、消费环节，形成大量有效信息，并与金融服务体系、行政监管体系等多方参与者融合，从而构建了全新的、良性发展的物联网金融生态，如图1-9所示。

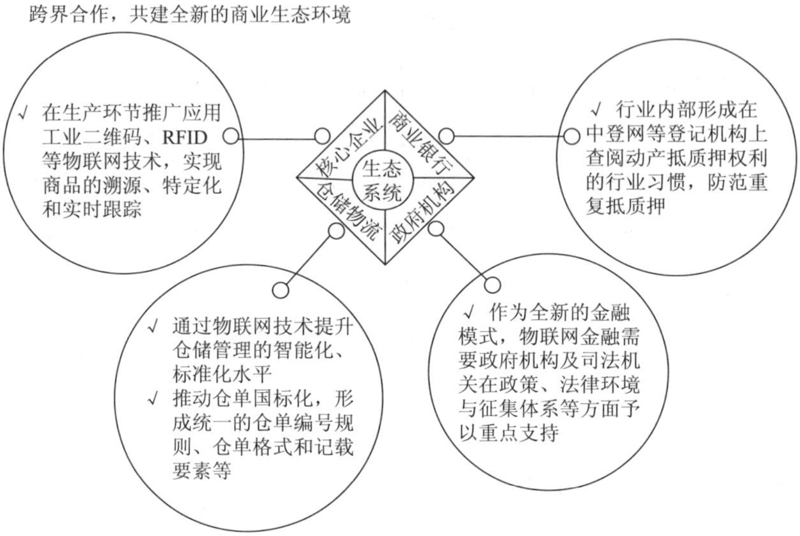

图 1-9　基于物联网的全新商业生态

2016 年，平安银行尝试在智慧农业等领域开展依托物联网技术的智慧产业金融规划和布局，进而完善物联网金融业务模式，使业务模式从单一走向多元，扩展至动产融资、产业物联网金融、物联网技术企业金融、产业基金、大数据金融等五大业务方向。

（六）平安银行退出的供应链金融

2014 年上线的平安银行供应链金融平台——“橙 e 网”已与数百家核心企业、物流、第三方信息平台完成对接，累计为数万家供应链中小企业提供金融支持。

在消费领域，平安银行已经与深圳光启在移动支付领域展开合作，探索更加安全、低成本的支付标准。光子支付解决方案以光为支付介质，利用手机闪光灯，在离线状态下也可实现支付数据从手机到 POS 机的传输。通过光子支付，用户体验到了更便捷、安全和新颖的移动支付。

平安银行进行的物联网金融的改革，改善了对抵质押物的管控、降低信息不对称、降低道德风险、提升预警时效和突发事件响应能力，改善了风控，提升了效率，使监管工作变被动管理为主动管理，变事后追踪为事先防范，开启了银行发展的新时代。

五、物联网金融下商业银行发展的思考

银通智略报告、邮政储蓄银行发展物联网金融的战略思考等文献资料显示：商业银行面临着同业竞争日趋激烈、跨界经营（互联网企业、第三方支付公司等异业竞争者，如支付宝、微信支付等）等冲击，同时也面临金融脱媒（又称“非中介化”，是指资金的融通、支付等活动更多地直接通过证券市场进行，从而降低以商业银行为主体的传统中介在金融体系中的重要程度）的巨大挑战。笔者认为：商业银行应当在理念、体制、产品、管理、人力资源等方面进行创新，积极应对现实挑战，努力把握重大机遇，大力促进战略转型。在物联网金融业态下，商业银行的发展至少应该从纵向、横向两个方面进行思考。

（一）在纵向方面，商业银行应深入发掘物联网金融服务的价值

在物联网金融业态下，借助物联网技术，商业银行能够把传统的仓单转变为具备统一仓单属性的“准标单”，进而有效解决传统动产融资过程中的重复质押问题。物联网金融业态下的“准标单”具备唯一性、排他性特点，同时拥有标准化程度高、流通性强等诸多优势。基于此，无论从理论层面还是从实际操作层面看，商业银行都应该能够通过风险模型、数据分析、评估体系等完成对标准仓单的市场定价。具体分析如下：

第一，在物联网金融业态下，借助物联网技术，能够使仓单对应的实物被特定化，也就是说在仓单与实物之间，可建立一种动态的、实时的一一对应关系；同时，仓单还可以绑定实物的三维空间坐标，使仓单具备唯一性和排他性，从而有效解决现行仓单中存在的虚开仓单、重复开单、重复质押等问题。

第二，在物联网金融业态下，通过推动仓储企业按照国家标准生成国标仓单，通过标准化仓单格式、记载要素、仓单编号生成规则等途径，仓单将成为特定实物的唯一的“身份证”。在此基础上，再推动仓单在权威机构进行登记注册或认证，将显著提升仓单的信用度，实现仓单在大范围内高效流通。

第三，基于抵质押物的价值和大数据，动产融资将形成“仓单交易”模式。银行只需提供标准化仓单，便可吸引各种资金参与。由此可能会延伸出一个全新的基于物联网技术的仓单交易市场。仓单交易的实质，就是动产的证券化。

过去是通过动产质押获得贷款，属于间接融资；在物联网金融业态下，动产证券化后，优质的企业可以利用仓单到市场上进行直接融资，企业的融资成本将大幅降低。因此，有助于促进整个社会的商品流通秩序和动产融资秩序实现新的变革。

（二）在横向方面，商业银行可扩展物联网金融的覆盖行业

物联网金融既适用于钢铁行业，也可以扩展到其他产业，例如有色金属、能源、建材、矿产品、农产品等。商业银行可以在这些领域与大型生产企业、交易平台、仓储物流等企业进行合作，将物联网金融覆盖至钢铁、有色金属、能源、建材、矿产品、农产品等行业，进而打造物联网大宗商品金融的新范式。

六、物联网金融的未来发展趋势概述

纵观国内外金融发展史，金融的每一次创新都离不开最新技术的驱动和迭代。2017 年被称为金融科技元年，物联网技术的爆发式增长，必将促进互联网金融向普惠金融发展。

在传统金融领域，不动产抵押是企业融资的主渠道之一，然而在物联网金融业态下，动产融资必将蓬勃发展。由于物联网新技术的应用，能够对企业的应收账款、库存、销售等“动态行为”进行实时监测和“数据”捕捉，从而将轻资产企业的“不动产”转为“动产”，以此为银行的授信提供依据。

中投顾问股份有限公司发布的《2017—2021 年中国物联网金融产业深度调研及投资前景预测报告》指出，“物联网终端将会有 32. 5%的复合年增长率，从 2013 年到 2020 年，最终到达 250 亿”。不难想象，如此众多的物联网终端，必将对所有产业（当然包括金融业）产生深远影响。2013 年有 25%的传感器被使用在金融服务上，到 2020 年将会有 50%。总体来说，传感器在金

融服务中的应用预计会增长很快。

金融机构利用物联网技术采集到的数据，可直接嵌入其传统的业务之中，并利用业务优势，将数据价值进行变现，从而使金融数据更有价值，数据变现更加可行。金融机构借助物联网采集的数据更加具有价值，不仅包含产业链上各个企业的经营状况，还能了解个人的财务状况和风险偏好，具有直接的商业价值；而表计、环保等行业采集到的数据，属于公共事业数据，表计数据仅仅反映了水电使用量，环保数据中包含有大量社会因素，商业利用价值较小。相对而言，金融数据具有可交易性，数据变现更有潜力。金融数据作为一种可交易的商业数据，不仅可以自己分析利用数据价值，还可以进行交易变现；而表计、环保等行业采集到的公共事业数据，不具有交易属性，相关公司只能将数据自用，无法实现交易变现。

第三节　新金融业态与物联网

一、新金融及其与传统金融的对比

2016 年 10 月 14 日，阿里巴巴创始人马云在云栖大会上发表演讲，提出了包含新零售、新制造、新金融、新技术、新资源在内的“五新论”。新金融的内涵与外延分别是什么呢?

（一）新金融及其特征

1. 新金融的含义

新金融有“窄”和“宽”两个层面的含义。在“窄”的层面，所谓“新金融”，就是以直接融资为主导，以新的金融组织和新的金融业态为特征，以新的金融工具、新的金融产品和新的金融服务为引领的金融趋势和现象；而在“宽”的层面，所谓“新金融”，是指包括传统金融在内的整个金融系统的新发展，以及由此形成的新的金融机制、新的金融业态、新的金融组织、新的金融工具以及新的金融服务方式。

2. 新金融的特征

新金融的基本特征就是“多元化”，主要表现如下：

第一，新金融的业务模式多元化。譬如当下流行的支付、众筹、网贷、大数据征信等，在新金融领域都得到了充分体现。

第二，服务对象多元化。传统金融业服务不到或者说服务不好的对象，比如中小企业、投资理财、各行业的消费者、大学生等，在新金融环境里得到了兼顾。

第三，汽车金融、旅游金融、电商金融等金融场景得到了不断的丰富和提升。

第四，新金融继承了互联网的思维，就是平等、开放、共享，颠覆了传统金融当中一些条条框框和壁垒以及一些等级观念，思想的转变是促成新金融发展和未来可预期的重要因素。

从以上特征不难看出，在新金融领域，电商、社交、服务、媒体等新的业态都加入了新金融的领域。新金融这种参与业态的多元化，是有别于传统金融的显著特征。此外，从参与新金融的企业性质来看，国有企业、上市公司、民营企业，乃至中小微企业都可以加入新金融体系中，而传统金融并非如此。

（二）新金融的推动作用

金融行业的发展离不开金融创新，而新金融则是金融创新的结果。新金融业态代表着金融业创新发展的新趋势，有着广阔的发展空间与潜力。鼓励金融创新，加快新金融发展，可以更好地实现金融服务实体经济的功能。

新金融是在互联网和信息技术革命推动下，伴随着移动化、大数据、云计算技术兴起出现的新的金融生态和金融服务产品及模式，是金融业发展的新领域。

在当前经济形势下，新金融是聚集人才和资金发展的新领域，在我国经济创新、科技创新领域内取得相当大的成就，是我国未来经济发展新的亮点。

（三）新金融与传统金融的对比

首先，新金融对应的经济背景是智能化的“工业 4.0”，对应的生产要素是信息与数据，具备普惠性、无边界和扩散性等特征；而传统金融的生产要素大都指的是土地、资本、劳动、企业家等。

其次，传统金融行业中的“二八定律”在新金融领域并不适用。新金融的服务对象是长尾80%的客户，多数人从中受益，给社会带来一种平等和一种普惠效应（普惠金融的问题是低受益，只有达到一定的规模才能可持续发展）。

再次，新金融突破了传统金融的界限。与传统金融如银行、证券、保险等清晰划分不同，新金融没有明确分类，理论上可以全部实现跨界运营，因此更加高效，可以降低成本。

最后，相对传统金融而言，由于缺少价格控制、内部风险管控和外部监管等对冲风险的办法，新金融也存在扩散性这一负面特征。譬如：近年来，在新金融（特别是互联网金融）发展过程中，出现的大量资本“跑路”的现象，就缘于新金融风险缺少较好的对冲机制，外部监管不到位，等等。

二、金融业态的演变与新金融业态

（一）金融业态的演变过程

伴随金融市场发展和金融制度变迁，新兴金融业态不断涌现，传统金融也在日益竞争的格局中不断创新，新旧金融业态交织互动，共同推动着我国金融业态的演变和发展。总体说来，金融业态的演变呈现以下四种形势：一是金融组织形式的演变。金融控股公司的陆续出现，使得混业经营模式逐步浮出水面，同时各类新型的专业化、功能性金融机构不断涌现。二是金融业务模式的演变。跨业、跨市场融合，同业市场、理财业务创新层出不穷。金融脱媒对银行功能的弱化、利率市场化加速了金融脱媒的叠加效应。三是融资渠道的演变。金融创新的深化，使得直接融资与间接融资、资本市场和货币市场的界限越来越模糊，融资渠道脱媒化不断增强，传统的银行信贷渠道在货币政策传导中的重要性逐渐下降。四是金融新业态的演变。阿里巴巴余额宝、腾讯微信支付、P2P、网络银行、手机银行等新型金融业态不断出现，互联网、电商巨头竞相涉足金融领域。

（二）金融业态演变带来的问题

金融业态演变在促进金融服务效率和水平提升的同时，也带来了一系列问题，形成了一系列亟待高度关注的矛盾和关系。

1. 混业经营与分业监管问题

自《金融服务现代化法案》实施后，金融业由“分业”向“混业”转变渐成金融业进一步发展的国际性趋势，大部分国家和地区的金融经营体制已完成了由分业向混业的演变。在我国，尽管“分业经营、分业监管”的藩篱尚未打破，但随着金融市场的发展和创新，特别是银、证、保边缘业务的合作与创新，原有的分业经营所设定的边界逐渐模糊化，事实上已经进入了“混业经营，分业管理”时代。这种变化对现行分业监管体制提出了严峻挑战，客观上要求金融监管模式做出相应的调整。但这种变革或调整，是否意味着分业监管走向统一监管是不二选择？

尽管国际金融监管模式的历史演变总体上遵循从统一监管到分业监管，又从分业监管到统一监管的轨迹，但采取何种监管模式更有效，在实践层面尚未形成定论，不同发展阶段、发展环境对监管模式的选择并无定式。在我国，基于现实存在的混业经营，关于分业还是统一监管的争论一直是业界热议的话题。实行分业监管还是混业监管，最核心的原则应该是对制度变迁成本（包括监管成本和执行成本）的考量，即：这种变革能否真正达到预期目标，能否有效解决混业经营格局下的监管真空问题，能否最大限度地降低金融业运行面临的监管成本，能否切实提高监管的有效性和效率。

2. 银行业发展转型与影子银行监管问题

“影子银行”是近年来业界热议的话题之一。社会各界对“影子银行”本身的概念、定义也不完全统一。国务院 107 号文件从监管角度将我国的影子银行归纳为三类，但在具体细分方面尚存分歧。尤其是第三类“持有金融牌照的机构”的部分业务，如部分类业务、银信合作，被视为银行中的“影子银行”，而且这类业务在影子银行系统占据核心地位。

从银行的角度看，基于“理财业务”的影子银行的出现，某种程度上既反映了现行的金融经营机制与监管体制博弈的结果，也反映了传统盈利模式困境下现代金融转型的迫切性与体制机制的矛盾，具有一定的合理性。随着金融市场竞争的日益加剧，传统银行存款来源、信贷规模都受到约束，传统的盈利模式弊端日益暴露，倒逼银行通过各种“金融创新”来弥补传统业务的不足，以稳住银行利润基础。如通过理财业务、私人银行业务吸引资金或变相高息揽储；通过银信合作、信贷资产证券化将表内业务表外化。

客观地看，影子银行通过资产转移和证券化操作，拓宽了传统银行融资渠道，提高了资金流动性，对于盘活存量信贷资产和提高金融资源配置效率都发挥了重要作用，但同时对金融稳定产生的负面影响也不可忽视。一方面，影子银行的快速发展顺应了金融业对新型产品和全面服务的需求，也是银行业转型的必然结果，体现了金融业由投资储蓄媒介的垄断行业向依托现代信息技术的金融服务业的转型。另一方面，影子银行的发展对传统金融体系造成了冲击，其负效应不可忽视。影子银行迫使银行增加表外业务，导致商业银行变得更加投机，影响金融系统的稳定。同时影子银行体系中出现的金融风险会被传导至正规银行体系，从而导致风险的传染，并增加了系统性风险。

因此，对“影子银行”的监管应疏堵结合。除了按照国务院 107 号文要求加强对理财业务、信托业务的监管外，关键是要推进制度创新，包括推进利率市场化、改革严格的量化贷存比和贷款额度要求。要通过加快金融体制改革、发展直接融资、推进利率市场化改革，推动商业银行转型，进一步规范商业银行表内外理财产品，逐步减少总量，优化结构，促使其将一部分影子银行业务回归传统的存贷款业务。至于小额贷款公司、典当行等影子银行的监管，需要制定全国统一的监管制度和经营管理规则，厘清相关部门的监管职责，加强相关部门的联动和信息共享。

3. 民间融资风险向银行体系传染的问题

民间融资作为一种历史悠久的社会资金融通形式，其积极与消极作用均非常突出，只不过在不同的时期、不同的环境下表现程度不同，优劣态势对比不同。近年来，随着实体经济运行环境的变化，以及房地产等行业高回报效应的影响，民间融资的功能也从单纯地为闲置资金寻找出路、缓解经营性资金周转困难转为依赖民间借贷作为主要收入渠道。一些投资公司、咨询公司、典当行、担保公司等中介机构纷纷介入民间借贷，以企业注册垫资、银行贷款“过桥”、短期资金周转等方式直接向社会提供融资，加剧了民间借贷的投机性，增大了民间借贷的风险，给银行信贷资金造成风险敞口。

近年来，社会各界对民间融资的两面性认知日益深刻，要求民间融资阳光化的呼声也日益强烈。浙江出台的《温州市民间融资管理条例》无疑将民间融资的阳光化大大推进了一步，但民间融资的痼疾依然存在。尽管民间融资的监管由地方金融管理部门负责，但资金的流动性导致民间融资风险向金融体系传染，始终是悬在金融体系头上的一把剑。如何构筑起银行信贷与民间融资之间的防火墙，成为当今银行业亟待研究和探索的课题。

有效防范民间融资风险向银行体系传染需要多向思维。第一，加快推进利率市场化成为消释银行民间融资外部风险的关键。利率市场化的实现，将大大缩小银行借贷利差以及银行贷款利率与民间融资利率的利差，减少套利机会，平抑实体企业参与民间融资的动能。第二，加快民间融资立法是民间融资阳光化的前提。要尽快在法律上明确民间融资合法主体、方式、利率、程序和广告刊登等内容，界定民间融资与非法金融活动、高利贷的界限，并明确非法金融处置依据和程序。尽管浙江出台了《温州市民间融资管理条例》，但无论法规的层级还是实施的范围均很有限，还需要从法律法规层面和全国范围内推进民间融资的立法。第三，完善商业银行管理机制是建立外部风险防火墙的基础。要有效隔离外部风险对银行体系的冲击，堵塞由于银行自身制度缺陷预留的风险传染通道。特别是在贷后管理上，要强化对借款人贷款用途的跟踪，防止贷款被挪用，特别是被转贷。同时，鼓励银行机构创新还款方式，科学设定贷款期限、额度，实现与企业经营周期的匹配，避免产生不合理的转贷需求，以挤压民间借贷空间。

4. 互联网金融新业态崛起与传统金融的竞合问题

近年来，随着移动互联、云计算、大数据、社交网络等新一代互联网技术的迅速崛起，从阿里小贷的成功到众筹模式的兴起，再到余额宝的大热，使金融业态发生全新的变化，对传统金融形成较大冲击。

在新业态下，对于金融业的传统格局能否被打破，或如媒体所渲染的，互联网金融能否颠覆传统银行业，笔者的观点是否定的。对互联网金融的特性、地位及其与传统金融的关系需要有一个客观、清醒的认识，唯有如此，互联网金融的发展才不会迷失方向，传统金融在互联网金融的冲击面前才不会乱了阵脚。

第一，互联网金融是内生于金融生态产业链的一种创新，是依附而非决裂于传统金融生长的金融新业态。互联网金融的发展是市场选择的结果，是由金融消费者的需求催生出来的。互联网金融某种程度上迎合了消费者在消费和投资方面的便捷性要求，也有效地降低了金融的门槛，而这些恰恰是传统金融行业相对欠缺之处。由于金融和互联网都是基于数据延伸出来的行业，所以二者本身就有先天的关联性。随着互联网技术的不断革新，其将触角伸向与之靠近的金融也是必然的趋势。相应地，从长远看互联网金融也是传统金融发展的战略取向之一，或传统金融贷开发的蓝海。从这个意义上看，不论是银行等传统金融机构，还是支付公司，都是互联网金融生态产业链里的一环；银行提供的是基础的服务，第三方支付则是应用层面和服务层面的支持和延伸。

第二，互联网金融的崛起是对传统金融的一种补充。互联网金融是跨界融合的创新。互联网金融利用信息技术为资金需求方与资金供给方提供不同于传统金融机构的新渠道，使资金融通更加便捷、高效。但无论从客户对象还是业务内容看，互联网金融仅是对现有金融体系的有益补充。互联网金融的客户仅限于以互联网为依托的电商以及零售用户；这些客户往往是在抵押担保等方面达不到银行门槛、在正常的银行体系里难以融到资金的客户。从目前情况看，毕竟整个社会主体的结算支付还是由银行体系完成，整个社会财富的主要部分是在银行体系之间流转，第三方支付的交易量在整个金融体系的支付规模中占比仅1%左右。

第三，互联网金融对传统银行有一定影响，但冲击毕竟有限，更谈不上颠覆。在我国金融市场效率低下、资金配置错位严重的现状下，互联网创新更多体现在资金融通渠道的拓宽上，即满足银行主体客户之外的融资需求和提升资金收益率，而这方面恰恰是传统金融的软肋，因此易对传统金融造成冲击。互联网金融主要从三个方面影响传统银行业：客户维护和拓展、存贷款业务和中间业务形成；但由于传统银行和互联网银行的主要客户交集很小，二者的业务性质存在较大差异，这些冲击很是有限。而且，无论互联网金融如何发达，第三方支付所完成的客户之间的交易其实是二级账户，其终究还需以传统银行为依托，始终脱离不了银行体系。试想，如果没有传统银行的信用卡、存款账户的支撑，互联网金融“毛之焉附”？

第四，互联网金融与传统金融总体上是一种竞合关系。互联网金融与传统金融的竞争，主要集中在网络支付行业对商业银行零售业务及支付结算类中间业务的冲击，包括信用卡业务、个人信贷业务、代收代付（公用事业费、保险费等），以及与财产、资产管理相关的流动资金管理解决方案、应收账款融资、基金网销等。但总体看，由于互联网金融与传统金融存在竞合关系，二者将互相融合渗透、互相补充替代。特别是在网络支付安全方面，二者的利益诉求一致，客观上需要在支付服务的安全控制、风险管理等领域互相合作。

客观地看，互联网金融有互联网的竞争优势，表现为：客户黏性较强，服务多元化、个性化，以及比较强大的大数据分析等；传统金融自有传统金融的优势，包括金融品牌、人力资源及长期形成的巨大用户资源和风险控制能力。面对互联网金融的冲击，传统金融要从中深刻反思自身的经营服务理念，在经营方式、业务体系上扬长避短，不断创新。在大数据时代，传统金融尤其需要与互联网金融紧密结合，一方面推进银行本身的数据驱动发展方式，另一方面加强对互联网金融的风险把控，从而使二者实现互利共存的“竞合关系”。必须清楚的是，传统金融与互联网金融的竞合，最终要回到一个最基础的问题：金融的支撑是什么，或金融服务模式所赖以存在的经济主体形态是什么。如果不弄清这一点，盲目提银行触网，可能会令传统金融很受伤！

5. 互联网金融创新与金融监管的互动问题

相较于传统金融行业，互联网金融涉及面更加广泛、业务更为多元化、创新层出不穷。互联网金融客户的泛空间性，风险依托互联网的快速传递性，使风险监管充满更多的不可控性和不可测性。如何通过有效监管促进互联网金融和实体经济的协调发展，成为目前极富挑战性的重要课题。

为了确保互联网金融发展服务于实体经济，而不是脱离实体经济独自起飞，金融监管要在有效创新和防范过度创新之间寻求合理的平衡。互联网金融的发展，必须关注金融发展一般顾虑和国家特定禀赋之间的良好结合。考虑到制度选择和发展过程当中的各种基本的规律，还要结合特定国家在经济基础、文化特质和制度框架等方面具体的特征。只有在如此基础上构建的效率性和稳定性相互统一的互联网金融体系，才可能具有旺盛的生命力。

第一，要坚守底线。互联网金融的道德底线、风险底线，就是不能成为传统意义上的非法集资。互联网金融在迅速崛起的同时，也出现了不和谐的声音。一些公司涉足 P2P 网贷，有些公司甚至出现涉嫌非法集资的现象，打擦边球；一些公司不注重长期可持续发展，而注重短期的拼规模，非常急功近利，也给所在行业带来很高的风险。因此，坚守上述底线，是维护互联网金融健康发展的前提。

第二，要差异化监管。互联网金融有其独特的客户秉性和业务内涵，表现出与传统金融不同的风险特征。因此不能用传统商业银行的标准监管互联网金融，否则互联网金融永远发展不起来。应根据互联网金融的特点以及它的风险结构，制定既适合互联网金融成长和发展，同时又能保证人们财产安全的监管标准。

第三，要加快构建互联网金融监管体系。要完善互联网金融监管法律法规体系，要从金融消费者权益保护、社会信用体系构建、信息网络安全维护等方面加快相关法律的立法进程，强化行业准入，确定监管主体。逐步搭建起互联网金融发展的基础性法律体系。为了避免监管真空和重复监管，要尽快建立起正规监管与行业自律相结合、跨部门、跨地域的多层次互联网金融监管体系。要充分发挥互联网金融行业自律组织的作用，通过制定统一的行业标准和自律公约、督促会员贯彻法律法规和履行自律公约、维护市场竞争秩序和会员合法权益等方式，实现对互联网金融行业的自我管理，促进互联网金融行业健康发展。此外，要加强国际监管合作，积极与国外政府、金融监管部门开展交流与合作，对跨国性的金融交易实行统一的监管标准，共同打击跨境互联网金融犯罪，保护本国用户在国外、外国用户在本国的合法经济金融权益。

第四，要高度重视对互联网金融消费者的权益保护。在互联网环境中，信息采集、传播的速度和规模达到空前的水平，过量化、复杂化、非对称性的信息，使消费者识别有效信息的难度大大增加，消费者的知情权受到挑战；而且网络安全隐患使得消费者各类交易信息如身份信息、账户信息、资金信息等在互联网传输过程中存在被非法盗取、篡改的风险，直接影响到消费者的金融隐私权。因此，在互联网金融监管中，要极端重视对金融消费者的权益保护。要把建立健全互联网金融消费纠纷解决机制作为互联网银行准入审查的重要内容。同时，要加强对金融消费者特别是互联网金融消费者的教育，完善信息披露制度，构建良好的互联网金融市场环境。

第二章

动产融资监管现状分析

第一节　动产及其抵质押

一、动产

（一）含义

动产是指能脱离原有位置而存在的资产，如各种流动资产、各项长期投资和除不动产（是指依自然性质或法律规定不可移动的财产，如土地、房屋、探矿权、采矿权等土地定着物，与土地尚未脱离的土地生成物、因自然或者人力添附于土地并且不能分离的其他物）以外的各项固定资产，如汽车、企业的机器设备、农业用具、牲畜、企业产品、材料等。

（二）界定方法

一般说来，动产与不动产的界定是以物是否能够移动并且是否因移动而损坏其价值作为划分标准的。动产是指能够移动而不损害其价值或用途的物；不动产是指不能移动或者若移动则损害其价值或用途的物。

需要注意两个问题：第一，不能将处于静止状态的东西都列为不动产。譬如电脑、电视、书桌，虽然它们平时大都是不动的，但这些东西都是可以移动的，并且不会因移动而造成价值上的贬损。因此，电脑、电视、书桌都属于动产。第二，动产和不动产有时是可以互变的。例如，果园中果树上的果实，挂在果树上时是不动产，但是如果采摘了下来，那就变成了动产；钢材、水泥是动产，但是用其做成了房屋，就变成了不动产。

另外，需要说明的是，各国对动产与不动产的界定也是不同的。国际上并不是单纯地把是否能移动、移动后是否造成价值的贬损作为界定动产与不动产的唯一标准，而是综合考虑物的价值大小、物权变动的法定要件等因素。例如，飞机、船舶，国际上通常将其界定为不动产。因为其价值较大、办理物权变动时要到行政机关进行登记等。

（三）与不动产的比较

动产与不动产在移动性、个别性、耐久性、数量有限性、保值增值性方面的区别和联系，阐述如下：

1. 移动性

动产是可以脱离原有位置而存在的。如各种流动资产、各项长期投资和除不动产以外的各项固定资产。不动产具有位置固定性，即地理位置固定。如土地、房屋、探矿权、采矿权等土地定着物，与土地尚未脱离的土地生成物、因自然或者人力添附于土地并且不能分离的其他物。

2. 个别性

动产一般没有什么特别的个别性，都是普遍存在的；不动产具有独特性、异质性，独一无二，包括位置差异、利用程度差异、权利差异。

3. 耐久性

动产一般都是存在损耗的，在移动、流动过程中都会出现一定的耗损，耐久性一般都是有限的；不动产一般都寿命长久，比如土地不因使用或放置而损耗、毁灭，且增值。我国土地有使用年限。

4. 数量有限性

动产数量一般都是量化的，数量没有太多的局限性；不动产却是供给有限，土地总量固定有限，经济供给有弹性。

5. 保值增值性

动产一般都存在损耗贬值的情况，很少会有保值增值的情况；不动产由于其数量有限性及耐久性，所以相对于其他财产是具有保值增值特性的。

二、动产抵押

（一）动产抵押的相关术语

1. 抵押及其分类

（1）抵押的含义。抵押（Mortgage）是指抵押人（债务人）和抵押权人（债权人）以书面形式订立约定，不转移抵押财产的占有，将该财产作为债权的担保。当债务人不履行债务时，债权人有权依法以该财产折价或者以拍卖、变卖该财产的价款优先受偿。

在金融衍生工具交易中，抵押常用于信用风险管理，通常的抵押条款都要明确在特定账户内必须维持的最低金额。实际上，期货市场的保证金要求就类似抵押，柜台交易的衍生工具经常使用现金或高流动性、低风险证券作为抵押。一般来说，欠更大金额方要求提供抵押品。如果和约对 A 为正值、对 B 为负值，而 B 欠 A 更多，则 B 要提供一定抵押。随着市值变化，需要维持的抵押金额随市值上升而上升、随市值下降而下降。在某一时点，如果市值由正变负，要求提供抵押的一方会发生变化，会解除原来提供抵押一方的抵押要求。抵押金额的确定可以基于和约市值水平，也可以基于信用评级，市值或信用评级变化使所需抵押发生变化。

（2）抵押的分类。在我国，抵押分为不动产抵押、动产抵押、权利抵押、财团抵押、共同抵押、最高额抵押等类别。这些类别的抵押及其界定的方法概述如下：

不动产抵押。不动产抵押是指以不动产为抵押物而设置的抵押。所谓不动产是指不能移动或移动后会丧失其原有价值或失去其使用价值的财产，如土地（在中国仅限于建设用地使用权和可以抵押的土地承包经营权）、建筑物和其他土地附着物（如房屋等）等。需要提醒的是：如果要办理土地抵押，大部分银行会要求办理者事先找一家有资格的土地价格评估所，对要抵押的土地进行价格评估；然后，将土地证与评估报告连同银行和客户签订的抵押合同、抵押申请及贷款合同一同拿到当地国土资源局登记备案；最后，将国土资源局给办理者出具的已经办理好的抵押手续一同交给银行，抵押事宜办理完毕。

动产抵押。动产抵押是指以动产作为抵押物而设置的抵押。动产是指可以移动并且移动后不影响其使用价值，不降低其价值的财产（在中国仅限于交通工具等特殊的动产）。

权利抵押。权利抵押是指以法律规定的各种财产权利作为抵押物客体的抵押。依据现行的中国法律，权利仅可用于质押。

财团抵押。财团抵押又称企业抵押，是指抵押人（企业）以其所有的动产、不动产及权利的集合体作为抵押权客体而进行的抵押；此类型实为各种担保类型的集合，并不是法定的抵押方式。

共同抵押。共同抵押又称总括抵押，是指为了同一债权的担保，而在数个不同的财产上设定的抵押，此类型实为各种担保类型的集合，并不是法定的抵押方式。

最高额抵押。最高额抵押是指抵押人和抵押权人协议，在最高额限度内，以抵押物对一定期间内连续发生的债权作担保。

鉴于篇幅问题，本书中重点讨论动产相关的抵押。

2. 抵押物

（1）抵押物的含义。抵押物又称为抵押财产，是指抵押人（债务人）为担保某项义务的履行而移转给抵押权人（债权人）的担保物。可为有形财产，也可为登记无形财产，如地上权、政府公债、人寿保险等。

不同国家对抵押物范围的确定方法也不尽相同，法国、德国、日本等仅允许以不动产为抵押物；在我国，根据《民法通则》的规定，凡提供财产作担保的，不论不动产、动产或有价证券，也不论是否转移占有，该财产均称为抵押物，如土地、建筑物等。

（2）抵押物的特性：①特定性。不特定的财产无法确定其价值，无法支配其价值，不能在其上设定抵押权。特定化的财产既可以是某一财产，也可以是某类财产或某些财产。②具有交换价值和可让与性。抵押权是支配标的交换价值的权利，其标的当然应该具有交换价值。抵押权又是一种换价权，其实质是优先受偿权。作为抵押权标的财产还应当具有可让与性。不具有交换价值的财产不能变价，不具有可让与性的财产不能实现变价，也就不能作为抵押权的标的。

不因继续使用收益而损毁其本来的价值与形态。抵押权成立后，抵押人仍享有对抵押财产的收益权，若该抵押财产因抵押人的继续使用收益会受到损毁而使其价值减损，则抵押权人的利益将失去保障。所以，抵押物应是非消耗物，不能是消耗物。

能够以登记的方式予以公示的财产。抵押权不以转移标的物的占有为要件，因此抵押权不能以占有的方式公示，而需要以登记等方式公示。我国《担保法》中对不动产和特殊的动产的抵押登记做了明确规定，但对一般动产抵押的抵押物登记并无限制，即使没有以登记或注册等方式公示权利的动产也可作为抵押物，但此种状况下的抵押权不具有对抗第三人的效力。

（3）相关的法律条款。根据《中华人民共和国物权法》第一百八十条的规定，以下财产允许抵押：①建筑物和其他土地附着物；②建筑用地使用权；③以招标、拍卖、公开协商等方式取得的荒地等土地承包经营权；④生产设备、原材料、半成品、产品；⑤正在建造的建筑物、船舶、航空器；⑥交通运输工具；⑦法律法规未禁止抵押的其他财产。

此外，我国的《担保法》对可以抵押与不可以抵押的财产进行的详细规定如表 2-1 所示。

表 2-1　《担保法》对抵押物的相关规定

项目	可以抵押的财产	不得抵押的财产
对应条款	第三十四条	第三十七条
财产列表	抵押人所有的房屋和其他地上定着物； 抵押人所有的机器、交通运输工具和其他财产； 抵押人依法有权处分的国有的土地使用权、房屋和其他地上定着物； 抵押人依法有权处分的国有的机器、交通运输工具和其他财产； 抵押人依法承包并经发包方同意抵押的荒山、荒沟、荒丘、荒滩等荒地的土地使用权； 依法可以抵押的其他财产	土地所有权； 耕地、宅基地、自留地、自留山等集体所有的土地使用权，但本法第三十四条第（五）项、第三十六条第三款规定的除外； 学校、幼儿园、医院等以公益为目的的事业单位、社会团体的教育设施、医疗卫生设施和其他社会公益设施； 所有权、使用权不明或者有争议的财产； 依法被查封、扣押、监管的财产； 依法不得抵押的其他财产
备注	抵押人可将以上所列财产一并抵押	

需要说明的是：在我国，无论不动产还是动产充当抵押物时，债务人和债权人均需要注意：抵押不转移抵押物的占有。我国的《担保法》第三十三条规定："本法所称抵押，是指债务人或者第三人不转移对本法第三十四条所

列财产（如本节上文所述）的占有，将该财产作为债权的担保。债务人不履行债务时，债权人有权依照本法规定以该财产折价或者以拍卖、变卖该财产的价款优先受偿。”

3. 抵押权

（1）抵押权的含义。根据《物权法》第一百七十九条的规定，抵押权（Pledge）是债权人对债务人或者第三人不转移占有的担保财产，在债务人届期不履行债务或者发生当事人约定的实现抵押权的情形时，依法享有的就该抵押财产的变价处分权和优先受偿权的总称。

抵押权作为一种担保物权，是实践中最理想的被广泛使用的担保形式，因为它的担保效力最可靠，而且能充分发挥担保财产的作用。既然抵押物不转移其占有，那么它既可以发挥其使用价值，也可以由所有人继续使用并发挥它的使用价值，取得的收益亦可以清偿债务，这样就使债权人的权益得到最充分的保障。抵押权这种区别于其他担保物权的优势，使抵押权在市场经济中对促进市场经济正常、良性运转起着促进和保护作用。随着市场经济不断有序的深入和发展，抵押权受到越来越多的人的青睐，成为最常见、最常用的担保形式。

（2）抵押权的特征。抵押权属于担保物权。抵押权是针对财产的交换价值而设定的一种物权，它本质上是价值权，其目的在于以担保财产的交换价值确保债权得以清偿。故从抵押权的性质和目的来看，抵押权是担保物权。

抵押权是在债务人或第三人的特定财产上设定的担保物权。债权人无须为了自己债权的清偿而在自己的财产上设定抵押权，抵押权是为担保债权的清偿而设定的，它只能存在于债权人以外的债务人或者愿意提供财产为债务人履行债务作担保的第三人。抵押权属约定担保物权而非法定担保物权。根据《物权法》第一百八十一条、第一百八十五条以及《担保法》第三十三条、第三十八条至第四十三条规定，抵押权系由当事人的抵押合意而设定。当事人可以自由地就抵押财产、抵押期限、抵押担保范围以及当事人认为需要约定的其他事项进行约定，并在抵押合同或者主债权合同中的抵押条款中予以明确。

抵押权是不转移标的物占有的物权，抵押权的公示主要是登记，抵押权的成立与存续，只需登记即可，不必转移标的物的占有。抵押权的内容是变价处分权和优先受偿权。抵押权的内容有两项：一是抵押财产的变价处分权；二是就抵押财产卖得价金的优先受偿权。对抵押财产的变价处分权是指当债务人届期不履行债务时，抵押权人有权以合法方式拍卖、变卖抵押财产或者与抵押人协议以抵押财产折价抵充债务。

就抵押财产卖得价金的优先受偿权指：①有抵押权担保的债权，债权人能就抵押财产卖得的价金优先于债务人的普通债权人而受清偿；②就抵押财产卖得价金的优先受偿权还表现在两物权之间，即如果同一抵押物上设定两个以上的抵押权，先次序之抵押权人优先于后次序抵押权人而受清偿；③抵押权人在债务人破产等程序中享有别除权，即抵押财产应从债务人的破产财产中除去，抵押权人对此别除出来的抵押财产卖得的价金有优先受偿权。

4. 留置权

（1）留置权的含义。《担保法》第八十四条规定：因保管合同、运输合同、加工承揽合同发生的债权，债务人不履行债务的，债权人有留置权。“法律规定可以留置的其他合同，适用前款规定。”虽然立法中对留置权发生的情形限定在几种，但实务中留置权与抵押权发生竞合的案例却大量发生，且大都是抵押人先设定抵押后，将抵押物交第三人修理、加工、运输、保管等，很有可能不能清偿修理费、加工费、运输费或保管费，从而产生留置权与抵押权的冲突。

（2）留置权与抵押权的关系。如上所述，有时留置权与抵押权会产生冲突。对于留置权与抵押权二者竞合时的效力问题，理论上有以下三种不同观点：一是抵押权与留置权竞合时，根据二者设立或实现的先后来决定，设立在先的其效力优先于设立在后的，先到期的先实现，效力也优先，二是留置权优先。即无论抵押权是否在留置权发生之前设立或实现，留置权人都可就标的物变价优先于抵押权人获偿，三是留置权人如为善意，则留置权虽后于抵押权而发生，其效力也优先于抵押权；否则，其效力应后于先设的抵押权。

最高人民法院《关于适用〈中华人民共和国担保法〉若干问题的解释》

第七十九条第二款采纳上述的第二种观点。而我国台湾地区的《动产担保交易法》第二十五条规定，抵押权人依本法规定实行占有抵押物时，不得对抗依法留置标的物之善意第三人。该规定显然采纳的是上述第三种观点。

在我国学术界，大部分学者支持第二种观点，认为留置权应优先于抵押权，理由如下：

第一，留置权是由法律直接规定而产生的物权，应当优先于通过约定产生的抵押权。

第二，留置权所担保的债权通常是因履行加工承揽、货物运输、仓储保管等合同而产生。在履行这些合同时，留置权人往往要提供一些材料和劳务服务，且其费用也往往都由留置权人预先支付。假如留置权人享有的留置权不能优先于抵押权，那么不仅不能实现其付出的劳动价值，而且有可能使其预付的费用也不能得到补偿，这就会迫使留置权人采取预先的措施保障自己的权利。例如，要求定做人预先支付价款，这样一来就会不合理地增加交易费用。

第三，留置权人提供的材料和劳务，将使标的物的价值增值，这显然有利于债务人；同时优先保护留置权，也可能是有利于抵押权人的。

第四，留置权人行使留置权，主要目的是获取修理费、承揽费、运输费等，而该费用往往数额较小；拍卖、变卖留置物以后所获得的价款，在扣除了上述费用以后常常会有很大的剩余，抵押权人可以就这些剩余的价值受偿。

第五，留置权人所承担的风险要大于抵押权人所承担的风险。在留置期间，留置物或者抵押物会发生毁损灭失以及被分割等危险，留置权人要承担所有的风险；而由于法律赋予抵押权以不可分性和物上代位性，抵押权人的风险则是有限的。

5. 抵押合同

（1）抵押合同的含义。抵押合同是抵押权人（通常是债权人）与抵押人（既可以是债务人，也可以是第三人）签订的，用于确认相互之间抵押权利和义务关系的书面协议。如前所述，抵押人以一定的财物（既可以是不动产，也可以是动产）向抵押权人设定抵押担保，当债务人不能履行债务时，抵押权人可以依法以处分抵押物所得价款优先受偿。抵押合同的订立一般是抵押权成立的必要条件，但抵押合同的订立并不意味着抵押权成立。只有在抵押合同有效，当事人依约履行抵押合同时，抵押权才能成立。

（2）抵押合同的当事人。抵押合同的当事人是抵押关系的当事人，即抵押人和抵押权人。

抵押人是提供财产作为债权担保的一方当事人，在抵押合同中又称为设抵人。抵押人可以是债务人，也可以是第三人。抵押人须是具有完全民事行为能力人，并且对抵押的财产具有处分权。

抵押权人须是抵押权所担保的主债权的债权人，非主债权人不能成为抵押权人。抵押权人在抵押合同中是纯获利益的人，因此无民事行为能力人也可成为抵押权人。

（3）抵押合同的形式与内容。我国《担保法》第三十八条规定，“抵押人和抵押权人应当以书面形式订立抵押合同。”根据此条规定，抵押合同应当采用书面形式。但是书面形式并非抵押合同的成立要件，抵押合同的书面形式仅具有证据效力。如果当事人未采取书面形式，但已经履行合同的，如办理了抵押登记，抵押合同仍有效。

根据《担保法》第三十九条规定，抵押合同的内容应当包括：①被担保主债权的种类与数额；②债务人履行债务的期限；③抵押物的名称、数量、质量、状况、所在地、所有权权属或使用权权属；④抵押担保的范围；⑤当事人认为需要约定的其他事项。

（二）动产抵押的构成要件

动产抵押的构成要件主要包括以下三个：

1. 动产抵押权是以动产为标的物的抵押权

动产抵押权的设立，必须以动产为其标的范围，然而这并不意味着所有的动产都可以作为动产抵押权的标的物，而只有特定的动产才可成为动产抵押设定的标的物。

我国《担保法》第三十四条第二款和第四款分别对动产抵押权的动产范围作了列举和概括规定，即抵押人所有的机器、交通运输工具和其他财产及抵押人依法有权处分的国有机器、交通运输工具和其他财产。这里“机器、交通运输工具和其他财产”应是指特殊的动产和生产资料，不是指普通意义上的动产，而且这些特定动产和生产资料必须是抵押人对其拥有所有权或依法享有处分权的动产。不享有所有权或无权对之进行处分的，抵押人不得设立动产抵押权，否则抵押关系无效。此外，该特定动产和生产资料还必须是可以流通的，能够转让并能够变卖的财产，依法被查封、扣押和监管及依法不得抵押的其他财产均不得抵押。

2. 动产抵押权的设立须以标的物不移转占有为条件

动产抵押权的设立须以标的物不移转占有为条件，这是动产抵押权设立的一个重要特征。动产抵押的成立与存续，不以债权人（抵押人）占有标的物为要件，所以无须将标的物移转给债权人占有。换言之，即债务人或第三人虽以其动产提供担保，但仍可保留其对抵押物的使用和收益权。这样，动产抵押就与动产质押区别开来，因为动产质押的设立，因转移占有才产生效力，故动产抵押与动产质押最主要的区别就在于标的物是否转移占有上。

3. 动产抵押权的设立，须订立书面抵押合同

由于设定动产抵押权的行为是一种要式行为，所以当事人应订立书面抵押合同。该抵押合同可以是单独订立的书面合同，也可以是主合同中的抵押条款。由于抵押合同是抵押人就抵押物设定处分权而与抵押权人达成的协议，所以抵押人应对抵押物享有所有权或处分权，同时抵押人应具有完全的民事行为能力，对无民事行为能力人和限制民事行为能力人设定抵押权的，必须征得代理人的同意或追认，否则无效。

（三）动产抵押的注意事项

在实际实施过程中，动产抵押还要注意适用对象选择、贷款时间确定、抵押价值测定、抵押合同签署、避免全额资产抵押、实行公证制度、偿还抵押贷款临界值的影响、抵押登记八个方面的问题，具体阐述如下：

1. 选择合适的对象

如前所述，动产抵押贷款的适用范围是有限制的。譬如银行对基本客户发放的流动资金贷款，因其期限短、金额大、发生频繁，往往具有铺底性质，

并且银行也不会轻易放弃这些客户，故银行针对这些刚性贷款适用最高抵押方式，而对于那些一般的、非固定客户的临时贷款、季节性贷款等弹性贷款以及中长期贷款，适用传统抵押方式。

2. 确定适当的贷款时间

就抵押贷款方式而言，传统抵押权在设立时，所担保的债权是已经确定的，属时点上的贷款债权。最高额抵押担保是一定期限内连续发生的债权，属时期上的贷款债权。怎样确定最高额抵押中“一定期间内连续发生的债权”的时间长短，目前尚无明确的规定。有的信贷员与客户一约定就是3~4年，似乎一劳永逸，时间的确定根据客户提供的抵押物属性而定。一般而言，抵押物是动产的，因其价值变化大而宜约定一年；抵押物是不动产的，因其价值变动小宜约定两年；既有动产又有不动产的，按其价值构成比例加权平均测算。同时，在实际操作中，抵押人一般都是借款，且借款人在继续经营的情况下是不可能把贷款还清的，因此对一般企业抵押贷款可以使用最高额抵押，就是将抵押人的资产一次性办理抵押，或期限长一些，按抵押人与抵押权人双方确定的抵押资产值签订抵押合同，并以不超过抵押值为尺度，作为借款的最高额抵押贷款限额。在最高额贷款限额内，贷款人向借款人发放的贷款由抵押人担保，不再逐笔办理抵押贷款。

3. 测定动产抵押物的合理价值

对客户的动产抵押应特别注意了解客户应收款数量和质量。不应对削价商品、残次商品所产生的应收账作抵押。对动产抵押标的物，有的国家法律规定须转移占有，也有的国家法律规定不转移标的物占有。鉴于我国目前没有明确的法律规定，应从有利于银行贷款安全，又不妨碍客户生产实际角度确定。如机动车辆等在使用过程中有报废的可能，宜转移占有；企业生产设备等，若闲置会造成浪费和损失，不宜转移标的物占有。不动产作抵押，如土地，房屋等除应注意其实际价值、易售性、实用性以及抵押权等问题外，最重要的是必须依法完成登记过户手续，以便取得所有权。最高额抵押价值的确定适用于传统抵押价值的测定方法，但要注意抵押物的价值一定要委托信誉卓著的有权评估机构评估。虽然目前抵押资产评估不是法定必经程序，但由于最高额抵押约定时间长，金额大，自行测定可能会给信贷资产造成极大的风险。抵押人与抵押权人在对评估价值无争议的情况下，由贷款人、借款人、抵押人签订最高额抵押担保借款合同，并依据抵押值的70%确定最高抵押贷款余额控制数。

4. 签订规范的动产抵押合同

根据《担保法》第六十条的规定，借款合同可以附最高抵押合同，主合同必须约束最高抵押合同。这是因为按传统抵押制度，抵押权应随其所担保的债权成立而成立，是对已经发生的债权作担保，而最高额抵押合同，由于设立在先，主债权一般尚未发生或未完全发生。但某一客户贷款在同一时间内，并非只有最高额抵押方式，也可能有其他担保方式。比如因贷款余额超过最高限额或标的等原因，所以新增贷款需另提供担保。故每次签订主合同时，一定要标明其以上合同系某字号最高抵押合同，否则，会涉嫌合同的歧义造成抵押权部分或全部丧失。在抵押合同签订时，借款人必须在借款前向贷款人递交具体的借款计划，并提供表明贷款合同用途的书面文件。如借款申请书、借款凭证、展期还款协议、授权委托书、变更本合同条款的协议、抵押物品清单和贷款人要求借款、抵押人提供的其他有关材料等。

5. 避免全额资产抵押

由于最高额抵押合同标的物金额较大，客户往往提供全部财产抵押，否则就不足值，但按照最高人民法院复（94）2号和法经（94）334号两次司法解释“全部财产或不论全部还是部分财产”侵犯其他债权人利益的抵押合同无效，其核心问题在于抵押方式的采用是否侵犯其他债权人的利益。在该司法解释未修改之前，笔者建议，凡必须提供全部财产抵押才能达到设定最高限额的，放弃最高额抵押方式。

6. 建议进行公证

虽然公证也并非动产抵押贷款的必经程序，但部分财产抵押是否损害其他债权人利益，在法学界、金融界争议颇大。实行抵押公证制度予以确认合同效力，既保护债权人的利益，也维护法律的严肃性。

7. 注意偿还抵押贷款临界

在最高额抵押中，如果在“一定期内”的某一时刻已经发生债权因清偿抵押消失等原因而消失，即债权额为零时，最高额抵押权是否存在，在司法界还有争议。一种意见认为，最高额抵押贷款抵押权依然存在。其理由是：最高额抵押具有独立性，它不随主债权的转移而转移，不随主债权的消失而消失，不同于传统抵押权在消失上的附从性。另一种意见认为：最高额抵押权灭失，其理由是：《担保法》第六十二条指出“最高额抵押除适用本节规定外，适用本章其他规定”。而该章第五十二条的规定是：“抵押权与其担保的债权同时存在，债权消失的，抵押权也消失。”

8. 根据需要进行抵押登记

以往，除极少数抵押物外，法律对抵押合同实行登记生效制度。我国《担保法》规定，“土地使用权、房产、林木、运输工具、企业设备作为抵押物应到有关部门办理登记手续”。我国实际已经改变了抵押合同登记生效制度，按最高人民法院对《担保法》的司法解释，以及最新的《物权法》的规定，抵押合同签订后即可生效。

在我国，能够办理抵押物登记手续的部门及其职责范围概述如下：①以无地上定着物的土地使用权抵押的，为核发土地使用权证书的土地管理部门；②以城市房地产或者乡（镇）、村企业的厂房等建筑物抵押的，为县级以上地方人民政府规定的部门；③以林木抵押的，为县级以上林木主管部门；④以航空器、船舶、车辆抵押的，为运输工具的登记部门；⑤以企业的设备和其他动产抵押的，为财产所在地的工商行政管理部门。

（四）动产抵押贷款规模分析

根据中国人民银行 2016 年金融机构贷款投向统计报告，2016 年我国各项短期贷款为 33.04 万亿元，按照 31%的存货占比推算，则为 10.24 万亿元；动产担保占比约为 9.3%，则 2016 年的动产抵押贷款规模约为 0.95 万亿元。如果以这个速度继续增长，可以预测到 2022 年动产抵押贷款额约为 1.57 万亿元（如表 2-2 所示）。

表 2-2　2010—2022 年的动产抵押贷款规模

年份	各项短期贷款（万亿元）	动产抵押贷款额（万亿元）
2010	15.71	0.45
2011	18.82	0.54
2012	23.29	0.67
2013	26.12	0.75
2014	28.48	0.82
2015	31.59	0.91
2016	33.04	0.95
2017	37.89	1.09
2018	41.23	1.19
2019	44.57	1.28
2020	47.91	1.38
2021	51.25	1.48
2022	54.59	1.57

据世界银行统计，我国目前的动产资产已达 50 万亿~70 万亿元，金融机构每年短期贷款余额为 30 万亿元左右，若按西方发达国家短期贷款 30%以上为动产担保贷款的水平测算，我国动产融资的市场潜力还很大。对于如此巨大的市场需求，以目前的金融仓储规模还远不能满足动产抵押贷款需求，动产抵押发展速度也较为缓慢。

三、动产质押

（一）动产质押的相关术语

1. 质押

质押（Pledge）是债务人或第三人向债权人移转某项财产的占有权，并由后者掌握该项财产，以作为前者履行某种支付金钱或履约责任的担保。当这种责任履行完毕时，质押的财产必须予以归还。债务人不履行责任时，债权人有权依法将质物折价或者拍卖，并对所得价款优先受偿。

2. 质物、出质人与质权人

质物是指由债务人或第三人向债权人提供的归其所有的不动产、动产或权利，是供质权所设定的标的物。提供财产的人称之为出质人，享有质权的人称之为质权人。

质物以动产最为常见，包括法律不禁止转让的一切动产及其孳息、从物、添附物、赔偿金等。作为质物的权利则指所有权以外的可以让与的财产权，包括债权、专利权、商标权、著作权以及股东权等。质物必须以可让与为其条件。禁止流转物和不可让与的人身权等不能成为质物。

质物可分为不动产质、动产质和权利质。质权人占有质物并在债务人不履行债务时，可就质物优先受到清偿并且依法定或约定获得质物的孳息。质权人同时也负有一定的义务。质权人应妥善保管质物，对因其过错造成的质物的损坏或灭失的，依法承担赔偿责任。在出质期间，质权人一般不得使用质物。出租质物或转质均须事先征得出质人的同意。债务人履行义务后即致质权消灭。质权人应将质物返还给出质人。

3. 质押的分类

我国的《担保法》规定：质押分为动产质押和权利质押两种。动产质押是指可移动并因此不损害其效用的物的质押；权利质押是指以可转让的权利为标的物的质押。

动产质押的质权人因保管质物不善使之灭失或毁损的，应承担民事责任，在可能造成灭失或毁损质物时，出质人可以要求质权人将质物提存或提前清偿债务而返还质物，而质权人则可以要求出质人提供相应的担保，出质人不提供的，质权人可以对质物拍卖或变卖后用于优先受偿或者与出质人约定的第三人提存。

质权人对权利质押载明兑现日期或提货日期的各种票单日期先于债务履行期的，可以在债务履行期届满前兑现或者提货，并与出质人协议将兑现的价金或提取的货物用于提前清偿债务或与出质人约定的第三人提存。以依法可以转让的股票或商标专用权、专利权、著作权中财产权出质的，出质人与质人应当在签订书面合同后，向证券登记机构或向其管理部门办理出质登记，质押合同自登记之日起生效。

可作为质押的权利有：汇票、支票、本票、债券、存款单、仓单、提单；

依法可以转让的股份、股票；依法可以转让的商标专用权、专利权、著作权中的财产权；依法可以质押的其他权利。

4. 质押的特征

（1）具有一切担保物权具有的共同特征——从属性、不可分性和物上代位性。

（2）质权的标志是动产和可转让的权利，不动产不能设定质权。质权因此分为动产质权和权利质权。金钱经特定化后也可以出质：债务人或者第三人将其金钱以特户、封金、保证金等形式特定化后，移交债权人占有作为债权的担保，债务人不履行债务时，债权人可以以该金钱优先受偿。

（3）质权是移转质物的占有的担保物权，质权以占有标的物为成立要件。

5. 质押合同

（1）质押合同的含义。质押合同，是出质人与质权人双方基于主债务合同就质物担保事项达成的书面担保合同。质押合同与抵押合同有相似之处，关键是担保期限内担保物归谁占有。

质押合同是质权人（通常是债权人）与出质人（既可以是债务人，也可以是第三人）签订的担保性质的合同。出质人将一定的财物（通常是动产、有价证券等）交质权人占有，向质权人设定质押担保，当债务人不能履行债务时，质权人可以依法以处分质物所得价款优先受偿。

（2）质押合同的内容。质押合同应当包括如下内容：

①被担保的主债权种类与数额。被担保的是金钱债权、特定物给付债权还是种类物给付债权等。被担保主债权的数额，是指主债权以金钱来衡量的数量，不属于金钱债权的，应当明确债权标的额的数量、价款，以明确实行质权时，就质物优先受偿宾主债权的数额。被担保的主债权种类和数额的规定，主要是为了明确质权发生的依据，同时也确定了质权人实现质权时，应以质物优先受偿的主债权范围。

②债务人履行债务的期限。债务人履行债务的期限是指债务人清偿债务的时间。质押合同订立并生效后，在主债务人债务清偿期届满前，质权人直接享有的只是占有质物的权利，其优先受清偿的质权虽然已经成立，质权人

实际享有的只是期待权，质权人就质物的变价实现其质权，必须等到债务人履行期届满且债务人没有履行债务时才能进行。所以质押合同规定了债务人履行债务的期限，就可以据此确定债务人清偿期届满的时间，明确质权人实现质权的时间，保障质权人及时实现质权。

③质物的状况。质物的状况是指质物的名称、数量、质量与现状。质物的名称是要说明用于质押的动产为何物。因为在债务人履行债务后，质权人须将质物返还给出质人，就是在质权实现时，也要实行质物的变价。所以，为避免于返还质物或实现质权时，就质物的状况发生争议，当事人应当在质押合同中具体明确质物的状况，不仅要说明质物的名称，而且要说明质物的数量、质量与现状。如以仪器设备为质物的，不仅要说明仪器设备的名称、数量，还要说明用于质押的仪器设备的规格、型号、牌号、出产厂家、出厂日期等，并且要说明出质时质物的现况。

④质押担保的范围。质押担保的范围包括主债权及利息、违约金、损害赔偿金、质物保管费用和实现质权的费用。因此，出质人欲适当减轻自己的担保风险，可以与质权人约定仅就主债权或仅就主债权的一部分等内容提供质押担保。

⑤质押移交的时间。由于只有当出质人将质物移交于质权人占有时，质押合同才算生效。若质押合同不记载质物移交的时间或者记载得不明确，则质押合同虽已成立，但若债务人或第三人迟迟不移交质物，则质押合同没有生效。因此合同必须明确质物移交的时间，如果债务人或第三人未按合同约定的时间移交质物，而给质权人造成损失的，出质人应当根据其过错承担赔偿责任。

⑥当事人约定的其他事项。出质人与质权人还可以在质押合同中记载其认为需要约定的其他事项，只要不违反强制性法律规范和公序良俗，均对双方当事人产生约束力。例如，质押合同是否公正，发生争议是否仲裁，质权人占有质物期间的义务，等等。出质人和质权人在合同中不得约定在债务履行届满质权人未受清偿时，质物的所有权转移为质权人所有。

（二）动产质权

1. 动产质权的含义

动产质权，是指因设立担保而占有债务人或第三人移交的动产，在债务人不履行债务时就该动产的变卖价款优先受偿的权利。按照有些国家的法律，质权的标的仅限于动产，从而动产质权即为质权。设定动产质权的行为在法律上属于处分行为，因此必须是有处分权限的人才可行设定动产质权。

动产质权通常由当事人以合同形式订立，也可根据遗嘱由执行人将遗嘱指定的质物交给债权人。质权人的主要权利是直接占有出质的动产，并在债务人不履行债务时就出卖质物所得价金优先受偿。同时还可以在占有质物期间收取质物所生的孳息。质权人对质物的占有受到不法侵害时，有权要求返还占有、排除妨害、恢复原物或赔偿损失。质权人在占有质物期间应妥善保管质物，在债权消灭时，应将质物返还于出质人。

2. 动产质权的设立要点

动产质权的设立要注意下列要点：

（1）法律、行政法规禁止转让的动产不得出质。

（2）设立质权，当事人应当以书面形式订立质权合同。质权合同一般包括下列条款：被担保债权的种类和数额；债务人履行债务的期限；质押财产的名称、数量、质量、状况；担保的范围；质押财产交付的时间。

（3）质权自出质人交付质押财产时设立。

（4）出质人与质权人可以协议设立最高额质权。

（5）质权人在债务履行期届满前，不得与出质人约定债务人不履行到期债务时质押财产归债权人所有。

3. 动产质权的生效条件

（1）交付质押财产是质权的生效要件。动产质权的标的是动产，动产具有易于转移、难以控制的特点，为了保障动产质权的实现，也为了保护善意第三人的合法权益，规定动产质权的设立以交付为生效要件。

（2）质权自出质人交付质押财产时设立。出质人与质权人订立动产质权合同，该合同自成立时生效，但在移转质物的占有之前，并不发生担保物权的效力。出质人只有实际将质物交付质权人占有时，质权才发生效力。出质人代替质权人占有质物的，质权不成立。质权合同中对出质财产约定不明，或者约定的出质财产与实际移交的财产不一致的，以实际交付占有的财产为准。在质权合同生效前质权人已经占有质押财产的，质权自合同生效之日起发生效力。

4. 动产质权的善意取得

在现实生活中，动产质权的善意取得是指出质人以自己没有权利处分的第三人财产来设定的质权，这时质权人就属于善意取得占有质物。

从法理和现实看，动产质权是可以善意取得的。但在司法实践中，动产质权的善意取得应具备以下条件：

（1）善意取得的标的物限于动产。以下几类动产不适用善意取得：一是登记为对抗要件的特殊动产，例如以航空器、船舶、车辆，或以企业的设备和其他动产抵押的，质权人误信出质人有处分权缺乏合理根据；二是货币，因为货币所有与占有合而为一，货币的占有人视为货币的所有人；三是记名有价证券，因为记名有价证券依背书设定质押，不会发生误认出质人为所有人的情形；四是法律禁止流通的物品，例如毒品、枪械等；五是依法被查封、扣押、监管的财产；六是遗失物和盗赃物。

（2）质权人取得动产的占有。质权人取得动产的占有具体包括三种方式：一是现实交付，现实交付可以由质权人自己占有，也可以由质权人的代理人占有；二是简易交付，即质权人已经占有动产，质押合同成立时，视为交付成立；三是指示交付，即动产由第三人占有时，出质人将其对第三人的返还请求权让与质权人，以代替交付。但不包括出质人与质权人特别约定，标的物不移交于质权人，仍由出质人继续占有使用。占有改定在质权设定中不具有物权的公示效应，不能依占有改定的发生设定质权，因此实务中当事人约定由出质人或者出质人的代理人代为占有质押财产的，不构成设定质权意义上的有效交付，质权不生效。

（3）须以设定质权为目的。出质人将动产移交债权人占有，须有设定质权、担保债权的意图和目的。

（4）质权人须为善意。善意是指质权人不知出质人无处分权，且无重大过失。因为动产质权的善意取得在于兼顾质权人与所有人的利益和交易安全，应该使质权人承担一定程度的注意义务。因重大过失而不知出质人为无处分权人的，应认定为非善意。对于过失的判断，以凭借交易经验即可做出的判断作为衡量善意与否的客观标准。

（三）骗贷疑云

近年来，受宏观经济增速放缓、大宗商品价格疲软等因素影响，钢铁、煤炭等大宗商品行业纷纷陷入调整。与此同时，银行、借款人、贷押监管机构等各方之间的信任度急剧下降，商业银行沿用已久的仓单质押、互联互保等传统的大宗商品融资模式陷入进退维谷的尴尬境地。

在传统动产的融资业务中，企业将合法拥有，且银行认可的动产交由银行委托的物流监管方进行监督，物流监督方通过派驻监管人员实施人工现场监管。

各地多发的钢贸案、青岛港有色金属骗贷案、浙江温州船舶重复抵押、广州金山联纸业案等，无不昭示着违规贸易融资中潜在的风险正在加速蔓延和暴露，假仓单、抵押品重复质押、押品不足值的“魅影”始终游荡于其中。

银保监会 2014 年公布的数据显示，仅动产质押违规操作高发的钢贸行业表内外不良率已达 5.69%，远高于各项贷款的平均不良率。

一般而言，常见动产质押的违规做法有三个：一是针对同一批货物开具多张仓单以获取多方贷款；二是在没有货物的情况下开具假仓单；三是对货物和仓单同时进行质押骗贷。

传统模式中，物流监管的质量和准确性，主要取决于物流监管公司的管理能力和现场监管人员的履职程度，银行面临着重复抵押、押品价值不足、货权不清晰、监管过程不透明、监管方道德风险、预警不及时等系列风险。

各银行出于风险控制的考虑，近两年来一直主动压缩动产的融资业务。记者获悉，某股份行的钢贸动产融资曾从巅峰期的 500 多亿元一路下滑，上海分行的钢贸融资授信从近70亿元压缩至20亿元。

全国每年仅钢材消耗量就达7亿吨，交易金额逾2万亿元，实体经济对大宗商品仍有巨大的需求。由此可知，商业银行亦不愿意放弃这块大蛋糕。

四、动产抵押与动产质押的比较

《中华人民共和国物权法》规定：以动产作为担保财产时，既可以抵押也可以质押。同时，以银行为代表的金融机构在贷款业务实践中，动产抵押、动产质押两种模式也广泛存在。因此，动产抵押、动产质押，在担保债权实现、保障金融交易安全、促进资金融通与经济发展等方面都起到了重要作用。然而，由于动产抵押与动产质押都是以动产为标的物的担保物权，针对同一动产，动产抵押与动产质押理论上也存在两种权利登记优先、设立优先还是占有优先的模式竞合问题。动产抵押与动产质押的联系和区别如表2-3所示。

表2-3　动产抵押与动产质押的比较

	动产抵押	动产质押
相同点	动产押物	动产押物
不同点	不转移对押物的占管形态，仍由抵押人负责抵押物的保管	改变了押物的占管形态，由质权人负责对质押物进行保管
	押物毁损或价值减少，由抵押人承担责任	质押物毁损或价值减少由质押权人承担责任
	动产押物需要登记才生效	动产押物需占有
	只有单纯的担保效力	质权人既能支配质物，又能体现留置效力
	债权人对抵押物不具有直接处置权，需要与抵押人协商或通过起诉由法院判决后完成抵押物的处置	对押物的处置不需要经过协商或法院判决，超过合同规定的事件质权人就可以处置

第二节　动产融资及其现状

动产融资是现代市场经济中一种重要的融资方式，它是以应收账款、存货（仓单）、设备、知识产权等资产为债务偿还担保的借贷融资。本节在简要介绍我国动产融资的历史沿革基础上，分析动产融资的市场潜力、价值风险、政策环境、融资现状，并结合典型案例浅析动产融资破局之道。

一、动产融资的历史沿革

国内动产融资的历史发展大致分为萌芽、成长、萎靡、重振四个阶段。

（一）萌芽阶段

商品融资在我国发展的萌芽阶段，是以仓单质押或动产质押作为一种辅助的担保的手段。在20世纪80年代中后期，一些客户的信用程度不能完全满足商业银行的要求，因而采用仓单质押和动产质押的方式，向商业银行提供担保。当时的银行并没有商品融资这个概念，只是把这种质押方式算作传统信贷业务的一个补充担保条件。

（二）成长阶段

一些商业银行受到市场竞争的影响，逐渐看到商品融资业务的巨大市场空间。它们认为要在传统的信贷业务之外建立自己的产品体系，于是发展成为仓储质押模式下的商品融资业务。这种产品服务在石化、钢铁、五金、矿产等行业得到了大范围的应用。这个阶段已经不把仓储质押作为辅助的担保手段，而是当作单独的银行业务产品来推广。同时越来越多的商业银行参与进来，探索开展这项业务。中国工商银行与中国外运股份有限公司的合作，以及中国建设银行与中国远洋运输（集团）总公司的合作，试点规模曾达到授信额度几百亿元的水平。

（三）萎靡阶段

随着业务的快速发展，在国内法律法规、物权登记、监管公司素质不齐、信息不对称等多个方面缺失的情况下，特别是青岛港有色金属骗贷事件、上海钢贸圈融资危机，对国内银行的动产融资造成了极大的伤害。一些从事这一业务的银行纷纷关闭，收尾，逐渐退出动产融资业务领域。

（四）重振阶段

沉寂多年的我国动产融资行业，自 2017 年有冻土融化迹象。2017 年的业内报告称：未来 5 年，动产融资领域将有 15 万亿元到 20 万亿元的市场规模。具有“风险低、利润高、玩家少”等特点，拥有万亿元市场的巨大金融“蓝海”。于是，以平安银行为代表，敢于技术创新、拥有深耕耐心的银行和金融公司开了新一轮尝试。

二、动产融资的市场潜力与价值风险

（一）动产融资的市场潜力

在发达国家，动产融资业务已开展得相当成熟，如美国小微企业 60%以上的融资途径来自动产。而在我国，信贷市场动产担保融资还刚刚起步，根据国家统计数据，2015 年新增人民币贷款 10.6 千亿元，而动产融资不足 5000 亿元，仅占信贷额度的 5%。

在 2018 年于天津举办的第六届仓储融资和担保品管理国际研讨会上，世界银行集团国际金融公司报道我国的动产融资已经达到每年 30 万亿元以上，由此可见动产融资的市场潜力是巨大的。

（二）动产融资的价值风险

相关数据显示动产融资的风险很低。2011 年，世界银行和中国人民银行对 50 家信贷机构的调查表明，在我国应收账款融资的累计不良率为 0.45%，存货融资的累计不良率为 0.6%。传统上，国际银行业认为“贸易类”融资属于低风险交易。

传统的银行与担保公司合作中，风险全部由担保公司承担，且严格控制其放大倍数以致盈利性不强，高风险低收益特性令担保公司生存困难。通过信用担保动产监管的双重模式，无论对银行业还是担保业都增加了控制风险的可靠性。

三、国内动产融资的政策环境

2003 年起，中国政府开始研究、推动和出台了一系列的现代担保物权制度改革措施：

2007 年 3 月 16 日通过的《物权法》，在建立现代担保融资制度方面迈出了一大步：动产担保的范围已全部放开，包括应收账款、存货、知识产权等不断变动的资产和未来资产；放宽了具体描述的规定：在优先权规则方面，法定了先登记先有优先权的原则，正常交易中的买受人不受追及；在担保物权登记制度方面，明确了应收账款担保物权的登记；在担保物权的实现方面，规定违约可以通过合约定义；此外，《破产法》明确了担保债权人对担保财产有优先受偿权，可事先约定担保物权的实现方式。

中国人民银行在 2007 年 10 月，上线了第一个基于互联网的现代担保物权公示登记系统，目前已扩展至所有动产上的绝大部分担保物权。

2012 年新修改的《民事诉讼法》，改善了担保物权的实现机制。中央、地方政府和各监管当局出台了一系列涉及动产金融的政策、意见和指引。

2013 年底，中国人民银行建立了全国性的应收账款融资平台。

2014—2015 年，有关部门出台了规范担保存货管理的两个国家标准。

2015 年，国务院和有关部委关于政府和社会资本合作模式（PPP）的相关文件，认可了使用未来收益作为担保品的做法。

2016 年，担保存货管理平台正式上线，实现了与担保物权公示系统对接；同年，中华人民共和国国家市场监督管理总局公布《动产抵押登记办法》，并自 2016 年 9 月 1 日起施行。

四、动产融资的现状分析

（一）动产融资遭遇“四难”

尽管动产融资拥有万亿元规模的市场，但要啃下这块肉却并不容易。实际上，国家早就动员银行进入这片市场，但银行却走得磕磕绊绊。主要是因为这个领域有四大难点：确权难、评估难、监管难、处置难。

1. 确权难

主要表现在应收账款领域，如何让核心企业确权，把原来付给供应商的货款结算给银行。

2. 评估难

评估难主要是针对无形资产，如知识产权、商标、专利等，估价成为难题。

3. 监管难

在存货管理环节，如何有效管理动产抵押、动产质押的押物，避免重复质押。

4. 处置难

当动产融资出现问题时，对于银行来说，如何处置动产融资押物是非常困难的，不可能让银行去卖钢铁、去转让专利。

动产融资的上述难点，使银行在管理上一度失控。2010 年前后，风险大面积爆发：“授信 2200 亿，余额 296 亿，坏账 400 多亿”的上海钢贸诈骗案；“神赛物资”将同一笔质押物进行重复抵押，分别向华夏银行和中国工商银行贷款；“牵连银行多达 18 家，金额超 100 亿”的青岛港融资骗贷大案，暴露了银行对空单质押、仓单重复质押控制不力。此外，“福建一号项目”2 亿元大标融资方跑路、广州金山联纸业老板亿元大标等“一女多嫁”的重复质押骗贷等重大恶性风险事件，致使老牌 P2P 红岭创投电子商务股份有限公司深深陷入大额标的失控窘境。

（二）创新改革派技术加持

在动产融资领域，“之前几乎没有技术，非常粗糙，一个人，一张嘴，一只看守货物的狗，就撬动了一个行业”的局面不复存在。在金融蓝海蹚出一条血路的是行业深耕者和“技术创新派”。比如平安银行股份有限公司，在钢材的交易集中区，引入了一个叫“感知罩”的智能设备。这个感知罩，可以对钢材存货进行识别、定位、跟踪——也就是说，货物的管理，完全由这个智能设备完成，取代了人力。

而很多创新企业，对技术颇为热衷。通过引进智能设备，比如红外摄像头、定位系统来管理货物，进而可节约大量人力。而未来最值得期待的技术，无疑是区块链。区块链的不可篡改、可溯源等特性，非常适合货物管理。货物所有的流通、交易、运输、管理都刻在区块链上，不仅解放了人力，同时解决了信任问题。

之前，对于无形资产的评估和作价，一直是比较棘手的问题。最近，市面上出现大量专业的第三方评估公司，因而对于无形资产的评估已趋于成熟。之前，类似上海钢贸案重复质押所导致的风险还有一系列难题，如今都可以用技术解决。

创新技术的应用，给动产融资行业注入生机。不少从业者认为，技术将推动行业觉醒。技术创新和深耕耐心都不再缺乏，而目前最缺少的就是资金。一般动产融资的金融公司，都是直接加收融资企业6‰到2%的服务费来盈利。如果融资成本太高，这些中小企业将很难接受。从资金成本来排序，中央银行的资金成本最低，之后是四大行、保险公司，再往下为股份制银行，再到城市商业银行，最后才是小额贷款公司和P2P。

而新入场的玩家，早期只能从成本最高的资金开始拿，就像打怪升级，规模做大一点，资金成本就低一点。因此，很多新玩家会尝试先和核心企业合作，抱住大腿，先活下去。他们的终极目标，肯定是能获得银行的资金。但银行的钱确实难拿，规则太多，且它们之前因动态融资留下的伤疤依然隐隐作痛，对动产融资这个领域依然心怀芥蒂。

总之，新的业态已经觉醒，深耕的从业者们正在试图打破坚冰，改变银行的认知，重新回到主流舞台上来。

五、动产融资典型案例分析与思考

鉴于篇幅问题，本节围绕动产融资的典型案例——“青岛港事件”，进行分析。

（一）“青岛港事件”概述

青岛港是世界第七大港、我国第三大外贸口岸，运营青岛大港港区、前湾港区、黄岛油港区和董家口港区等四大港区，主要从事装卸、仓储、转运、第三方物流、贸易促进、金融等港口综合服务。

2014 年 6 月，青岛港地区被爆出发生大宗商品融资诈骗案件，该地区的德诚矿业涉嫌利用同一批金属库存重复骗取融资贷款而遭到调查。德正系旗下公司，利用仓单重复质押向银行贷款，中国工商银行、中国银行等受牵连的银行多达 18 家，暴露出来的漏洞或超 100 亿元。

青岛港有色金属融资骗贷事件（以下简称“青岛港事件”），祸起仓单重复质押。《证券时报网》报道：该过程并不复杂，操作要点就是保证参与方至少有三个，而且都是“自己人”。具体流程如下：

首先，A 公司将一批货物以一定的价格卖给 C 公司，然后 B 公司再承诺以一个更高的价格买回。这样一来，C 公司可以赚取其中的差价。

其次，A 公司让仓储公司出具一张仓储仓单；而 C 公司就要用这张仓单去银行进行抵押融资，将钱弄出来，加上一些自有资金，支付给 A 公司。B 公司这时候是货物的接收方，拿到货物后，可以再以一个协议价格卖回给 A 公司，A 此时又能再度让仓储公司重新开具一张仓单。

这样一来，按照上述操纵手法，一家公司就可以通过旗下不同子公司伙同仓储公司，对同一批货物开出多张仓单，然后到银行骗取质押贷款。

（二）“青岛港事件”带给仓储业与担保品管理的思考

长期以来，仓储业一直是我国的投资热点。特别是金融危机前，仓储业发展迅速，固定资产投资额曾连续 10 年保持 30%以上的增幅，最高达到了 51%。据相关数据测算，截至 2013 年底，全国共有仓储企业 2.5 万多家，从业人员超过70万人；全行业的总资产约在1.5万亿元，全行业的平均资产负债率在50%左右，净资产收益率在4%以上。

近年来，仓储业发展呈现两个方面的趋势：一方面，公共仓储服务的内涵与外延得到发展，仓储企业由管理仓库、保管商品发展到库存管理、加工包装、分拣配送等一体化服务；另一方面，仓储业的新兴经营业态不断涌现，并逐步形成成熟的商业模式。自2008年以来，主要为动产融资服务的金融仓储业进入快速发展期，在越来越多的传统仓储企业开展担保存货管理的同时，目前全国有近百家专门从事担保存货管理的“金融仓储”或“仓储管理”企业。

可以说，在我国现代仓储业是一个投资回报相对稳定的朝阳产业。但在其蓬勃发展的背后，一直隐于行业背后的问题逐渐暴露，特别是近期发生的“青岛港有色金融骗贷案”，再次引发了业内人士对仓储业健康发展的思考。该案件中，青岛德诚矿业有限公司，将存放在青岛港的金属库存通过开具虚假仓单重复质押骗取银行贷款，折射出仓储业和担保品管理的漏洞。当前，有必要追根溯源理性剖析行业存在的问题、深入探讨仓储业未来健康发展的对策，引导行业走上成熟、可持续发展的道路。

1. 我国担保存货管理发展的三个阶段

第一阶段，1999年至2007年：属于尝试与探索阶段。主要是中国物资储运总公司、中国外运股份有限公司、南储仓储管理集团等大型国有物流企业先后逐步开展此类业务，当时主要是依托企业自有仓库实施监管，到2005年逐步开始派员到货主企业仓库进行监管；同时，越来越多的大中型仓储物流企业涉足这项业务。这个时期出现的主要问题是对担保存货的验收责任不明确，导致经济纠纷。

第二阶段，2008年至2012年：进入快速发展阶段。2007年《物权法》的颁布实施，促进了存货担保融资与担保存货管理的大发展，与之相伴出现了三个新情况：一是2008年浙江涌金仓储股份有限公司的成立，标志着我国第一家专业性的内资金融仓储企业诞生。此后，相关模式在浙江复制很快，并先后复制到四川、江西、山东等地区。二是传统仓储物流企业派员到货主企业仓库监管担保存货的规模大幅增加，成为业务主体。三是一批生产资料流通企业参与投资，或直接投资组建仓储企业，并开展担保存货管理业务，其中包括监管其母公司或股东的担保存货。据中国仓储协会不完全统计，到2012年，全国从事担保存货管理的企业超过1000家，中国外运长航集团有限公司、中国物资储运总公司、南储仓储管理集团有限公司每年监管担保存货的贷款发生额分别在1000亿元左右。据有关专家估算，全国经由第三方管理的担保存货融资额达到了3万亿元。但这个阶段也出现了较多问题，除了第一阶段的类似问题之外，还出现了两个方面的严重问题：一方面监管企业在货主仓库难以履行对担保存货的安保责任，发生货主强行出货的问题；另一方面是虚开仓单、重复质押的问题，突出的案件是“上海钢贸案”。

第三阶段，2013年以来：进入调整与规范发展阶段。受“上海钢贸案”的影响，金融机构与仓储物流企业都调整了策略，存货担保融资与担保存货管理的业务规模大幅减少。

在大银行与大型物流企业收缩这项业务的同时，一些地区的中小银行、地方银行、信用社等仍然采取了积极的态度，一些民营仓储公司迅速发展，一些担保公司、期货公司、资产管理公司等也尝试进入这一领域。仅四川省，2013年就成立了11家专业性的金融仓储公司，江西省一个县就有10多家金融仓储企业，但这些仓储公司业务经营规模普遍较小，全年监管担保存货的授信额一般在10亿～30亿元不等，也有个别民营仓储公司因为业务突破困难，已经放弃此类业务。

此阶段的特点是问题集中暴露，已引起相关政府部门、行业协会、业内广大企业的重视。其间中国仓储协会召开过两次国际研讨会，促进业界就问题产生的原因与应该采取的对策进行了探讨，并形成了广泛的共识。然而，普遍存在的问题仍然没有得到解决，风险没有得到彻底清理与防范。

2. “上海钢贸案”与“青岛港事件”值得反思

2011年发生的“上海钢贸案”目前还没有审结，但案件的性质与基本事实已经披露。前不久发生的青岛港德正系企业“有色金属案”，官方机构尚未正式披露案件性质与相关事实。但从媒体已报道的信息分析，两个案件有不同点：比如存货，上海钢贸是黑色金属，青岛是有色金属；地点，“上海钢贸案”是钢材市场的配套仓库，“青岛港事件”是港区内仓库；货主主体，“上海钢贸案”是相互联保的钢贸企业群体，“青岛港事件”是同一老板主导下的多家下属企业；仓储主体，“上海钢贸案”主要是与钢贸企业之间存在资产或股权关联的仓储企业，“青岛港事件”主要是有外资背景的独立仓储企业；问题爆发点，“上海钢贸案”是受钢铁行业形势的影响，“青岛港事件”是因企业老板涉及其他案件。

然而，深入分析就可发现“上海钢贸案”与“青岛港事件”有两个根本的相同点：一是基本事实相同，即同一批存货开具多个仓单、在多家银行重复质押融资，而多家银行之间互不知情；二是涉案企业的性质类似，都是大宗物资的工商企业，涉案金额很大，都是因不能按期归还贷款才使问题暴露。如果归还了贷款，其中的问题仍然会继续被掩盖，没有人发现与重视。

从上述分析可以看出，货主企业、相关银行与仓储企业三方都有相应责任，核心问题是重复质押，问题的焦点是重复质押情况下各家银行互不知情。据我们了解，在国外，同一批存货是可以重复担保融资的，但仓单只有一个，并且存货担保融资的信息是公开的。所以，问题的关键不在于重复质押，而在于同一批存货有多张仓单，存货担保融资没有登记公示。前者的责任在企业（货主企业与仓储企业都有责任），后者的责任则在于缺少政府“有形之手”的规范。

从前面存货担保融资与担保存货管理的发展过程看，这两个重大案件暴露出的问题，不是个案而是具有普遍性。对此，我们应当有一个客观、公正、全面的认识。相关企业必须为利益驱动下的违规行为承担责任，但产生这些问题的深层次原因必须更加正视。我们认为，深层原因有三个方面：

第一，法律法规不完善。一方面，《物权法》只明确存货可作为担保融资，但没有规定存货担保融资应当登记公示以及由谁建立登记公示平台；工商局只负责对抵押品进行登记，但到目前为止并没有公示平台，有的地区甚至不允许查询。另一方面，《合同法》没有对担保存货管理合同做出专门要求，担保存货管理协议与现行的仓储合同、保管合同如何衔接、适用，也没有明确的规定。监管担保存货是否承担存货保管责任？什么企业可以开具仓单？存货验收的责任是外观验收还是内在质量验收？《合同法》中相关问题均有待明确。

第二，缺乏专业性的统一标准。担保存货管理与一般仓储管理比较，有其特殊性，比一般仓储管理更复杂、风险更大、要求更高。现行的仓库技术、仓储作业、仓储服务与仓储从业人员资质等方面的标准，还不能完全满足管理担保存货的要求。但到目前为止，相关国家标准还没有颁布。

第三，行业监管缺失。由于人们对担保存货管理这样一个特殊仓储业态的风险性缺乏全面认识，到目前为止国家既没有相关的行政许可制度，也没有企业备案制度，对现有从事担保存货管理的企业情况也不清楚，而且对开展担保存货管理的企业尚无明确的资质条件要求。同时，对这种特殊仓储的管理权是属于商务部门还是属于金融监管部门，此前也没有明确的说法。2010 年，浙江省金融服务（工作）办公室曾给涌金仓储公司颁发过“创新奖”，四川省金融服务（工作）办公室对“金融仓储”企业实行过前置审批，商务部在《关于促进仓储业转型升级的指导意见》中也将“金融仓储”作为一个仓储业新的经营业态，鼓励传统仓储企业创新开展“质押监管”等增值服务。但两个部门如何分工、如何衔接配合，目前仍尚无明确的规定。

3. 规范发展担保存货管理的对策建议

金融与仓储两个行业需要就担保存货管理的产业定位、商业模式、发展意义与管理规则达成统一认识。

一是关于担保存货管理的内涵与外延。我国习惯性的称谓“动产质押监管”“仓单质押监管”是不准确的。“动产质押”是一种融资方式，是一种动态行为，仓储企业监管的对象不可能是这种方式或行为，而只能是被质押的动产；“动产”这一概念很宽泛，实际工作中仓储企业监管的只是“存货”，没有管理其他动产。动产既可以质押，也可以抵押，按照我国《物权法》与国际惯例，质押与抵押都属于担保，质押品与抵押品都属于担保品。在实际工作中仓储企业既管理被质押的存货，也管理被抵押的存货，即管理“担保存货”。也就是说，我们习惯性说法中的“动产质押监管”应该科学界定为

“担保存货第三方管理”，所谓“仓单质押监管”也是管理仓单项下的担保存货。按发达国家的惯例，担保存货管理可区分为“监管”与“监控”两种方式。在我国，虽然通称为“监管”，但其中有许多行为属于国外界定的“监控”行为（派员在货主企业仓库管理担保存货）。在实际工作中，由于质押品与抵押品的性质不同、担保品存放仓库的权属不同，故使第三方管理企业的“监管”责任很难统一、很难实施，从而在借款人与第三方管理企业之间造成许多纠纷。发达国家的通行做法、世界银行国际金融公司为我们提供的“监管协议”与“监控协议”两个范本，正好解决了这个问题。按发达国家的通行做法，“监控”只负责“对担保存货进行核实与报告”，对仓库与存货保管不承担责任；而“监管”则要对担保存货的仓储保管承担全面责任。按我国现行法律规定，监管方式适用仓储合同的规定，监控方式适用委托合同的规定。在实际操作中，出现了“一元钱”租赁货主仓库、实施第三方监管，其本质是为了满足质物交付、占有的法律要求，但其质权设立与监管的法律风险并没有得到有效解决。储存在货主仓库的担保存货走抵押程序、贷款人委托第三方企业按监控方式管理更为合适。

二是关于担保存货管理的产业定位。国际上，担保品管理经历了100多年的发展历史，已经成为一个专门的行业。国内外专家指出：担保存货第三方管理的出现是社会分工的产物，是银行业专业化经营的必然结果，不仅仅是我国现阶段信用水平不高情况下出现的权宜之计。在现代经济条件下，担保存货第三方管理具有巨大的市场空间。不论是仓储企业还是专业管理企业，都是依托仓储设施从事担保存货管理，都属于仓储行业。因此，担保存货管理既是仓储企业的增值服务创新，也可以说是仓储业的一个新业态。担保存货第三方管理的健康发展，不仅对于进一步扩大存货担保融资规模、保障存货担保融资安全有着直接的积极作用，而且对我国仓储业转型升级与创新发展有着重要意义。

三是关于担保存货管理的行业监管。国际上担保存货第三方管理业务已经有成熟的商业模式与严格的监管制度。目前，法国有《仓单法》；日本有《仓库法》；比利时等国家对担保品管理行业实施经营许可制度（持牌经营），并对担保存货管理行业制定了不同程度的监督管理机制；美国有《仓库法》且有发达的保险业，通过保险业对担保存货管理企业进行监督制约，使担保存货管理行业得到规范发展。

鉴于担保存货管理的特殊性、复杂性、风险性，为了规范发展我国担保存货管理，我们应当借鉴发达国家的经验，建立三个方面的监管制度：一是制定专门的管理标准，对第三方管理企业进行资质认证管理；二是建立健全存货担保融资的登记公示制度及其相应的信息平台；三是应当对担保存货管理企业实行备案管理，并对担保存货管理企业及其活动实施动态监管。具体措施如下：

第一，建议中国银行保险业监督管理委员会与商务部加强合作，在深入调研的基础上尽快联合出台治理措施。建议两部门对浙江、四川、上海、青岛等地进行联合调查，总结这些地区担保存货管理发展的经验、出现的问题、采取的措施。同时，在联合调研的基础上，就规范发展担保存货管理联合发布通知或者指导意见，明确担保存货管理的产业定位、发展意义，明确金融监管部门与商务主管部门的管理责任，对相关银行、管理企业提出要求。

第二，支持最高人民法院就仓储业法律法规进行“司法解释”，重点明确担保存货管理活动的适用法律，同时建议国家有关部门组织制定《仓储法》或《仓单法》。针对我国实际情况，有如下建议：一是明确存货担保融资登记公示的优先权；二是明确“担保存货监管协议”适用“仓储合同”的规定，“担保存货监控协议”适用“委托合同”的规定；三是明确“仓储保管人”对仓储物的验收责任；四是明确可流转仓单与不可流转仓单的法律属性，并明确开具可流转仓单的条件与责任，确认电子仓单的法律地位；五是明确仓库租赁企业与承租企业之间的安全责任。关于仓储业的立法工作，也应该提上日程。主要发达国家都有《仓储法》或《仓单法》。目前，我国仓储方面的法律只有《合同法》中的“仓储合同”。作为市场经济条件下的一个基础性产业、朝阳产业、问题比较多的产业，仓储业迫切需要一部专门的法律。2012 年以来，商务部为组织制定《仓储业管理办法》做了大量工作，但由于缺乏上位法，目前工作进度较慢。

第三，建议多部门联手，建立全国统一的存货担保融资登记公示平台。目前，中国人民银行征信中心正在以应收款担保融资的登记公示平台为基础，建立存货担保融资的登记公示平台。另外，由中国银行业协会、中国物流与采购联合会共同支持的“中国物流金融服务平台”已经上线。目前中国仓储协会与“中国物流金融服务平台”进行了战略合作，以担保存货为纽带建立全国担保存货管理公共信息平台。但鉴于登记公示的重要性、权威性，希望国家有关部门加强协调、尽快明确相关登记公示平台的权利。

第四，加快颁布《担保存货第三方管理规范》（以下简称《规范》）国家标准，开展担保存货管理企业的资质认证。《规范》由商务部委托中国仓储协会与中国银行业协会共同组织起草，目前已经上报国家标准化管理委员会审批。可以说，这项国家标准基本理清与解决了目前困扰担保存货管理所涉及的借款人、贷款人与第三方管理企业之间的所有责任划分问题。下一步，中国仓储协会与中国银行业协会将共同组织制定《担保存货第三方管理企业资质评定办法》，面向全国组织开展相关企业的资质评价工作。

第五，建立全国担保存货管理公共信息平台，加强对担保存货的动态监控，监制可流转仓单，实现仓单电子化。这项工作中国仓储协会已经考虑较长时间。要保障存货担保融资的安全，仅仅实行登记公示是不够的，必须加强担保存货管理的全过程监管。我们计划借鉴上海期货交易所的经验，组织开发担保存货的网上仓储管理系统与电子仓单系统，实现存货信息、储位信息与仓单信息的对接，确保仓单的准确性与唯一性。这项工作将会非常复杂与艰难。由于担保存货的仓库不同于期交所的交割仓库，如何实现与要求担保存货管理企业运用这个公共平台上的仓储管理系统，既需要相应的商业模式，也需要国家相关部门的指导与支持。

（三）动产融资的破局之探：产业深度服务

本节依据2017第三届中国物流金融创新高峰论坛，以中物动产信息服务股份有限公司（以下简称中物动产）为例，从产业深度服务的视角，总结中物动产常务副总经理邝冬蓓等的观点，概述动产融资的破局之道。

1. 中物动产及其 M 端产业深度服务

中物动产成立于 2013 年 10 月，定位是以存货全周期管理为核心，本质上是一个实体产业深度服务的动产金融服务商。在实体产业服务发展的 C2M（用户需求驱动生产）趋势下，与市场上大多数平台为 C 端（消费端）提供服务不同，中物动产致力于为 M 端（生产端）提供服务。

鉴于 C 端仓储侧重快速分拣、M 端仓储侧重备料囤货，依据生产资料的特性，M 端天然存在 1 个月至半年的在库囤货和动产融资需求。不难想象，作为大宗商品（生产资料）的主消费和主生产的中国，大宗商品产业链完整，农产品、钢铁、煤炭等成为大宗商品市场的龙头，且空间巨大，动产融资发展前景广阔。然而，实体产业 M 端也面临着产能过剩、总体利润低、效率低下、业务链条长、交易结构复杂、价格波动大、业务跨区域等问题，其中的任何一个挑战都会让这个场景里的服务商难以下手，尤其是动产金融服务更是风险难控，也正因如此，M 端的服务商数量不多且未规模化。也就是说，M 端需要得到深度的产业服务，整个产业化水平获得提升后，为之做配套的动产金融服务才能获得高效优质的业务场景。具体说来，中物动产的 M 端产业深度服务从以下方面实施：

第一，从流通环节下手，且先从仓储的存货监管切入。因为只有先在流通环节提高效率并有利润空间了，才可有效推动生产环节进行创新投入，实现整个实体产业的转型升级。

第二，选择农林牧渔等行业作为突破口（这类与民生相关的行业抗经济周期能力强，而且在国内有较完整的产业资源结构），暂时放弃煤炭、钢铁、有色金属等传统大宗商品行业。

第三，通过在产业集群中设立共享仓库网络，吸引产业中的生产商或贸易商把存货（原材料、半成品、成品）放入特定监管仓库，从而帮助生产商去库存（实现柔性生产链的第一步就是去库存）。

第四，通过设立产业基金为进入共享仓库的存货做动产融资，同时对全产业链提出严格的标准化的风控要求，帮助金融资源进入实体经济。

第五，控制了产业链上中下游的存货之后，很容易围绕着存货去做交易、融资、保值、保险等服务。在掌握产业链定价权的同时，也帮助政府和产业资本达到控制产业话语权的目标。

2. 中物动产的 M 端融资案例——白糖产业的动产融资案例

一直致力于提供产业链现货仓单管理及产业基金服务的中物动产，正在将 M 端的动产融资模式复制到农林牧渔的各个产业中，如白糖、木材、海鲜、畜牧等。

白糖是国家战略储备物资，目前中国的自有白糖供应量下降危机已经严重影响到了国家战略储备。截至 2016 年，全国白糖产量从 1300 万吨下降到 700 万吨，而全国的白糖消费量为 1500 万吨到 1800 万吨。广西壮族自治区（以下简称广西）是中国第一大蔗糖产区，全国每年 60%以上的食糖供应来自广西，所以广西政府下决心控制和扶持白糖产业。

首先，中物动产和广西最大的白糖仓储企业广西荣桂物流集团有限公司合作，共同打造糖业仓储交易金融全链条服务平台。广西荣桂物流集团有限公司目前的白糖存储量占到广西 30%左右，同时拥有国家储备糖和郑州商品交易所交割糖的指定仓储管理资质，通过中物动产的现货仓单管理和物联网监控体系来实现对白糖存货的监管，相关的担保物权信息通过中物动产旗下的全国担保存货管理公共平台对接到中国人民银行征信系统进行登记公示。

其次，政府转变了原有的直接向糖厂和蔗农发放补贴款的方式，转而设立白糖产业基金。该产业基金以广西六大糖厂的白糖生产为基础进行放款，即：白糖生产出来之后即放入指定的监管仓库，入库即获得按 70%货值比例的贷款。以产业基金为抓手，吸引糖厂把白糖都放入共享仓库，同时通过 B2B 交易影响和控制白糖的现货和中远期交易价格，以及上游甘蔗的收购权和收购价格。

3. 中物动产 M 端融资的风险控制

中物动产对风控环节的把握，是放在一个高效的商业模式中去把握，而不是单纯地盯着某一个环节；是让产业链上下游的各方都有合理利润。只有当守约的收益大于违约的收益，才会创造出一个有效的业务场景和风控环境。中物动产进行产业深度服务的过程，帮助产业构建了高效的商业模式，也给企业带来了丰富的收益。此外，除了帮助产业构建商业模式外，中物动产在动产金融的风控上有五点创新：

第一，中物动产与商务部和中国仓储协会共同制定仓单/存货的国家标准，并与产业中的核心企业共同制定配套的加工、包装、仓储、质检、交易、物流等行业标准，目标是提高产业的标准化程度。

第二，中物动产通过自主知识产权的动产管理 PaaS+SaaS 系统，实现产业平台、物联网、金融机构三方之间的互联互通，保证产业链当中的所有业务数据处于三方的统一监控之下。

第三，中物动产通过自主知识产权的产业物联网与区块链集成系统，保证存货与仓单一致，并实现存货与仓单的全生命周期管理。

第四，中物动产与中国仓储协会合作，建设全国担保存货管理公共信息平台进行存货所有权的展示，并通过该平台对接中国人民银行征信中心，进行担保物权公示查询。

第五，中物动产与企业、政府、银行及产业资本共同建立产业基金，以产业链中的存货为基础进行融资，以产业基金为抓手，提高整个产业的标准化水平和掌控能力。

第三节　动产押品的管理现状及其分析

如本章第一节内容所述，在动产融资过程中，动产抵押的押品必须登记，而动产质押的押品大都不需要登记，只需签订质押合同，将质物交付给质权人占有，质权即设立。基于此，本节重点论述动产抵押物的管理问题。

一、动产抵押物登记的意义和作用

抵押物是指抵押人为担保债务的履行和债权的实现而提供的、用于设定抵押权的特定财产。由于抵押权以不转移抵押物的占有为特征，为保证抵押权人利益，世界各国法律均规定了抵押登记制度。我国的《物权法》明文规定物权具有不同于债权的绝对性和优先性。因此，一个物之上物权的存在关系到第三人乃至一般公众的利益。这样，为确保社会一般公众能知道某个物之上物权的存在而避免自己的利益因该物权的法律效力受到影响，在物权法登记流程中就产生了物权公示主义原则。依照该原则，任何一个物权的存在均应该有使社会公众得以认识的标志和方式。这种公示方式随社会交易经验的发展，逐渐形成了不动产物权以登记为公示方式，动产物权则以占有为公示方式。而随着现代社会工商业的发达，一些动产的价值远远超过不动产的价值，加之抵押权的作用仅以抵押物的交换价值来实现优先受偿权，不影响抵押人对抵押物的继续利用，这样一些动产财产逐渐获得抵押的资格。因此，以占有的方式作为动产抵押权的公示方式显然是不可能的，于是只能借助于登记制度了。

抵押物进行登记，其意义和作用主要表现在：

（一）可有效防止重复抵押现象的发生

《中华人民共和国民法通则》若干问题的意见（试行）第一百一十五条规定，抵押物如由抵押人自己占有并负责保管，在抵押期间，非经债权人同意，抵押人将同一抵押物转让他人，或者就抵押物价值已设置抵押部分再作抵押的，其行为无效。显然这条法文明确规定重复抵押，其行为是无效的，但是一旦重复抵押现象发生，会给抵押权人带来不必要的损失，如前一抵押权人知道后会与抵押人发生争执，以致向人民法院提起诉讼，增加了不必要的讼累。而抵押物进行了登记，如果抵押人想再次设定抵押关系，会受到抵押登记部门的严格审查，致使后一抵押关系的设立受到限制，难以成立。如果抵押财产不办理登记，后一抵押权人一般是不会知道抵押物是否已经设立了抵押权的，容易导致重复抵押现象的发生，损害抵押权人的利益。

（二）抵押物登记是不动产抵押合同生效的必要条件

不动产抵押必须以登记为成立要件已为各国立法所承认。如在德国民法中，不动产物权的变动要求有一个专门就物权变动达成合议的物权合同，同时又将登记作为不动产物权变动的生效要件。在奥地利民法中，物权的变动除有效的债权合同外，不论是动产还是不动产，都将登记作为其生效要件。在我国民法中，登记也是作为不动产物权变动的生效要件来看待的。《中华人民共和国城市房地产管理法》第三十五条规定："房地产转让、抵押，当事人应当依照本法的规定办理权属登记。"第四十八条规定："房地产抵押，应当凭土地使用权证书、房屋所有权证书办理。"第六十一条第一款规定："房地产抵押时，应当向县级以上地方人民政府规定的部门办理抵押登记。"《中华人民共和国担保法》第四十一条规定："当事人以本法第四十二条规定的财产抵押的，应当办理抵押物登记，抵押合同自登记之日起生效。"第四十二条明确规定了不动产登记的主管机关。由此可见，不动产抵押是一种要式法律行为，是必须办理登记的。如果仅仅签订了抵押合同而未办理抵押物登记，那么该抵押行为是无效的。同时，也只有办理了抵押物登记，不动产抵押合同才能生效，抵押权人的利益才会受到法律的完整保护。

（三）抵押物进行登记能够有效维护抵押权人的利益

设立抵押制度的目的在于担保债务的履行，即保护债权人的利益。《中华人民共和国担保法》第四十三条规定："当事人以其他财产抵押的，可以自愿办理抵押物登记，抵押合同自签订之日起生效，当事人未办理抵押物登记的，不得对抗第三人。"这条规定说明，当事人之间设立抵押合同之后，以本法第四十二条规定之外的财产设定抵押的，如果未办理抵押物登记手续，则抵押人于抵押权存续期间将抵押物出卖、转让或再次设定抵押、质押，并使抵押物转移至第三人占有时，抵押权人不能向第三人就该抵押物主张抵押权，因为该项财产只能在抵押人和抵押权人之间产生效力，也就是说抵押权人只能向抵押人主张抵押权。反之，如果该抵押物办理了登记，则该登记就具有对抗一切人包括善意第三人的效力，即抵押权人依抵押登记可以向任何第三人主张自己的抵押权，不论是善意第三人还是恶意第三人均不得拒绝。

二、中国商业银行抵质押品管理中存在的问题及对策

抵质押品是商业银行授信管理中一种重要的信用风险缓释工具，也是股份制商业银行建立集团授信客户授信限额体系、定价、资产分类乃至更高层次的组合管理、监管和经济资本配置体系的基石。近年来，我国商业银行均加大了对新发生授信业务的质量考核力度，并越来越重视作为授信客户第二还款来源的抵质押物的风险控制，不断提高抵押物的处置变现能力。为加强对抵质押物的管理，监管部门也推行了对商业银行信用风险问责制。但目前我国商业银行普遍存在抵质押贷款不良率和违约损失率偏高、抵质押品减值严重导致抵质押缺口扩大、抵押品变现困难等问题，需要进一步研究，以采取有效措施提高我国商业银行抵质押贷款的有效性。

（一）中国商业银行抵质押品管理中存在的问题

1. 商业银行内部抵质押品管理制度的缺陷

对抵质押品管理的操作流程不完善。一是抵质押品管理架构和流程缺乏独立性。大多数银行未将抵押品管理与评估和信贷业务流程相分离，未形成独立的抵质押品管理职能部门和人员。抵质押品价值评估人员同时参与信贷决策，极有可能影响到押品评估及管理工作的独立性和公正性，削弱了对信用风险的缓释作用。二是抵质押品管理流程中仍存在分工不够合理、权责划分不明晰等问题。突出表现为抵质押品管理职责分散在前、中、后台多个部门，未能从战略高度对抵质押品管理进行统一指导。

抵质押品结构不尽合理，缺乏相关的风险控制措施。目前，房地产和土地使用权两类抵押品在我国商业银行中占比较高。抵押品结构过于集中降低了风险缓释的效率和效果，一旦面临市场波动等不利影响，抵押品缺口大幅上升，银行面临的潜在风险与损失将显著扩大。此外，抵押品如果与项目本身存在很强的相关性，也可能导致其风险缓释作用部分失效。

2. 商业银行抵质押品价值管理中存在不足

过度依赖外部评估结果。聘请外部专业资产评估机构对抵质押品进行估价是我国商业银行业的普遍做法。商业银行对合作评估机构均设置了较高的

准入标准和相应的审查管理制度，估值的权威性在一定程度上得到了保障。但绝大多数商业银行对于押品价值的初始认定均直接采用外部评估结果，一些商业银行虽建立了内部评估团队，但仅仅是在外部评估基础上进行核验与调整，缺少相对独立有效的抵质押品内部评估与价值认定体系。此外，抵质押品的外部评估以市场价值为基础。市场价值的运用虽有其诸多合理性和优越性，但也同时受到严格的条件制约，尤其在外部市场环境不确定和周期变化的条件下，市场价值的可靠性大大下降。外部评估机构难以从银行债权保障能力角度对抵押品贬值风险和市场波动因素加以估计，容易忽视一些影响押品价值的客观因素（如押品权属瑕疵、变现受到制约等）。因此，对银行而言，过度依赖市场价值和外部评估结果有可能带来较大的系统性风险。

商业银行自身内部评估能力较差。目前国内商业银行普遍缺少独立、专业的抵押品价值评估人才，相应的内控制度也未及时建立，从而导致银行只是被动接受评估机构的评估结论，缺少对抵押品价值的重新审核和认定，也无法对评估机构评估方法的合理性、评估结果的公允性进行有效判断。此外，相对于抵押人来说，评估过程中银行往往处于信息不对称地位，由此增加了银行的再评估成本。

商业银行价值跟踪管理流于形式。新资本协议要求对各类抵质押品定期重新估值的频率有明确的要求。国内商业银行虽然建立了定期重估的制度，但实际操作中大部分银行只在出现可能影响押品价值的重大不利情形时才进行重新评估，对于抵押物在存续期内价值变动情况无法动态掌握。此外，商业银行对抵押率的确定具有较强的主观性，很少依据抵质押品的价值走势对抵押率进行动态调整，从而削弱了抵质押品对违约风险和损失的控制作用。

3. 商业银行抵质押品信息管理存在局限性

抵质押品管理信息系统功能不完善。多数商业银行已经在内部管理信息系统中设置了抵质押品信息相关管理模块，但在功能和内容上还比较简单，无法支撑对抵质押品的全流程管理。抵质押品价值认定、重估不通过系统审批和记录，无法实现抵质押品价值的动态监控。抵质押品的清收处置情况与原始贷款合同也没有建立关联，因此系统无法记录按贷款违约损失率计算的各项要素和风险特征。

抵质押品管理信息无法为风险管理和资本配置服务。目前国内大多数银行系统尚无法大量收集、整理、计算各类抵押担保的风险缓释效应，数据积累时间也不长，因此难以估计信用风险缓释工具对违约损失率的影响，无法准确为银行信贷决策、风险管理乃至资源配置提供强有力的数据分析支持。

4. 金融环境对抵质押品管理存在不利影响

抵质押权利的有效行使缺乏法律保障。一是国内商业银行作为抵押权人在行使抵质押权利，对担保债务进行追偿时还存在一些障碍。银行无法及时对抵质押品进行清算和处置，司法仲裁和执行的效率过低，增加了银行的回收成本，对抵质押品的及时变现造成负面影响。二是部分抵质押品的产权状况不明晰，抵押登记存有瑕疵。一些动产抵押和新型权利质押缺乏统一高效的担保登记系统，机器设备、应收账款、公路收费权、仓单等非传统押品缺乏专门的登记机构，相应的担保法律体系尚未完善，抵质押权利的行使得不到法律的有效保障。

抵质押品评估市场不规范，评估准则有待完善。一是目前我国资产评估市场不规范，资产评估行业缺乏统一的行业规定和权威的集中监管部门，对中介评估机构的监督约束机制不健全。二是我国现有资产评估准则对评估实务的指导性不强，尚未从保障银行债权的角度制定出台抵质押品评估的具体准则或评估指南，针对如船舶、飞机等专业设备以及知识产权等较特殊的新型押品的评估缺乏及时合理的指导。面临激烈的市场竞争，评估机构容易为了获取超额报酬违背职业道德，而商业银行也有可能为了自身业绩和利益而人为地操纵押品估值。

抵质押品评估与管理受到部分行政限制。首先，部分抵质押品评估和管理所需信息不够公开透明，一些地方政府或机构出于自身利益考虑对土地成交价格、房地产市场价格等敏感信息进行控制。部分异地抵押物的产权信息也无法查询。其次，目前各地房管部门对房产、土地抵押流程的规定并不统一，客观上给银行统一规范抵押品管理流程造成了一定的阻碍。

（二）提高中国商业银行抵质押品管理有效性的对策

为了更好地发挥服务功能，商业银行要改进抵质押品管理流程与方法，构建科学合理的抵质押品价值评估与认定机制，同时政府机构和监管部门也应采取积极措施为商业银行抵质押品管理有效性的提升创造良好的金融环境。

1. 商业银行要制定规范化的抵质押品管理流程

商业银行应从内部管理入手，实现抵质押品全流程的系统化、标准化管理。一是将流动性因素纳入抵质押品准入标准，在合法性不存在瑕疵的同时，重点关注抵质押品的变现能力及与之相关的风险因素。二是结合信贷风险管理对抵押品管理制度和流程进行整合和再造。明确相关部门和岗位的权责，在押品准入、估值认定、后续监控、保全处置等各环节建立严密、完善的操作规范，保证抵质押品管理的专业化和独立性。三是配套建立并完善相应的抵质押品管理信息系统，对押品管理各个环节进行有效监控。定期维护押品管理信息，加强数据积累，提高押品管理信息在信贷决策、风险管理中的利用效率。四是要求银行适度调整改善抵质押品结构，合理规避抵质押品过度集中可能产生的系统性风险，并严格防范可能的衍生风险（如操作风险）等。同时要在信贷决策中对借款人信用水平与押品价值之间的相关性程度予以充分关注，审慎评价抵质押的风险缓释效应。

2. 商业银行要构建科学合理的抵质押品价值评估与认定机制

一是明确商业银行对抵质押品进行价值评估不应简单以市场价值为基础，而应当充分考虑其未来的存续期限和变现能力，以及影响其价值波动的其他重要风险因素，还应当结合其所担保的债权价值衡量押品对债权的保障程度。二是商业银行应合理构建外部中介评估机构和内部评估相结合的抵押品价值评估认定机制，加强对评估机构的准入和退出管理；同时商业银行要建立专业、独立的内部评估队伍，注重对相关人员的专业培训。根据银行自身风险状况研判外部评估结果的有效性，改变内部评估和价值认定“走形式”现象，提高内部估值认定的独立性和权威性。

3. 商业银行要强化抵质押品的动态监控管理

一是商业银行应根据各类抵质押品的价值波动特性，合理确定价值重估的方式和频率，严格按照规定的价值认定程序对各类抵质押品价值进行持续跟踪。二是建立抵押品从抵入到处置的全过程动态监控和风险预警机制，实时监测押品价值变动情况，在抵质押品出现价值下降、实物毁损或其他不利状况时，及早干预并采取补救措施，降低信用风险。三是建立科学的抵质押率管理体系。在考虑押品价值波动、变现能力与成本、所担保债权金额以及借款人信用水平的前提下，合理设置抵押率并适时进行动态调整，以准确反映抵质押风险敞口，降低押品处置的缺口风险。

4. 构建良好的商业银行抵质押担保运行金融生态环境

监管部门及相关政府机构应当积极加强沟通，推动改善抵质押品管理外部环境。一是进一步完善相关法律制度，尽快消除抵押品赎回权和处置权方面的障碍，切实维护银行与借款人双方的利益；同时相关监管部门应当在合适时机出台抵质押品管理指引，引导、鼓励和敦促商业银行规范抵质押品管理。二是建立统一、高效、可靠的抵质押担保登记信息系统，完善抵押登记手续，加强信息共享。同时，要结合《物权法》的颁布实施，尽快研究出台针对机器设备、应收账款、仓单、知识产权等新型抵质押品的抵押权登记问题以及相关的风险控制方法。三是各相关监管部门应当合力推动评估市场的规范化运作。包括对评估机构实行集中监管，制定统一的监管标准，对评估过程中的串谋欺诈、弄虚作假、恶意竞争等行为进行严厉处罚，同时加强对银行、借款人的监督和约束。四是完善现有评估准则体系，改进评估技术，积极探索针对新型抵质押品的评估方法。

三、提高商业银行抵质押品管理有效性的对策

（一）完善商业银行内部抵质押品管理制度

1. 定期重估

虽然我国商业银行在多年以前就已经建立了重估制度，但是，这些年来重估制度一直流于形式，没有发挥其应有的作用。国内商业银行只有在可能对抵质押品交换价值存在重大影响的时候才会进行重估，由于一直都没有对抵质押品进行动态跟踪，所以，在进行价值重估的时候往往耗费大量的资源，

造成资源的浪费。因此，要想提高商业银行抵质押品管理的有效性，就一定要落实国内商业银行的重估制度。

2. 管理人员权责分明

目前，国内商业银行对抵质押品管理的职责分散在前、中、后台多个管理部门。若各管理部门中的任一部门出现了问题，或者各部门之间的工作协调不到位，就容易发生问题。所以，一定要明确各岗位、各部门人员的权责，明晰问责制，对抵质押品管理的制度和流程进行完善，确保各个操作流程的规范化。加强数据积累和信息的管理，以增强风险应对能力。

3. 完善信息管理系统

完善的抵质押品信息管理，是提高国内商业银行对抵质押品管理有效性的必要手段。在当前信息化的时代，对信息掌握不全面就会导致各种问题的产生，不仅会对银行，还会对抵质押人产生重大影响。完善的信息管理系统不仅要做到对各个环节的信息进行整合、归纳，积累数据，还要做到对信息数据系统进行定期维护，包括软件方面和信息的真实性与完整性方面。

4. 适当调整抵质押品结构

国内商业银行的抵质押品以房地产和土地使用权居多，而且有绝对的倾向性。抵押品的结构过于单一，会增加风险出现的概率，降低风险缓释的效率。一旦市场出现大的波动，银行的损失将会增加。调整抵押品结构需要政府的宏观调控，甚至需要国家立法部门制定专门的法律规章，但由于商业银行本身对此了解更多，更全面，所以应由商业银行提出合理化建议。

（二）完善商业银行抵质押品价值评估与认定机制

1. 调整现有的价值评估与认定标准

目前，我国商业银行对抵质押品的管理存在一个很普遍的现象，就是过度依赖外部评估结果。虽然各商业银行都会制定较高的准入标准和相应的审查制度，也建立了内部评估系统，但是，商业银行一般都把外部评估结果作为内部评估的基础，内部评估往往流于形式，只是对外部评估结果做一个简单核查与调整。因此，国内商业银行在运用外部评估结果的同时，也要提高内部评估系统的评估效果。

2. 内部评估机构与外部评估机构相结合

长期以来，由于国内商业银行过度依赖外部评估结果，轻视银行内部的评估体系，造成恶性循环，使得我国商业银行的内部评估机构评估能力降低，缺少独立、专业的抵质押品管理人才，也缺乏对抵质押品的重新评估和审核。因此，在提高商业银行对抵质押品管理的有效性上，应根据银行本身的风险状况分析外部评估结果，并充分运用内部评估机构，将两者结果进行对比，以增加管理的有效性和提高风险的预防能力。

（三）落实动态监控管理制度

1. 抵质押品的价值跟踪

对抵质押品进行重估和动态跟踪，是我国商业银行抵质押品管理的薄弱环节，管理信息系统功能又不够完善，虽然已有多家商业银行建立了相应的信息管理系统，但是这些系统目前来说还较为简单，风险防范能力差，无法对抵质押品进行全程管理。所以商业银行应对抵质押品做好价值跟踪，尽可能地收集相关最新信息，以弥补信息管理系统的缺陷与不足。

2. 建立相应的风险预警机制

对抵质押品进行价值跟踪及建立相应完善的信息管理系统，是对抵质押品进行管理的基础手段。因为市场随时处于波动之中，所以，抵质押品的价值也一直处于不断的变化当中，抵质押品随时会发生毁损、灭失的情况，因此，商业银行应建立相应的全程动态监控和风险预警机制，从抵质押品流入到处置应进行全程跟踪，在抵质押品价值出现降低、减少或存在价值减少的可能性的情况下，及时救助或弥补。

（四）构建良好的商业银行抵质押保运行的金融生态环境

1. 完善相关法律制度

提高商业银行抵质押品管理的有效性，光靠银行内部本身的行为是不够的，还需要国家进行宏观调控，给银行的管理提供一个良性发展的金融生态环境。我国正在走向法治化建设的道路，对商业银行的行为进行监管与调控自然离不开相关法律制度的干预。有鉴于此，相关的立法机关应尽快制定出台相关的法律法规或行政规章制度，以便为抵押品赎回和处置方面的问题提供一个合法有效的解决方式。

2. 建立完善的抵押保登记信息系统

我国《物权法》与《担保法》及其相关的司法解释都规定，登记是不动产抵押和特殊动产抵押的生效要件，动产抵押没有登记不得对抗善意第三人。从这个规定可以看出抵押当中登记的重要性。登记具有公示公信的效力，民众根据抵押登记簿上的记载可以确定某物设有抵押或没有抵押，这将影响到该物后期处置以及抵押权人抵押权的最终实现。所以，完善的抵押登记信息系统不但可以保护银行的利益，还可以保护其他相关人员的利益，以及保护市场的交易秩序。

3. 完善监管

国内商业银行对于抵质押品的价值评估，在实际操作中存在着很多问题，这和目前国内的监管制度不够完善也存在一定的因果联系。我国应完善相应的监管体系，规范评估市场的运作，制定统一、完善的监管标准，对评估和重估以及价值跟踪过程中出现的违法犯罪行为予以严厉的打击。与此同时，还应对银行和相关人进行监督和管理。

4. 完善评估准则体系

评估准则体系直接影响抵质押品的价值评估结果，也间接影响着商业银行对抵质押品价值的把握以及风险的控制，同时还影响对抵质押品管理的有效性。一套完善的评估准则体系不但可以正确评估抵质押品的真实价值，还为市场的良性运转提供了基础。因此，应不断地改进评估技术，并积极探索针对新类型的抵质押品的价值评估标准。

第四节　中国动产融资统一登记系统及其建设

我国现行的动产融资统一登记系统，是由应收账款质押登记公示系统和融资租赁登记公示系统整合而来的。本节在概述国内动产融资案例的基础上，简要论述动产融资登记的基本理念，并按照时间的先后顺序分别说明应收账款质押登记公示系统、融资租赁登记公示系统和动产融资统一登记系统的建设和应用情况。

一、中国动产融资登记的典型案例①

（一）融资租赁登记司法效力落地案例

在融资租赁交易中，租赁物的所有与占有是分离的。一旦承租人擅自处置租赁物，则善意第三人可能取得租赁物所有权，使得出租人的权利难以得到有效的保护。对抗善意第三人的有效方式是通过登记公示，确定同一物上权利的优先顺位。2014 年 2 月，最高人民法院出台《关于审理融资租赁合同纠纷案件适用法律问题的解释》（法释〔2014〕3 号，以下简称融资租赁司法解释），将进行融资租赁交易查询作为判断第三人是否为善意的标准，其第九条第三款规定“未按照法律、行政法规、行业或地区主管部门的规定在相应机构进行融资租赁交易查询的”，不适用善意取得的规定。同年 3 月，中国人民银行发布《关于使用融资租赁登记系统进行融资租赁交易查询的通知》（银发〔2014〕93 号，以下简称 93 号文），要求银行等资金融出方在办理资产抵质押和受让业务时，应当登录中国人民银行征信中心（以下简称征信中心）的动产融资统一登记公示系统（以下简称登记系统）查询相关标的物的权属状况。融资租赁司法解释配套中国人民银行的 93 号文，在中国人民银行征信中心登记的融资租赁物权可以对抗银行在后的抵押权。

目前，融资租赁司法解释已实施多年，就该司法解释在实际审判中的运用情况，相关案例梳理结果如下：自 2014 年融资租赁司法解释出台至 2017 年 9 月，以“融资租赁登记”为关键词，案由为“民事”在“裁判文书网”查询，共计有 96 个司法判决。逐一翻阅，主要涉及的案例为两类：一类是关于融资租赁合同欠租纠纷；另一类是关于租赁物被承租人擅自处置，出租人请求确认对租赁物所有权的纠纷。虽然各地方法院在判决中对融资租赁登记

① 摘自《中国征信》2017 年第 5 期。

的作用表述略有不同，但在融资租赁司法解释发布后，在征信中心登记系统办理的融资租赁登记，已在司法审判中成功对抗银行在后的抵押权。

（二）融资租赁登记可以对抗在后的银行抵押权案例

2014 年 5 月，甲租赁公司与乙企业签订《融资租赁售后回租合同》，租赁财产为机器设备，并在中国人民银行征信中心的登记系统办理了融资租赁登记。2014 年 7 月，丙银行接受乙企业该机器设备抵押贷款申请，并在工商管理部门办理了抵押登记。2016 年 8 月，因乙企业未偿还贷款，丙银行诉至法院请求就抵押物优先受偿，甲租赁公司诉至法院请求抵押行为无效，并要求注销有关机器设备的抵押登记。经审理，法院认为，根据融资租赁司法解释和人民银行 93 号文的规定，丙银行有义务在办理资产抵押过程中登录中国人民银行征信中心登记系统，查询抵押物的权属状况，银行不属于善意第三人，因此对甲租赁公司的主张予以支持。

《物权法》第一百零六条规定了善意取得制度，即受让人以财产所有权转移为目的，善意、对价受让且占有该财产，即使出让人无转移所有权的权利，受让人仍取得其所有权。在该制度中，受让人须是善意，不知出让人是无处分权人，否则不构成善意取得。在融资租赁司法解释出台前，租赁公司缺乏有效手段来证明商业银行等接受租赁物抵押并非善意，无法保护其对租赁物的所有权对抗银行等已登记的抵押权。就目前司法判例来看，法院在审理融资租赁物善意取得案件中，已将是否在征信中心登记系统进行查询，作为判断银行等机构是否为善意的标准。银行等机构如未查询登记系统，直接接受资产抵押的，则不认为是善意第三人。

（三）未办理融资租赁登记，出租人所有权落空的案例

2011 年 11 月，A 租赁公司与 B 企业签署《融资租赁合同》，租赁物为一套设备，但未在征信中心登记系统办理融资租赁登记。2012 年 9 月，B 企业向 C 银行借款，以上述租赁设备为抵押物并办理了抵押登记。2014 年 4 月，B 企业拖欠借款，C 银行诉至法院。A 租赁公司作为第三人提起撤销银行抵押登记的诉求。法院审理认为，A 租赁公司未在设备的显著位置做出标识，根

据中国人民银行93号文规定，C银行也未在登记系统中查询到相关信息，故C银行有理由相信B企业就是被抵押设备的所有权人，银行在取得租赁物的抵押权过程中尽到了善良注意义务。

（四）融资租赁物权属状况由融资租赁合同确定，登记仅具有对抗第三人的效力案例

案例1：2015年12月，A融资租赁公司与B承租人签订《融资租赁合同》，B承租人到期未付租金，A融资租赁公司向法院申请履约。B承租人以A融资租赁公司未在中国人民银行征信中心登记系统登记，不能证明租赁物归A融资租赁公司所有进行抗辩。经审理，法院认为，租赁物权属状况的登记公示仅涉及是否能对抗特定范围内善意第三人的问题，不影响原租赁合同的效力。

案例2：2016年12月，甲融资租赁公司与乙承租人签订《融资租赁合同》，并在中国人民银行征信中心登记系统办理了融资租赁登记。2014年，乙承租人向丙银行以部分机器（包括该租赁设备）作抵押担保借款，并办理了抵押登记。后因乙承租人未偿还借款，丙银行起诉至法院，甲融资租赁公司就被执行的设备提起案外人异议之诉。案件审理中，甲融资租赁公司未能提供证明其实际付款购买涉案设备、乙承租人实际支付租金的相关证据，仅提供了融资租赁合同以及融资租赁登记证明文件。经审理，法院认为甲融资租赁公司未能证明其对涉案设备的所有权，未支持甲融资租赁公司诉求。

从上述两个案例可以看出，法院认为融资租赁登记是对融资租赁合同中载明的租赁物权属状况的公示，并不等同于权利本身法律关系的确定。例如，一笔融资租赁登记中，记载了交易当事人及租赁物的权属状况，并不能推定融资租赁交易的真实性或融资租赁合同的有效性，也不能推定出租人究竟是通过买卖、互换等合同还是通过其他方式取得该所有权的。因此，登记系统不是动产所有权确权登记系统，不具有查验资产真伪的功能，也无法确认交易的真实性。

（五）融资租赁登记实践广泛形成的案例

在查阅的融资租赁司法案件中，绝大多数出租人在签订融资租赁合同后，均在征信中心登记系统进行融资租赁登记，并向法院提交登记证明文件，证明其已向社会公示租赁物的所有权归属。征信中心自2009年7月提供融资租赁登记服务以来，得到了租赁公司的积极认可，尤其是2014年融资租赁司法效力在全国层面获得确立后，融资租赁登记量呈快速增长趋势。截至2017年8月底，登记系统中累计有2000多家融资租赁公司注册为用户办理登记操作，累计发生登记量66.8万余笔，年均增长率为55%。

（六）关于应收账款范围的案例

实践中出现了对特定业务是否属于应收账款的诸多纠纷。具体如股权收益权、出口退税等是否属于应收账款，以及是否应办理应收账款质押登记的争议。（2014）佛城法民三初字第1618号判决书中，即对“出口退税”是否属于应收账款进行了界定，认定出口退税属于应收账款的范畴。（2014）珠中法民二终字第130号判决书中，对转让股权的收益进行了界定，认定其属于应收账款。但上述两个案例都是针对具体案件的认定，仅供参考。

二、中国动产融资登记的理念

中国人民银行征信中心建设的动产融资统一登记系统（以下简称登记系统）基于互联网运行，遵循国际先进的动产融资登记理念，拥有全国集中、统一的数据库，为公众提供高效、便捷、准确、安全的登记与公示服务。

（一）国际动产融资登记理念

在拥有成熟担保物权制度的国家，所有的动产担保权益均在统一的互联网平台上进行登记，借贷权人自己上网登记就能公示担保物权。登记只需形式审查符合登记系统的技术要求即可，登记机关无权审核实质内容，也无权拒绝登记。高效的动产担保物权登记系统应当具有如下特征：

1. 在线的电子化公示系统

登记与查询都应通过在线途径实现。登记系统提供24小时服务，登记时无须提供其他当事人对其登记行为的许可。担保物权登记信息应向公众开放。用户可在任何地点通过互联网接入登记系统数据库。在登记流程上，动产担保物权的公示登记仅需登记基本信息来提醒潜在债权人或买受人。登记系统采用在线登记模板，通常包括债务人和担保权人的身份信息、担保品的价值以及对担保品的具体或一般性描述。登记人自行选择担保物权登记期限，登记系统为每一笔登记生成唯一的登记序列号以便准确查询。

2. 快速准确的查询方式

一个高效的登记系统中，可以通过债务人身份信息（身份证号或姓名）、登记系统生成的登记编号，以及担保品的序列号进行查询。此外，查询流程还应有明确规则，并对外公布，方便查询人了解查询流程并信任查询结果。

3. 覆盖所有类型动产的中央登记系统

登记系统登记的动产担保权益的信息应当包括在一个覆盖整个国家（法域）的统一数据库中，不论是资产类型、债务人类型还是担保权益类型。如果全国范围内有多个登记部门（或地方网点），这些部门应该连接到同一个数据库。分散的担保物权登记将导致潜在的贷款方或买家不能通过一次搜索，查询到多种类型资产之上的担保权益信息。此外，对于长期经营性租赁、应收账款转让等，虽在法律形式上不属于担保物权，但如果不进行公示，第三人无法知晓，故也应将其纳入担保物权公示登记系统一并公示。

4. 登记机构的有限责任及合理收费

登记机构只对由登记系统故障或系统无法使用产生的错误负责。除登记的基本信息缺失外，系统不对任何登记信息进行验证，也无权决定拒绝或接受登记申请。登记费用收取的标准应该仅限于覆盖登记系统的运营成本，不是政府的一项收入来源。

（二）登记系统建设理念

登记系统作为我国首个基于互联网的动产融资登记系统，体现了高效、便捷、维护交易安全的服务理念。系统的建设理念具体包括以下三个方面。

1. 登记系统面向全社会提供动产担保登记与查询服务

作为重要的金融基础设施，登记系统向公众提供无差别服务，任何人注册为登记系统用户后即可在系统中开展动产融资登记，公示动产之上的各项权利关系。当事人在开展动产融资交易时，可以通过登记系统查询拟交易的动产登记信息，了解系统记载的各类动产担保权益状况，防范交易风险。

2. 登记系统的功能是公示与证据

登记系统的公示作用在于事先预防物权冲突，减少交易风险。公示可以将物上权属状况公之于众，明确权利归属，使当事人及第三人能够直接从外部获知物上权属状况，起到定纷止争的作用；证据的作用则在于事后帮助解决已经发生的物权冲突和矛盾，为裁判机构判断物权是否存在以及确定物权优先顺位提供独立、有公信力的证据，有助于裁判机构高效率、低成本地做出公正裁判。

3. 规定登记信息的范围

动产担保登记是一种权利负担登记，登记的目的在于完成物权公示原则的要求，而并非行政管理。因此，登记机构无须要求登记人提交动产担保交易的全部信息，只需要在登记系统设定的格式文本中填写交易的基本信息，用于提醒第三人注意动产担保物权的基本情况。登记机构不对登记的内容进行实质审查，所有登记内容的真实性、合法性和准确性均由登记当事人负责。

三、应收账款质押登记公示系统①

应收账款质押登记公示系统，是中国人民银行征信中心在《物权法》的授权下，经中国人民银行批准建设的，旨在为广大金融机构和其他交易方提供应收账款融资登记服务。应收账款质押登记公示系统2007年10月1日正式上线，是我国首个基于互联网的动产融资登记系统。该系统一方面为质权人公示其质权提供了平台，使登记的质权获得法律效力；另一方面为利害关系人提供了查询应收账款之上质押信息的渠道，有利于规避交易风险。作为重要的金融基础设施，应收账款质押登记公示系统的建立和运行，是一种社会管理的创新，大大推动了应收账款质押融资业务的发展，缓解了企业特别是中小微企业因缺乏担保物导致的融资难问题，拓宽了融资渠道，丰富了银行信贷业务品种，有利于改善金融结构。

① 中国新闻网（北京）。

截至与融资租赁登记公示系统合并（2013 年）之前，全国共有近6800 家机构注册为系统登记用户（机构注册用户包括全国性商业银行、城市商业银行、农村信用社、村镇银行、外资银行，以及担保公司、财务公司、典当公司、小额担保公司和信托公司等），累计登记量突破 95 万笔，查询量接近 150 万笔，有 16 万家机构和个体工商户通过应收账款质押/转让获得融资，累计融资金额达到 32 万亿元，系统运行成效显著。中小微企业成为最大受益者。目前，出质人为中小微企业的业务登记量约占系统总登记量的 83%，有 13 万家中小微企业通过应收账款质押/转让获得融资，融资额约占系统登记融资总额的一半。

应收账款质押登记公示系统，积极推动了应收账款质押融资业务的广泛开展。系统上线以来，应收账款质押融资业务涉及全国 31 个省、自治区和直辖市，其中，广东省、江苏省、浙江省、北京市和上海市的登记业务量名列前茅。开展业务的机构主要集中于全国性商业银行，其登记量占登记总量的 80%以上。随着业务发展，质押的应收账款类型也日渐多样化。登记系统记载的应收账款类型包括贸易类的应收账款、公路收费权、动产和不动产的租赁收益、出口退税等。登记系统上线两年间，出质人为中小企业的登记约有 5 万笔，约占总登记量的 55%，涉及中小企业的应收账款融资合同金额累计约为 2 万亿元，约占所有登记融资合同累计金额的 38%。很多银行开展了针对中小企业的供应链融资业务，从而拓宽了中小企业的融资渠道，盘活了企业资金。此外，应收账款质押还有利于债券市场的发展。

应收账款质押登记公示系统为司法机构解决应收账款质押权利纠纷、保护当事人权利起到了积极作用。例如：广东省深圳市中级人民法院在处理一起银行与医院之间收费权质押纠纷的案件中，将登记文件作为重要证据予以采纳；上海市第一中级人民法院在某资产公司与实业公司借款合同纠纷案中，根据应收账款质押登记文件，确定了应收账款质权优先受偿顺序，保护了登记主体的权利。

在我国，真正担保意义上的应收账款融资，是在《物权法》颁布后才开展起来的。国际上先进的应收账款融资技术——资产支持贷款在我国尚未被大多数金融机构所熟悉和掌握。这项信贷技术以客户提供的担保物作为主要还款来源，企业的信用度则被当作次要的还款来源。资产支持贷款在国外开展了近40年，是中小企业融资的主要业务品种。相信随着应收账款融资信贷技术的不断创新，我国的应收账款融资业务将会获得更好更快的发展。

四、融资租赁登记公示系统①

为保护融资租赁交易安全，促进融资租赁行业的健康、持续发展；同时，为了拓宽服务领域，满足融资租赁业界的需求，中国人民银行征信中心在应收账款质押登记公示系统平台基础上，建立了融资租赁登记公示系统（以下简称融资租赁系统）。融资租赁系统于2009年7月20日上线运行。

融资租赁系统的作用是充分利用“登记”的公示公证功能，揭示租赁物上存在的动产租赁关系，使第三人通过查询登记系统了解租赁交易关系，可有效防范承租人非法处置租赁物，或租赁合同当事人恶意变更合同、倒签合同日期的交易风险，落实并完善《物权法》的善意取得制度和有关担保物权与租赁物权优先顺位的确定原则，保证租赁交易的安全。

融资租赁系统的上线运行，使我国的融资租赁交易基础设施建设得到进一步完善，在防范融资租赁交易风险、保障交易各方合法权益等方面发挥了积极作用。作为我国第一家融资租赁行业性自律组织，中国外商投资租赁委员会和中国人民银行征信中心在融资租赁登记公示系统的开发建设、培训推广、法律效力推动等方面做了大量卓有成效的工作，为系统和租赁物登记制度建设做出了积极的贡献。

（一）建设背景

2007年3月16日，第十届全国人民代表大会第五次会议审议通过并颁布《中华人民共和国物权法》，并于同年10月1日起实施。《物权法》的颁布与实施，标志着我国对物权的保护上了一个新的台阶，对我国经济发展产生积极的影响。然而，由于制度建设不完善，《物权法》善意取得制度的设立，对

① 新华网。

保障融资租赁公司对租赁物的所有权提出了新的挑战和要求。

在融资租赁业务中，出租人享有租赁物的所有权，但租赁物实际为承租人所占有使用，承租人对外转让租赁物再融资的风险始终客观存在。对有明确登记机关的租赁物，因租赁物的所有权已登记为公示方式，故承租人占有使用租赁物，并不影响租赁物所有权在法律上的归属；但对大量没有所有权登记机关的动产而言，占有为所有权的主要公示方式，在承租人对外转让租赁物时，受让人可以根据善意取得制度取得租赁物的所有权，其结果是出租人租金债权的物权保障岌岌可危。善意取得制度使得出租人的物权难以保障，很大程度上会成为阻碍融资租赁业发展的隐患，行业内对此非常担心。

（二）建设历程

在此背景下，中国外资租赁委员会高度重视行业面临的问题，并于2007年7月31日在北京举办“物权法与融资租赁法律事务研讨会”，邀请全国人大常委会法制工作委员会、商务部市场建设司、外资司、条约法律司、国家工商行政管理局公平交易局、北京市公安局交通管理局车辆管理所等领导以及40余位融资租赁企业代表出席会议。会议围绕《物权法》出台对融资租赁业产生的影响进行深入讨论，同时探讨了在《物权法》的框架下设立融资租赁物登记制度的必要性。

2008年7月，中国外资租赁委员会向时任全国人大财经委副主任委员吴晓灵汇报行业发展中遇到的困难和问题。中国外资租赁委员会拜访了时任中国人民银行研究局副局长刘萍，详细介绍了我国融资租赁业的发展现状和开展融资租赁业务过程中遇到的诸如物权登记等与《物权法》冲突的一些问题，并同刘萍探讨设立融资租赁登记公示系统的相关事宜。

2008年8月，中国外资租赁委员会在北京与中国人民银行征信中心举行会谈。会上，双方就建立融资租赁登记公示系统的积极意义、合作的可行性、下一步合作计划等问题展开探讨，并就融资租赁登记项目合作达成共识，共同完成搭建融资租赁登记平台这一具有积极意义的事业；双方签订项目合作协议，将从登记政策层面引导、登记系统开发、法律工作推动、登记培训推广等四个方面共同推动项目进展。

2008年11月，经中国人民银行批准，中国人民银行征信中心启动租赁系统建设工作，开展包括需求编写、操作规则制定、征求意见等一系列工作。

2008年11月21日，为保证登记系统能够满足融资租赁登记的需要，中国外资租赁委员会同中国人民银行征信中心邀请工银金融租赁有限公司、交银金融租赁有限责任公司、远东国际租赁有限公司、中航国际租赁有限公司等8家融资租赁公司的代表，就融资租赁登记的业务需求问题进行了座谈。中国人民银行征信中心介绍了融资租赁登记公示系统需求的主要内容，参会代表积极发言，并提出相关建议。

2008年11月27日，中国外资租赁委员会在北京召开“融资租赁立法问题座谈会”，时任全国人民代表大会财经委员会副主任委员吴晓灵、全国人民代表大会财经委员会经济法室副主任李命志等领导出席会议，并听取融资租赁企业代表关于进一步完善融资租赁法律环境的建议。吴晓灵指出，融资租赁是所有权与占有使用权分离的一种融资行为，《物权法》在确立了善意取得制度后，应当完善登记制度以保障出租人的权利。在现有的中国人民银行信贷登记系统上建立融资租赁登记系统，可通过行业实践推动相关法律制度建设。

经过中国外资租赁委员会与中国人民银行征信中心的不懈沟通与努力，中国人民银行征信中心于2009年7月20日建成融资租赁登记公示系统，在全国范围内提供融资租赁登记与查询服务。中国人民银行征信中心融资租赁登记公示系统的建立，不仅能够通过登记公示对出租人的所有权予以保障，有效避免承租人侵犯租赁物所有权，防止善意第三人取得租赁物给租赁公司带来的损失，而且第三人也可以通过登记系统查询相关信息避免卷入租赁物侵权纠纷，能够妥善地解决善意取得制度所造成的融资租赁交易各方利益的失衡，从而为规范融资租赁市场秩序提供有力保障。

五、动产融资统一登记系统①

如前所述，中国人民银行征信中心根据《物权法》第二百二十八条授权，

---

① https：//www. zhongdengwang. org. cn/zhongdeng/ptjj/column_ common. shtml.

建设了我国首个基于互联网运行的应收账款质押登记公示系统，并于2007年10月1日上线运行，面向全社会提供应收账款质押登记及查询服务；2009年7月20日，融资租赁登记公示系统上线运行，正式对外提供融资租赁的登记及查询服务。在此基础上，中国人民银行征信中心于2013年6月和2014年6月先后开发上线了所有权保留、留置权、租购、其他动产融资、保证金质押、存货/仓单质押、动产信托等登记业务，并实现了以上动产物权的统一公示与查询。

（一）系统功能

1. 登记

登记是登记系统的基础，具体是指用户通过互联网在线将相关登记信息录入并提交，系统接受登记信息的过程。登记的内容仅包含与动产物权有关的信息，并不要求披露动产融资有关合同的全部信息。在登记系统可进行初始登记、变更登记、展期登记、异议登记或注销登记。

2. 查询

登记系统公示的作用是通过便利的查询服务实现的。用户可通过主体名称、登记证明编号等途径，在线对所有在公示期限内的登记进行查询，以防范交易风险。

3. 证明验证

为方便司法部门和其他利害关系人核实证明文件的真伪，登记系统设置证明验证功能，提供登记证明文件和查询证明文件的在线验证服务。

（二）登记业务

1. 应收账款质押登记

中国人民银行征信中心根据《物权法》第二百二十八条的授权，办理应收账款质押登记。应收账款质押是指《物权法》第二百二十三条规定的应收账款出质，具体是指为担保债务的履行，债务人或者第三人将其合法拥有的应收账款出质给债权人，债务人不履行到期债务或者发生当事人约定的实现质权的情形，债权人有权就该应收账款及其收益优先受偿。在应收账款上设立质权，应当进行登记。应收账款质押登记的目的是公示应收账款已被质押的事实，取得对抗第三人的法律效力。

2. 应收账款转让登记

应收账款转让登记主要是针对保理当中应收账款转让而设立的。应收账款转让是指在保理业务中，应收账款债权人将应收账款出让给银行或保理商以获取资金的一种筹资方式，其本质属于债权转让。应收账款转让以登记的方式进行公示，可以使交易关系透明化，避免同一应收账款先转让后质押，或者先质押后转让产生的权利冲突，保护交易安全。

3. 租赁登记

租赁登记主要是针对融资租赁交易设立的。融资租赁是《合同法》第十九章规定的交易形式，指出租人根据承租人对出卖人、租赁物的选择，向出卖人购买租赁物，提供给承租人使用，承租人支付租金的交易形式。通过租赁登记，出租人可以对外公示租赁物的权属状况，从而有效保护自身对租赁物的所有权。第三人通过查询租赁登记信息可以了解租赁物上的权利状态，避免交易风险。

4. 所有权保留登记

所有权保留通常指在买卖关系中，双方当事人对买卖关系所附条件的一种约定。所附条件主要是指买受人先占有动产标的物，双方约定买受人只有在支付全部合同款，或者完成特定条件时，才取得标的物所有权。所有权保留登记旨在解决买卖关系中，因所有权保留而产生的动产占有人与所有权人不一致而可能导致的权利冲突。《合同法》第一百三十四条的规定，是所有权保留的法律依据："当事人可以在买卖合同中约定买受人未履行支付价款或者其他义务的，标的物的所有权属于出卖人。"所有权保留在分期付款买卖关系中最为典型。

5. 租购登记

租购是一种信贷购物的形式，对价格较高的动产，如汽车等，卖方允许买方通过以租代购的方式购买，即在供款期内，买方只是租用货品，待买方付清全款后才转移动产所有权。租购登记能够解决买卖关系中动产所有权转移与交付时间不一致而产生的权利冲突，告知不特定第三人标的物权属状况，预防潜在的权利冲突。

6. 留置权登记

留置权登记是针对我国《物权法》中规定的留置权设立的。留置权主要是指企业之间在经营活动中有信用关系发生，当债务人不履行到期债务时，债权人可以留置其合法占有的债务人的动产并就该动产优先受偿。留置权多存在于保管合同、运输合同、加工承揽合同中。留置权登记设立的主要目的是解决动产之上留置权与抵押权的冲突，同时减少留置权优先受偿效力对善意第三人潜在的不利影响。

7. 保证金质押登记

保证金质押是指银行等机构在开展业务时，为担保债权的实现，要求债务人在银行开立专用账户，缴存一定数量的保证金。当债务人不能清偿债务时，债权人可以根据双方合同的约定，直接扣划该账户内的资金以抵销债务，达到保护债权实现的目的。保证金质押登记以互联网电子登记公示方式透明质物的权属状况，弥补转移占有公示方式的不足，保护各方交易主体的合法权益。

8. 存货/仓单质押登记

存货质押是指债务人将其存货向债权人出质，作为履行债务的担保。债务人不履行债务时，债权人有权依法以该存货折价或者以拍卖、变卖该存货的价款优先受偿的担保融资方式。

仓单质押是指债务人为担保债务的履行，以仓储方出具的仓单交付债权人占有，债务人不履行到期债务或者发生当事人约定的实现质权的情形，债权人有权就该仓单优先受偿的担保融资方式。

存货/仓单质押登记通过明确存货的权属关系，使交易主体了解存货权利变动的过程以及仓单的权利负担，避免权属争议，有效防范重复质押等风险。

9. 动产信托登记

动产信托是指委托人将动产的财产权转移给受托人，受托人根据委托人委托的约定目的，对动产进行管理和处分的一类信托活动。动产信托登记的目的在于实现信托财产的独立性，使其与委托人、受托人、受益人的固有财产相区别。通过信托关系的公示，预防信托财产上权利的矛盾，对抗善意第三人，有效防范交易风险。

10. 其他动产融资登记

其他动产权属登记，主要是针对动产担保融资交易中，存在标的物占有与所有分离的现象，权利人需要公示权利状况，但无法定登记机构提供登记服务。通过登记，可以对不特定第三人明示某种新型动产融资权利状况，预防权利冲突。

用户应按照交易性质选择具体登记业务类型，将除上述业务之外的其他类动产权属在此处登记。若将登记平台已经明确规定的登记业务在此处登记，可能会影响登记的效力，该风险由发起登记的当事人自行承担。

第五节　国外动产融资登记实践与启示

一、世界银行对应收账款出售（保理）权益登记的建议

（一）国外在保理登记方面的做法

在国外，不少国家在许多年前就已经实施了现代担保物权制度，有些是近年才进行担保物权制度的改革。美国是最早实施现代担保物权制度的国家，该国的《统一商法典》第九章（UCC-9）中对“债务人”进行了定义，其中，应收账款的出卖人也属于债务人的范畴；“担保权益人”的定义中也包括了应收账款的受让人，即保理交易中购买应收账款的金融机构。该法的适用范围中也明确说明 UCC-9 适用于应收账款出售的情形。[该法已为美国所有州采纳。因此，除了一些有限的特例之外，真实的担保权益交易和应收账款出售都须遵守同样的规则，即应收账款受让人只有在登记后（登记的是针对受让应收账款的权利），才能获得相应应收账款上的优先受偿权]

加拿大是第二个采纳现代担保物权制度的国家。其统一法律《动产担保

物权法》已为加拿大各省和所属领地实施。加拿大有关保理登记的条款与美国《统一商法典》相关条款的规定几乎一致，由此所产生的结果也与美国相一致。

近年来，许多国家和地区所出台的担保物权相关法律中，都吸纳了相同的条款，即保理需要登记。在太平洋地区，澳大利亚、新西兰和几乎所有的太平洋岛国所出台的现代担保物权法律中，也对应收账款出售进行了同样的规定。在亚洲国家中，已经出台现代担保物权法律的国家以及法律处于制定程序中的国家，对应收账款出售也进行了类似的规定，产生了同样的效果。许多独联体国家和中东国家也是同样的情况。欧洲各国在此方面情况有所不同，一些欧洲国家采纳了相同的规定，另一些欧洲国家则仍然囿于传统的欧洲法律形式，即还没有实行我们这里所建议的“功能主义”的做法。

近年来，致力于推动金融改革的国际多边组织总结和推广了在担保物权制度方面的国际最佳实践。这些国际组织认为，出于公示和优先权排序之目的，担保物权法律中，应将应收账款的出售（即保理）视同担保交易来对待。其中，最主要的由国际组织总结的有关担保物权制度的国际最佳实践为《联合国国际贸易法委员会（UNCITRAL）担保物权立法指引》。该指引指出，应收账款的出售与将应收账款作为贷款的担保品，对于第三方来说是没有任何区别的；也就是说，在没有在登记机构进行公示的前提下，第三方是没有办法知晓先权利益的存在的。因此，保理是必须登记的。

美洲国家组织（OAS）在十年前出台了《担保物权示范法》，被拉丁美洲和加勒比海国家广泛采纳。OAS《担保物权示范法》第 13 条规定，包括出售在内的任何形式的应收账款担保，都必须遵守法律中有关公示（登记）的规定。如果应收账款买受人没有进行登记，就可能导致其丧失对抗同一应收账款之上的其他权利的优先受偿权。

其他由国际组织出台的主要指引，包括世界银行集团国际金融公司（IFC）的工具包等，也要求法律应规定所有具有隐蔽性的权利都必须进行公示登记，否则有意在同一担保物上设立权益的第三方可能会受到欺瞒。应收账款出售就是典型的具有隐蔽性的权利，是需要进行登记公示的。

（二）启示

按照《最高人民法院司法解释》（以下简称《司法解释》）的相关规定，应收账款受让人只有在对该应收账款转让（保理）进行公示登记的情况下，应该确立对抗第三方的优先权。理由如下：

（1）对应收账款的买受进行公示符合担保物权登记的基本精神，即所有会对第三方造成影响的动产之上的权益都应该进行公示，以便给予那些基于动产担保品进行放贷的信贷机构以必要的信心。在接受应收账款作为担保品时，信贷机构需要了解该应收账款在此之前没有被出售给保理商。

（2）《物权法》第一章“基本原则”（特别是第一、第二和第七条）明确阐述了权利人的物权受法律保护，任何单位和个人不得侵犯。因此，《司法解释》的相关规定也应符合《物权法》“基本原则”的精神。

（3）《司法解释》如果包括保理登记的条款，将引导中国的动产融资行业与已经拥有担保物权制度的国家和地区所普遍采纳的国际最佳实践接轨，也将符合那些支持金融发展的主要国际组织发布的模板法和指南的精神。

二、国外动产担保物权公示的实践

国际上不少国家，包括美国、加拿大、俄罗斯、阿尔巴尼亚、哈萨克斯坦、新西兰、新加坡、阿根廷等都建立了融资租赁登记制度，并且在国际组织的多边和双边援助项目的支持下，许多国家正在建立融资租赁制度。

法国的民法规定“抵押权的设定以当事人合同有效成立为足，无须办理抵押登记”。

美国《统一商法典》（UCC）对动产担保采用公示对抗主义，动产的让与担保，非经登记不得对抗第三人。

加拿大、新西兰、澳大利亚、中东欧诸国、越南等均采取担保物权公示对抗主义。

德国奉行担保物权公示生效主义，在船舶抵押权等特殊动产抵押权上亦采取公示对抗主义。

在日本，特别法规定，对于汽车、飞机等动产抵押，只有通过打刻法律所要求的抵押标志，才具有公示效力。

三、融资租赁登记的国际立法实践①

各个国家对融资租赁的法律性质认定存在差异，大体分为三类，第一类是“担保交易”，第二类是“独立交易”，第三类是前两种类型的混合。一国法律对融资租赁交易的性质认定不同，对租赁登记的规定也有所不同。

（一）将融资租赁视为担保交易的立法模式

此类模式将融资租赁（包括部分非融资租赁）视为担保交易，出租人享有的权利作为担保物权在相应的担保物权登记系统进行登记。立法代表有加拿大的大部分省份（魁北克省除外）和新西兰的动产担保交易法。

加拿大各省的《动产担保交易法》（*Personal Property Security Act*）规定，期限超过 1 年的租赁（lease foratermof more than one year）构成担保交易，其中具体包括以下几类：期限不确定，直到合同履行之时起 1 年以内由双方或单方当事人确定的租赁交易；初始期限在 1 年以内，但经出租人同意，承租人实际占有租赁物的期限在 1 年以上的租赁；不断续期的租赁交易，累计期限超过 1 年的。构成担保交易的租赁适用《动产担保交易法》，出租人享有的权利作为担保权利在动产担保物权登记机关进行登记，和其他的担保物权适用相同的优先权解决规则。

新西兰的《动产担保交易法》（*Personal Property Securities Act*）的规定与加拿大的类似，即将构成担保交易的租赁范围定义为“期限超过 12 个月的租赁”。在担保交易统一立法的模式下，可以对租赁登记以及其他担保物权登记进行统一规范，有利于保护融资租赁交易安全和当事人的合法权益。建设动产统一登记制度也是我国未来努力发展的方向。

（二）将融资租赁视为独立交易的立法模式

此类立法模式将融资租赁视为一项独立的交易形式。有的法律要求登记，

① 《中国征信》。

例如加拿大魁北克省民法典，而有的国家法律则没有要求。

加拿大的魁北克省是加拿大唯一实行混合法制的地区，这是由于历史上英国和法国长期争夺殖民统治权造成的。在融资租赁制度上，《魁北克省民法典》（CIVILCODEOFQU&Eacute；BEC），将租赁分为融资租赁（leasing，第1851~1891条）和实物租赁（natureoflease，第1842~1580条）。在融资租赁部分第1847条规定，出租人对租赁物的所有权自登记之日起15日产生对抗第三人的效力；而在实物租赁部分第1852条规定，租赁期限超过1年的租赁交易也应登记，自登记之日起15日产生对抗第三人的效力。可见，魁北克民法典在引入融资租赁登记制度时，将功能主义和形式主义很好地结合在一起。

在一些传统的大陆法系国家，受传统的物权和债权民法体系影响，没有建立统一的融资租赁登记制度。但是，有的国家出于维护交易安全的现实需要，利用已有的登记系统来公示出租人权利，例如德国和西班牙。

德国和西班牙都没有对融资租赁进行单独立法规范，但是通过司法判例和实践确认了融资租赁交易是一种特殊的交易形式，融资租赁交易由传统的民法典、商法典的相关规定和特殊规范进行调整。在登记制度设计上，两个国家都利用已有的登记系统来公示出租人的权利，既简化操作，也节约成本。例如，德国对于占融资物相当份额的机动车，采用政府颁发机动车辆确权证书的方式明确和公示财产所有权，不对租赁物实施单独的租赁登记。西班牙对租赁物实行可选择性登记，绝大多数租赁合同会在有公证的情况下签订，在合同签订后通常由出租人进行登记。登记部门分为动产登记处和非动产登记处，租赁登记部门也办理其他用途的登记。在将融资租赁视为独立交易的各国中，无论是否制定了单独融资租赁登记法律制度，其都在本国现有登记制度框架下设计了针对融资租赁登记的相关制度，进而起到公示租赁物权属状况的作用。

（三）混合模式

此类立法模式具有上述两种模式的特点，以美国为典型代表。美国的《统一商法典》（*Uniform Commercial Code*）将租赁交易分为两种形式，一种是真实的租赁，另一种是构成担保交易的租赁，并分别在第2A编和第9编规范。其中对于构成担保交易的租赁交易，出租人享有的权利作为担保物权的一种类型在动产担保登记系统进行登记，并在 1-203 和 2A-103（g）等条款中详细规定了真实租赁和构成担保交易租赁的判定条件。但是商业实践中要区分二者往往并不容易，法律学者和法院实务见解之间存在较大差异。相关当事人为了避免交易性质模糊造成的风险，一般都会选择动产担保登记，并且美国各州的动产担保登记机构一般都在动产担保登记证明中提供“承租人/出租人”（LESSEE/LESSOR）的选项，当事人只要在该选项内打钩，就可以公示该笔交易属于第 9 编规定的租赁交易。

美国的《统一商法典》在各国的立法中是比较特殊的，这一特殊性与《统一商法典》的历史发展密切相关。早期的《统一商法典》并没有包括租赁的规范，随着租赁业的发展，20 世纪 80 年代增加了租赁部分即第 2A 编，但是第 2A 编并不是独立的，而是隶属于第 2 编销售部分，所以第 2A 编主要是基于销售的规则。其中绝大部分条款都是关于传统租赁而非融资租赁的规定。一项租赁交易的适用条款可以是《统一商法典》第 2 编（销售）、第 2A 编（租赁）和第 9 编（担保交易），但只能适用于其中一编，而一项交易要被界定为融资租赁必须符合第 2A 编规定的条件。这样一种立法体系，使得融资租赁法律十分复杂。此外，包括第 2A 编在内的《统一商法典》还有关于消费法律的内容，并不是一部纯粹的商法，而一般需要租赁立法的国家会将商业租赁和消费租赁分开立法。因此，《统一商法典》第 2A 编并不适用于美国以外国家的立法参考。

第三章

基于物联网的动产融资押物智能监管

传统的动产融资业务，大都是企业将合法拥有且银行认可的动产交由银行委托的物流监管方进行监管，物流监管方通过派驻监管人员实施人工现场监管。在这种业务模式中，物流监管的质量和准确性，主要取决于物流监管公司的管理能力和现场监管人员的履责程度。因此，银行面临重复抵质押、押品不足值、押品不能特定化、货权不清晰、监管过程不透明、监管方道德风险、预警不及时等一系列风险。

针对上述问题，本章在概述了物联网金融业态下的动产融资押物监管模型之后，论述了与模型相关的动产押物信息主动实时感知方法、基于物联网技术的动产押物感知仓、非标仓单的标准化及智能仓单的统一化管理、物联网动产监管技术与服务系统；在此基础上概述了供应链动产融资监管的研究现状；最后，介绍了国内外的动产监管标准化情况。

第一节　基于物联网的动产融资押物监管模型

针对国内动产融资过程中债权人（银行）、债务人、监管方信息不对称，银行“看不住”“抢不到”“难处置”动产抵质押物，致使动产融资数量低、质量差的问题，本研究基于物联网的智能感知、实时定位、射频识别、自动报警等技术，从动产融资抵质押物标识、非标仓单标准化、仓单及仓储智能化管理、供应链全程无遗漏监管等维度，设计了用于动产融资押物监管的模型。理论分析表明该模型能有效降低违约概率，为债权人、债务人和监管方全面、主动、实时监管动产融资的押物，提供了新思路。

一、研究背景及相关研究概述

金融部门是经营信用的主体之一，信用经营的关键在于风险管理，但风险管理能力取决于对融资主体的信息掌握程度。目前，我国现行的动产融资过程中债权人（银行）和债务人信息严重不对称，银行“看不住”“抢不到”

“难处置”动产抵质押物的现象时有发生，动产融资的数量偏低、质量偏差，致使国内出现“企业的贷款需求很旺盛，但有需求的民营企业特别是小微企业贷不到款，而金融机构不仅批贷条件严格，而且可能还有‘难言之隐’：有的对民营企业不愿贷、不敢贷，多一事不如少一事，怕担风险、担责任”的现象。此外，近几年来，非法吸金、平台展期、平台争议、限制提现、暂停运营、平台失联、平台清盘、经侦介入、老板“跑路”、平台倒闭等 P2P 事件频发，搜索平台被追责、消费者维权无门的“网贷问题”层出不穷，“退而不清成常态、如期还款是难点”的 P2P 现状，致使互联网金融的热度不断被消解。

物联网金融就是将传感器、RFID（Radio Frequency Identification，射频识别）等物联网技术用于金融领域，实现增强信息真实性、构建更客观信用体系的新金融业态，是互联网金融的高阶模式。围绕物联网金融研究，不少学者进行了探索，如：毛杰针对互联网金融存在监管空白、信息技术缺陷、征信体系不健全、投资吸引力不足等问题，研究了互联网金融+PPP 模式的金融基础设施建设途径；阙方平提出了物联网金融的“十大假说”；侯燕分析了新常态下农村金融改革面临的新挑战，并给出了应对策略；张璇对物联网金融业态下的银行创新转型及风险防范进行了研究；李晓雯、海峰基于 AHP 层次分析法，探索了物联网金融安全系统的构建思路；石永基于金融领域的信用体系视角，概述了物联网金融的产生和发展状况；李雪迎研究了物联网金融模式下国内商业银行的贷前控制方法。

国务院总理李克强在 2018 年 11 月 9 日主持召开的国务院常务会议上要求：“金融部门主动作为，加大金融支持力度，缓解民营企业特别是小微企业的融资难融资贵问题。”为解决国内动产融资过程中抵质押物难监管问题，我们基于物联网金融视角，在调研动产抵质押物监管现状、进行风险分析、吸收前人研究成果基础上，设计了动产押物监管模型（IoT-based Supervision Model for chattel financing mortgage，ISMcfm），并对模型的可行性进行了理论分析。

二、模型理论

基于物联网金融业态下的动产融资涉及抵质押物登记与公示、智能仓单与仓储管理、抵质押受偿与变现等环节。不难看出：动产融资涵盖技术、管理、法律/法规等多个方面。本模型仅从技术层面，研究动产融资过程中基于物联网的押物动态、实时监管策略和方法。

（一）设计思路

本书中，ISMcfm（动产押物监管模型）的设计思路是：首先，借助 RFID 技术，为动产添置标签，进而赋予动产以不动产属性；其次，依靠智能感知、实时定位、视频监控等技术，使得债权人、监管方都能够动态、及时获知动产押物的实时状态，以降低监管信息不对称的风险；再次，通过设计基于物联网的智能 MIS（Management Information System，管理信息系统），债权人可实时感知押物的价值，进而规避押物不足值风险及监管员的道德风险；最后，通过在供应链环节安置的物联网设施，增加对整个链条的管理，并实现风险预警。

ISMcfm 的框架如图 3-1 所示。

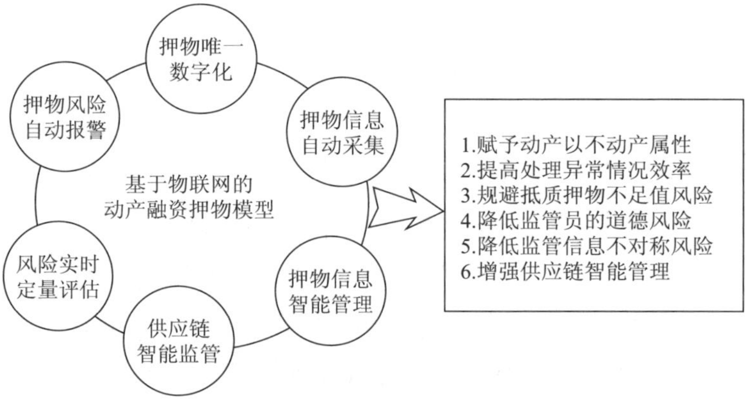

图 3-1　基于物联网的动产融资押物监管模型框架图

（二）模型原理与实现

如前所述，以银行为代表的金融机构是信用经营的主体。银行为客户动产融资之前的押物选取、估价，融资之后的押物监管（直接监管或者委托第三方监管），风险识别及风险出现之后的押物处置，都是动产融资的重要因素。现实中的动产融资管控环节与图 3-1 所示的 ISMcfm 各模块的对应关系如表 3-1 所示。

表 3-1　银行放贷及管控环节与 ISMcfm 的对应关系

ISMcfm 模块名称	动产融资管控环节
押物唯一数字化	动产押物选取、估价后的身份标识
押物信息自动采集	成功融资后对动产押物的监管
押物信息智能管理	
供应链智能监管	
风险实时定量评估	动产融资押物的风险识别与报警
押物风险自动报警	

若要完成基于物联网的动产融资功能，图 3-1 所示的 ISMcfm 框架在实现过程中需要解决以下三个问题：一是如何综合运用物联网技术，有效解决动产融资押物的智能仓储管理问题；二是如何运用物联网技术，构建能够同时满足债权人（银行）、监管方、债务人三方需要的智能物联监控网络；三是如何以非标仓单的标准化为突破口，推动动产融资管控方式的变革。

在本模型中，ISMcfm 针对以上三个问题的解决方法如下：

动产融资押物智能仓储管理：在 ISMcfm 中，我们借助 RFID 技术、传感器、GPS 等物联网设备，将成捆的钢材、整箱的牛奶、移动的汽车等“动产”，通过加装 RFID 标签、定位与报警装置等途径，赋予“动产”以“不动产”属性，并进行动产的唯一化标识；此外，借助温湿度监测、火焰监测、红外监测、视频监控等物联网技术和设备，将传统的仓库改造为智能仓库，实时监管动产融资抵押质押物，并通过标准化、规范化的操作流程，在仓储管理环节依靠物联网实现自动化、规范化的智能管控。这样，不仅能简化监管流程，而且能最大限度地避免人为干预，使得抵质押权利与押物实时匹配，规避传统动产融资监管方时常出现的道德、操作风险，缓解以往动产融资过程中借方、贷方、监管三方的信任危机，提升预警时效和应对突发事件的响应能力。

智能物联监控网络构建：在ISMcfm中，为了监控动产融资链条上各环节的风险，我们借助物联网技术，将与动产融资相关的原料采购、原料保管生产过程、商品销售、仓储物流、成品积压等环节联通，构建覆盖上述所有环节的智能物联监控网络，即部分引入“区块链”的思想，尽量形成融资链条各环节的信息闭环，实现对供应链全程无遗漏的掌控和管理，彻底解决传统动产融资过程中债权人、监管方、债务人信息严重不对称的弊端，最大限度规避监管人员的道德风险；同时，借助该网络实时传输的数据信息，精准选择经营决策，优化上下游商业模式，提升供应链功效。此外，债权人根据该网络传送的信息，能够精准把控融资企业及其上下游交易的三流（资金流、商流、物流）信息，准确预测资金需求，定制融资方案，润滑供应链，提升整体竞争力。

仓单标准化、登记与公示：针对传统仓储的非标仓单（仓库出具的存货凭证、存货单或者入库单）缺乏流通、无法交易、难以变现等问题，借助接触式、非接触式IC卡等物联网技术，通过统一仓单格式、记载信息要素、绑定押物时空位置信息等途径，设计具有排他性、唯一性、能流通、认可度高的标准化仓单（又称为物联网仓单），实现ISMcfm中动产融资押物仓单的标准化；在此基础上，可借助中国人民银行的动产融资统一登记平台，建立统一登记公示制度，扩宽动产范围、完善信用体系、放量动产融资规模，解决现行动产融资业务中的虚假仓单、重复开单、空单抵押等问题，进而提升非标仓单的信用度，增强非标仓单的流通性，促使动产融资更规范、更便捷、更高效、更安全、更可靠。

三、模型分析

为了证明ISMcfm在降低动产融资违约概率（信用风险）方面的效能，我们提出了如下定理，并进行了推导和证明。

定理 1：物联网金融业态下，ISMcfm 的信用风险理论上一定降低。

证明：假设信用风险的总损失（Loss）记为 L，预期损失（Expected Loss）记为 EL，非预期损失组成（Non-Expected Loss）记为 NEL，传统动金融业态下动产融资的 EL 和 NEL 分别记作 EL_{tfm} 和 NEL_{tfm}，ISMcfm 中动产融资的 EL 和 NEL 分别记作 EL_{ifm} 和 NEL_{ifm}。

按照风险管理理论，有：

$$L_{tfm} = EL_{tfm} + NEL_{tfm} \tag{1}$$

$$L_{ifm} = EL_{ifm} + NEL_{ifm} \tag{2}$$

据已有研究成果可知：

$$EL_{tfm} \approx EL_{ifm} \tag{3}$$

由上述的式（1）、式（2）、式（3），不难看出：L_{tfm}、L_{ifm} 的大小主要取决于 NEL_{tfm} 和 NEL_{ifm}。

为不失一般性，我们在“动产融资规模相同”的假设条件下，讨论 L_{tfm} 与 L_{ifm} 的大小关系。

为便于表述，假设违约概率（Probability of Default）记为 PD，PD_{max}^{tfm}、$PD_{\min}^{tfm}$ 和 $PD_{\max}^{ifm}$、$PD_{\min}^{ifm}$ 分别表示传统动产金融业态、ISMcfm 中动产融资违约概率的最大值、最小值。

在 ISMcfm 中，因风险和收益的相对确定性，按照经济管理学理论，有：

$$PD_{\max}^{ifm} < PD_{\max}^{tfm} \tag{4}$$

又由 RAROC（Risk Adjusted Return on Capital，风险调整资本收益）理论知：

$$EL_{tfm} = PD^{tfm} \times LGD^{tfm} \times EAD^{tfm} \tag{5}$$

$$EL_{ifm} = PD^{ifm} \times LGD^{ifm} \times EAD^{ifm} \tag{6}$$

式（5）、式（6）分别表示传统动产金融业态和 ISMcfm 下动产融资预期损失的计算方法，LGD 和 EAD 分别表示违约损失率和违约风险暴露。

由式（3）所列的 $EL_{tfm} \approx EL_{ifm}$，不难知道：

$PD^{tfm} \times LGD^{tfm} \times EAD^{tfm} \approx PD^{ifm} \times LGD^{ifm} \times EAD^{ifm}$

基于此，以下我们假设 $PD^{tfm} \times LGD^{tfm} \times EAD^{tfm}$ 和 $PD^{ifm} \times LGD^{ifm} \times EAD^{ifm}$ 都

用 $PD \times LGD \times EAD$ 表示。

基于上述理论和假设，公式推导如下：

$$NEL_{tfm} = PD_{\max}^{tfm} \times LGD \times EAD - PD \times LGD \times EAD$$

$$NEL_{ifm} = PD_{\max}^{ifm} \times LGD \times EAD - PD \times LGD \times EAD$$

设 $\triangle PD = PD_{\max}^{ifm} - PD_{\max}^{tfm}$，由式（4）知：$\triangle PD < 0$

设 $\triangle NEL = NEL_{ifm} - NEL_{tfm}$，则：

$$\begin{aligned}\triangle NEL &= PD_{\max}^{ifm} \times LGD \times EAD - PD \times LGD \times EAD - \\ &\quad (PD_{\max}^{tfm} \times LGD \times EAD - PD \times LGD \times EAD) \\ &= PD_{\max}^{ifm} \times LGD \times EAD - PD_{\max}^{tfm} \times LGD \times EAD \\ &= (PD_{\max}^{ifm} - PD_{\max}^{tfm}) \times LGD \times EAD \\ &= \triangle PD \times LGD \times EAD < 0\end{aligned}$$

设 $\triangle L = L_{ifm} - L_{tfm}$，则：

$$\begin{aligned}\triangle L = L_{ifm} - L_{tfm} &= EL_{ifm} + NEL_{ifm} - EL_{tfm} + NEL_{tfm} \\ &= NEL_{ifm} - NEL_{tfm} \\ &= \triangle NEL < 0\end{aligned}$$

证毕。

四、结束语

本模型借助传感器、嵌入式、RFID、ZigBee 等物联网技术，通过赋予动产以不动产属性、非标仓单电子标准化、仓单登记公示及统一化管理、押品形态及位置信息实时采集、标准化和智能化操作、监管过程透明、信用风险管理瓶颈破解、供应链全流程无遗漏监管等途径，构建了流程封闭、理论可行、满足新金融业态需要的动产融资押物智能监管新模型。该模型对全面实时监控押物状态、规避动产融资业务风险、改善动产融资萎靡现状，进而构建更加完善的商业模式，掌控供应链上下游企业经营情况，放量银行动产融资业务、解决中小微企业融资困局、缓解潜在金融风险等，具有重要的理论意义和实际应用价值。

然而，由于实验条件限制，模型在真实环境下的实践检验有待加强。这也是本团队承担的“物联网金融业态下的动产抵质押物监管问题研究”项目下一步的工作重点。

第二节　动产押物状态信息的主动实时感知

一、概述

由上节所述的动产融资押物监管模型不难看出，在动产融资过程中，主动、实时感知抵押和质押标的物的状态信息至关重要，其对提高动产押物的监管质量和准确性，倒逼物流监管公司提升管理能力和现场监管人员的履职程度，解决银行面临的重复抵押、押品价值不足、货权不清晰、监管过程不透明、监管方道德风险、预警不及时等系列风险，具有理论指导意义和实用价值。

动产融资的核心之一是将动产“变更”为不动产，即解决动产融资标的物的特定化问题。本书前面章节已经提及“动产融资过程中的动产覆盖有色金属、能源、建材、矿产品、农产品等多个行业”，这些动产在抵押或质押之后的运输、库存、销售等过程中，其数量、位置、排放形态等均可能随时发生变化。传统监管中基于RFID、条码、二维码等物流信息化管理手段，需要用终端扫描或读取RFID信息，是一种被动的方式，也缺乏感知功能。然而，借助物联网的主动获取、生成、传输、加工信息等技术，主动、实时感知动产押物的状态信息将成为可能。

有鉴于此，本节结合中国平安银行与无锡感知科技集团有限公司在物联网金融领域的合作成功案例，有针对性地介绍动产押物状态信息的主动、实时感知方法、原理与相关设备。

二、智能监管设备和技术

本节围绕中国平安银行与无锡感知科技集团有限公司在物联网金融领域

的购车贷款、钢材融资、其他大宗商品等金融范式，介绍动产押物智能监管的设备及相关技术等。

（一）感知卡

应用案例 1：2014 年，平安银行首先瞄准汽车领域，通过引入感知卡构建的“车押卫士”，实现了对汽车的智能监管，并建立起汽车智能监管系统。该系统的应用场景举例：A 是平安银行派驻宜兴一家汽车 4S 店的监管员，她的工作职责就是每天对库存的汽车进行盘点。因为 4S 店多半通过贷款购买汽车，在车辆售出还款前，汽车是属于银行质押的资产。原先的盘点方法是人工查对车架号，并在质押书上勾选。由于库存车子太多，盘点起来非常费力。有了汽车质押管理系统后，车子在不在，有没有强拆，都可以一目了然，大大减少了工作量。借助这套系统，只需一个感知卡（如图 3-2 所示）、一套后台控制平台、一部智能手机，不到半分钟就能为待售汽车构筑一个“虚拟围栏”，将银行资产保护起来。此外，在库存现场发生的事情，远在上海的银行同样可以实时监管，保障质押物安全。一旦车辆移动出虚拟围栏，系统默认车辆属于非法移动状态，GPS 坐标就会上传到云端管理平台，然后以轨迹的形式显现出来。即使这个设备被强制拆除，也会有一个强制拆除的报警。与此同时，远在上海的平安银行总部能实时监管所有车辆，蓝色表示汽车安全，橙色代表移出安全位置需要监管员跟进关注，每个点都能精确定位车辆的 GPS 信息。质押物安全，不仅对银行有利，同时也能够帮助汽车经销商提高信誉，使其在银行融资上可获得更高的融资额。

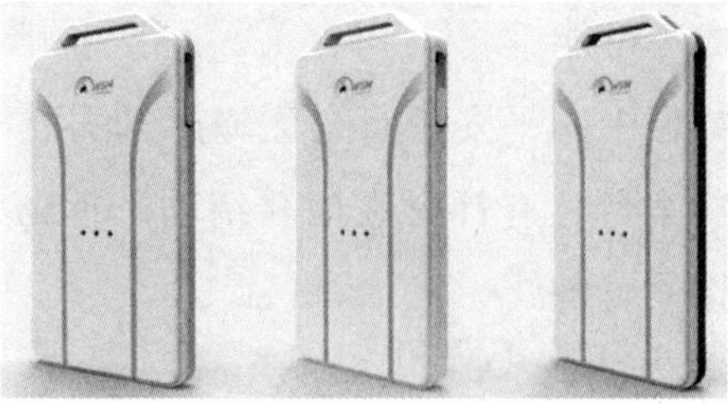

图 3-2　感知卡

感知卡的主要技术指标：

（1）供电方式：电池供电，低功耗可保持连续工作 6~12 个月。

（2）组网方式：MESH 组网，灵活布设，规模无限扩展。

（3）工作频率：433MHz、470MHz、780MHz 以及 2.4GHz。

（4）其他指标：内置温度、湿度、加速度等传感器。

以感知卡为主要标志的车押卫士与监管系统的配合使用，弥补了传统人工监管模式下，信息传递不及时、无法掌握抵质押车辆最新状态等不足，实现了对车辆移动实时跟踪和历史轨迹回放查询，出现异常情况及时预警、报警。

车押卫士的外观如图 3-3 所示。其主要技术指标如下：

（1）配置方式：NFC 和远程在线配置。

（2）识别状态：识别车辆静止、移动、碰撞和侧翻等状态。

（3）定位方式：GPS 定位于室内。

（4）轨迹跟踪：支持车辆轨迹跟踪。

（5）电池寿命：1 年（可反复充电）。

图 3-3　车押卫士

应用案例 2：严代彪、孙长国设计了基于感知卡的物资配送监控管理系统设计。系统通过对物资在拣选出库、组套包装、装车封箱、途中监控、途中分发、收货确认等环节的信息，进行实时感知、安全传输、全程监控、合理调度，实现对配送过程中物资所处的环境、状态和姿态等信息进行监控管理，可及时有效发现异常并主动报警。系统能够提高管理效率和运作效率，节约劳动力成本。

（二）感知罩

2015 年，平安银行将物联网智能监管拓展到钢铁行业中。通过引入被称为“感知罩”的物联网传感设备，建立起“重力传感器+精准定位+电子围栏+仓位划分+轮廓扫描”的智能监管系统，进而赋予动产以不动产属性，能够实现对钢材的识别、定位、跟踪、监控等系统化、智能化监管。感知罩的外观如图 3-4 所示。

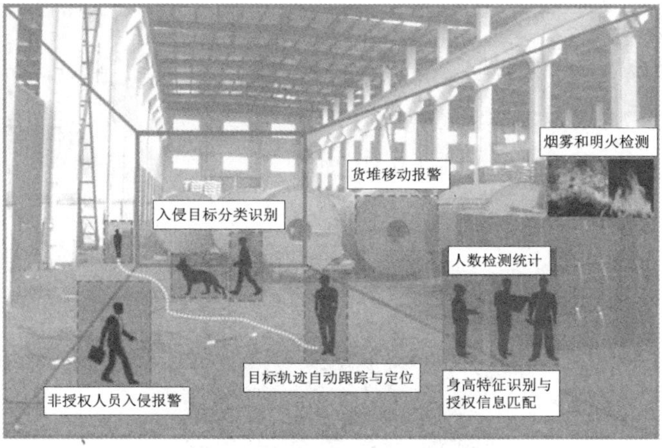

图 3-4　感知罩

感知罩的主要技术指标：

（1）监管物品分辨精度：10cm。

（2）识别报警准确率：99. 99%。

（3）目标移动速度：<10m/s。

（4）目标识别数量：<30 个。

基于感知罩的动产押物状态感知系统（前端）的实现思路：综合运用重力传感器、轮廓扫描、精准定位、电子围栏、仓位划分等设备和技术，实现流程和步骤如下：

步骤1：押物入库卸载时，押物重量感知子系统实时感知入库货物的重量；

步骤2：押物卸载完成后，押物轮廓感知子系统提取货物的轮廓和摆放形状；

步骤3：在押物的入库操作过程中，押物状态感知子系统会实时提取到每个押物的存放库位信息。

步骤4：主动、动态、实时监管。在押物的整个监管过程中，各类物联网感知终端全天候工作，实时监测押物的变化情况。概括说来，“整个仓库实际上就是一个‘感知罩’，无死角地监测单个库位货物的重量、体积、轮廓形状、位置变化，以及库区人员与设备、外围人员与设备的状态等全面信息，同时将需要响应的预警与报警信息实时推送给监管员或银行信贷经理”。

在基于感知罩的动产押物状态感知系统后端，在监控控制室，通过电子大屏幕，企业质押动产的存放库位、重量、对方形状轮廓等信息都会实时、高清呈现。前端质押动产信息传至该系统后，所有信息会打包封装，形成一张电子“感知仓单”，与质押动产形成唯一对应关系。

“感知仓单”能够有效屏蔽传统动产融资过程中押物人工监管可能带来的监守自盗道德风险。在动产质押给银行后，监管报警服务激活，一旦系统感知到质押动产的位置、重量、轮廓这些足以改变货值或质押状态的关键信息，在没得到放贷方许可的情况下发生变化就会自动报警。银行信贷客户经理、监管方和仓库管理方的手机、电脑都能在第一时间收到报警信息，以及系统实时抓拍的“作案现场”照片。此外，银行能在“感知仓单”管理平台上查询货物仓单是否处于质押状态，可以有效避免重复质押仓单进行骗贷的问题。

平安银行的系统应用负责人说，“物联网动产监管技术与服务”构筑了质押动产无死角智能保护“罩”，推动传统的实物监管融资向更加规范、便捷、高效和安全的单证化融资演变，有望给动产质押融资带来颠覆式革新，开创了我国“物联网金融”的新时代。

（三）感知箱

2016年，平安银行继续以钢铁行业为突破口，逐步将物联网动产融资覆盖至有色金属、能源、建材、矿产品、农产品等多个行业，着力打造出物联网大宗商品金融范式，为行业树立标杆，并通过引入被称为“感知箱”的物联网传感设备，主动、实时、动态感知动产押物信息。

感知箱的外观如图3-5所示。

图3-5 感知箱

感知箱的主要技术指标：

（1）通信模式：支持NSN/SSN/3G三模通信。

（2）管理及控制方式：支持NFC的手机对箱子进行开关管理及控制。

（3）定位技术：支持GPS定位。

（4）箱体大小：箱体大小可定制。

（5）数据记录：记录每次箱体搬动及开启的历史记录以及操作人员的身份。

（6）其他指标：带有温湿度传感设备，物理防开启以及电子防开启结合。

第三节 基于物联网技术的动产押物感知仓

如前所述，物联网金融业态下的动产押物大多为钢铁、煤炭、能源、建材、矿产品、农林牧渔等大宗商品，这些大宗商品的存储均离不开港口、仓储企业、物流园区等的支持。本节基于物联网金融视角，在分析我国金融仓储业发展现状、存在问题的基础上，提出了相应的对策，并结合具体案例简单介绍了物联网感知仓的功能和特点。

一、中国金融仓储业的发展现状及前景①

虽然我国金融仓储业仍处于初始发展阶段，但其发展前景广阔，市场需求量大。随着中小企业融资受到越来越多的重视，金融仓储业务这种新型的融资途径也将越来越得到重视。

（一）仓储行业发展总体情况

由商务部流通业发展司、中国仓储与配送协会共同组织编撰的《中国仓储行业发展报告（2016）》显示，2015 年我国仓储业规模稳步增长，运行总体平稳，效益基本保持稳定。据测算，截至 2015 年底，全国仓储企业已超过 3 万家，从业人员约 96.6 万人，行业资产总额约 2.28 万亿元。2015 年，仓储业固定资产投资额约为 6619.97 亿元，同比增长 28.3%；主营业务收入约 11613.3 亿元，同比增长 8.7%；主营业务成本约 8576.5 亿元，同比增长 3.6%；主营业务利润约 2198.7 亿元，同比增长 11%；收入利润率为 18.9%，同比增长 0.2 个百分点；净资产收益率为 4.87%，较上年降低 0.52 个百分点。

2015 年仓储业发展特点：从专业仓储发展看，各类专业仓储持续向好，冷库建设增长较快，电商仓储配送体系呈多极发展趋势，中药材仓储物流标准体系逐步建立，绿色仓储与配送技术应用取得初步成效；从仓储业态发展看，各类仓储业态向纵深发展，仓储地产投资继续保持主体多元化，金融仓储领域进一步调整，自助仓储进入快速发展期和整合期；从技术普及与应用看，各类仓配技术普及与创新应用取得较大进展，仓储机械化、信息化、自动化水平均有所提高，托盘、货架、输送分拣等设备的应用不断升级，智能仓储、仓储互联网化的应用与实现引领行业转型升级。

---

① 微信公众号银行家杂志。

随着我国经济结构不断优化升级，“一带一路”建设以及国家重大发展战略和一系列助力仓储业加快发展政策的实施，为我国仓储业扩大市场需求、增加设施建设规模、提升服务能级等带来新的机遇。仓储业作为连接供给侧和需求侧的基础性纽带，需要适应新常态发展要求，围绕仓储资源深度整合、“互联网+仓储”、仓配一体化运营、低温仓储与冷链物流网络化、仓储配送发展绿色化五个方面，开始进一步创新发展模式和运营机制，努力实现仓储业全面转型升级、效能整体提升。

（二）金融仓储公司总体情况

自 2008 年我国第一家金融仓储企业——浙江涌金仓储股份有限公司在杭州成立后，得到了众多中小企业的支持，也受到了银行、政府等有关各方的关注。目前，全国从事金融仓储业务的企业有 1000 多家，2016 年应收账款的融资额约为 20 万亿元，第三方物流企业进行监管的动产融资贷款合计为 5 万亿~8 万亿元。有 88 家公司在中国仓储与配送协会官网（金融仓储分会）上进行了展示。金融仓储公司中规模最大的为南储仓储管理集团有限公司，比较有代表性的 10 家金融仓储公司信息如表 3-2 所示。

表 3-2　国内代表性金融仓储公司一览表

序号	公司名称
1	南储仓储管理集团有限公司
2	浙江涌金仓储股份有限公司
3	浙江银桥仓储有限公司
4	浙江金掌柜仓储资产管理股份有限公司
5	山东汇通资产管理有限公司
6	四川鑫联金融仓储股份有限公司
7	四川省国都联保金融仓储有限责任公司
8	四川恩泰金融仓储有限公司
9	四川上辰金融仓储股份有限公司
10	甘肃汇金金融仓储股份有限公司

受上海钢贸等事件影响，2013 年中国仓储公司业务大幅收缩（中国物资

储运总公司相关业务收缩了 40%，南储仓储管理集团有限公司的仓储业务收缩了 10%），而银行也犹如惊弓之鸟，尽可能减少此类贷款或者提高贷款要求，企业融资受到一定影响。截至 2017 年 11 月，金融仓储行业仍然没有恢复到 2012 年之前的盛况。

（三）金融仓储主要业务模式

金融仓储业主要分为标准仓单质押贷款模式、动产监管保值贷款模式、保兑仓融资模式、授信融资业务模式等四种业务类型。

随着金融仓储业的不断发展，金融仓储业的业务类型也在不断地完善和发展，以上几种业务类型都盘活了中小企业的沉淀资金，增强了流动性，提高了融资企业的资金利用率，缓解了金融机构与中小企业之间的信息不对称，解决了中小企业融资难问题。但是它们之间的不同之处也非常明显。标准仓单管理和动产监管保值是最基本的两种类型，是后两种类型的前身。标准仓单管理增加了仓单管理的风险，但使仓单证券化，降低了一定的成本。动产监管保值则只要保证仓库中的抵质押物品不低于应有的价值便可，其抵质押品可以随时利用和补充。保兑仓和授信融资则是在前两种业务类型的基础上延伸出来的。保兑仓使融资企业摆脱了先货后票的困境，实现了先票后货，这样来，动产抵质押品不充足的企业可以通过保兑仓实现其融资的目的。授信融资业务类型中几个主体的角色与前几种相比有了少许的变动，仓储企业在整个过程中具有一部分“二房东”的角色，最大限度地发挥了自身的优势，而且简化了融资的手续。

二、中国金融仓储业发展中存在的问题[①]

（一）制度体系不完善

假仓单、仓单重复质押问题的存在，折射出我国动产质押在制度安排上的缺陷，即有关法律和金融基础设施的缺失。制度体系主要是指法律法规和

① 微信公众号银行家杂志。

行业规则。在我国，金融仓储业仍处于发展的初始阶段，一旦产生纠纷，只能依靠《担保法》《合同法》《物权法》中的某些条款作为法律依据，专门针对金融仓储业的法律法规仍未制定出台。尚不存在权威的动产质押登记公示平台，缺乏具有公信力的质押信息管理系统。

（二）准入机制不健全

金融仓储业是一个专业性很强的行业，需要有科学的业务操作流程和严格的操作规程以及较高的管理水平和一定的资金实力，能独立承担相应连带赔偿责任的独立法人。然而，目前我国尚未建立金融仓储业的准入机制，对于金融仓储企业也没有明确设立门槛，更没有相应的行业标准。缺少相应的监管部门，仅需在工商部门注册即可。凡此种种，均不利于金融仓储业的规范、稳定、持续发展。

（三）认知度有待提高

金融仓储的本质是为银行和企业搭建互动平台，实现共同利益。因此，提高对金融仓储业的认知对银行和融资企业尤为重要。若银行与融资企业不能正确理解和接受这种新型的融资途径，那么金融仓储业务就很难得以快速发展。在银行方面，传统上认为开展动产抵质押物贷款手续复杂、风险较高，加之相关法律法规细节还不健全，因此在抵质押债权法律方面有所顾虑，对该业务持观望态度。这样一来，不但削弱了银行开展仓储金融业务的积极性，还会削减仓储企业所取得的资金授信额和市场需求量。在企业方面，首先，一些中小企业认为自身货物被第三方监管会给业务经营带来不便；其次，企业出于仓储融资过程复杂、采用金融仓储业务获得贷款需要增加费用等方面的考虑，往往更愿意采取互保或民间借贷等传统的融资方式，主观上不愿开展仓储融资业务。另外，金融仓储企业对外信息披露较少，银企方面对其业务了解的途径非常有限，因而对与其开展业务的信心不足。

（四）固有风险较突出

信息不对称引起的信用风险。金融仓储业的诞生为中小企业提供了新的融资途径，也成为银行等金融机构降低自身信贷风险的良好的转换器。金融仓储企业在银行和融资企业中扮演着重要的角色，也承担着重大的义务和责任。在整个融资过程中，一方面，金融仓储企业成为银行的重要管家，代替银行直接占有质押财产，并对质押财产进行价值评估与监管；另一方面，金融仓储企业成为融资企业的担保人，帮助其融通资金。正因如此，银行、仓储企业和融资企业三者之间存在着信息不对称的可能。如果仓储企业缺乏信用，通过虚报质押物价值，伪造、变造仓单，擅自处理抵押物等不法手段与融资企业串通骗取银行信贷资金，必然会使银行蒙受信贷资金损失，引起银行信贷风险。

动产抵押物价值变动风险。金融仓储企业管理或储存着大量的不动产抵押物品，这些物品的价格会受到市场供求关系、季节更替变化等因素的影响。价格的变动可能会给银行、仓储企业和融资企业造成巨大经济损失。因此，银行应当谨慎选择质押物，尽量选择那些易于保存、价格相对稳定、流动性好、容易变现的产品。

经营管理不善引起的风险。在我国，缺乏对金融仓储业进行合理有效的经营管理和规划业务流程的专业人才，而经营管理不善将会对金融仓储企业造成毁灭性的打击。

（五）监管机制欠系统

在金融仓储业中，银行作为债权人，保护其利益不受损失极为重要。为此，建立对金融仓储企业和融资企业的监督管理体系是非常必要的，如此才能保护其利益不受损害。当前，就金融仓储企业内部而言，其监管体系还是比较完善的，主要职能是监督管理银行委托的动产抵押物，并及时向银行与融资企业反馈与动产抵押物相关的准确信息。对于金融仓储企业操作经营管理的外部监管体系，目前还未形成比较明确的法律法规及专业的监督组织，有待进一步加强。只有建立内部和外部相互协调的监督体系，才能保证金融仓储业的健康快速发展。

（六）退出机制不完备

金融仓储企业作为银行和中小企业信任的第三方，在仓储金融业务中扮演着至关重要的角色，是银行防范风险的最后一道屏障，具体作用主要通过仓储金融业务退出机制实现。也就是说，由于抵质押物市场价格下降导致抵质押物不足值，或者是贷款到期，出质人无法偿还贷款本息时，金融仓储企业需要按照银行委托，对仓储的商品实现销售处理，直到收回贷款本息。

然而，金融仓储业务退出时，抵质押物能否及时有效处置，受抵质押物品的种类以及市场价格变化影响较大，需要积累实践经验，方可有效控制损失。

三、发展我国金融仓储业的对策①

（一）政策层面

一是提高对金融仓储业的认识。要从完善社会主义市场经济体系、提高国民经济运行质量、降低金融风险等方面，高度认识金融仓储业的重要性。二是出台扶持金融仓储业的经济政策。建议政府部门将发展金融仓储业列入政策重点扶持的范畴，给予一定的补贴、奖励、风险补偿、税收减免等优惠政策，并选择一些优秀的金融仓储企业列为重点支持对象，以推动金融仓储产业化。鼓励和切实支持商业银行和中小企业开展仓储金融业务，发展壮大仓储金融市场。三是完善相关法律法规。在《物权法》基础上，继续出台针对仓储金融业务的法律、法规和实施细则。强化动产登记制度，建立电子化、网络化的物权备案公示制度，尽快建立金融仓储业准入标准和行业规范，规范仓储金融市场。目前，中国银行（601988，股吧）业协会、中国仓储协会联手起草了《担保存货第三方管理规范》（以下简称《规范》），将担保存货管理区分为“监管”与“监控”两种方式，基本厘清与解决了动产质押融资中所涉及的借款人、贷款人与第三方管理企业之间的所有责任划分问题，该《规范》已上报国家标准委审批。四是构建金融仓储业发展的辅助体系。推动仓储金融业务的辅助体系发展成熟，比如评估机构和大宗商品交易市场，健全完善动产抵质押物市场，建立良好的社会信用文化环境。目前，中国人民

① 微信公众号银行家杂志。

银行征信中心已建立了应收账款质押登记信息等系统，国家工商行政管理部门建立了动产抵押登记信息系统，但目前这两个信息系统彼此割裂，尚不能满足银行对相关信息查证的需求。

（二）商业银行层面

一是改变观念。仓储金融市场要想发展，离不开银行对动产抵质押业务的接受、认同和推广。银行要对自身进行准确定位，要改变传统信贷观念，要认识到其需要与大量具有成长性的中小企业共同成长，认识到仓储金融业务中动产抵质押贷款市场巨大的利润空间以及低风险的特征。二是推进业务。银行要制定理性的经营策略，创新信贷产品，积极推进仓储金融业务，设立专门针对仓储金融业务的部门，设立仓储金融信贷业务的操作流程，让了解仓储业务的专业金融人员去管理和操作。在推进仓储金融业务中，应与客户建立战略伙伴关系，确立平等主体地位，加强合作联动，形成良性互动、可持续发展机制。三是防范风险。应选择信用状况良好的金融仓储企业做第三方，制定有效合理的信用评价指标体系和企业融资准入标准，加大对抵质押物品种的选择，提高对仓储金融业务中信用风险、市场风险、流动性风险、操作风险等的管理能力，确保商业银行在增加利润的同时能够有效控制风险。

（三）金融仓储企业层面

一是提升自身实力。金融仓储企业要制定切实可行的发展战略，不断提高资本实力，完善公司治理结构，提高内部管理水平，规范企业运作。建立诚信意识，提高市场声誉。二是强化风险管理。加强对客户的信用风险管理，谨慎接收抵质押物，加强对抵质押物的管理。制定完善的业务退出流程，形成有效的风险防范和预警机制，有效控制各类风险。三是培养专业人才。金融仓储是一个新兴产业，对于人才的要求更高。未来需要企业培育出一批现代化复合型专业人才，既要熟悉贷款理论和动产价值，又要具备现代科学知识。通过人才的发展推动金融仓储企业的发展，进而推进金融仓储业的可持续发展。四是丰富业务内容。金融仓储企业应坚持做好动产监管业务，完善并推广标准仓单；还应借助政府和银行的力量，逐渐建立与仓储金融业务相关的数据库，收集宏观经济、相关行业、融资企业以及抵质押物的信息，并对数据进行深度挖掘和分析，提高咨询服务水平，开拓仓储金融业务空间。

四、中国金融仓储业的发展愿景与案例

（一）中国金融仓储业的发展愿景

纵观我国金融仓储业的发展，宏观方面产生的经济效应颇为显著。例如，可以有效减少货币流通过程中的风险，避免信贷资金长期化的状况，拓宽了金融产业、仓储产业的经营范围，给国家制定政策提供依据，等等。

除了宏观上发挥经济效应，金融仓储业的不断发展也有利于物流金融更加完善，从而间接助力物流业的进步。对银行来说，金融仓储业有助于降低信贷风险，间接促进了银行业务的不断创新。

金融仓储还是银行与企业间的融资桥梁，它有效解决了中小企业融资难问题，也为银行贷款业务增加了新的渠道。金融仓储业的发展，对国民经济稳健增长意义重大。

随着我国经济发展进入新常态，为解决中小企业融资难问题，国家又出台了相关政策。中国人民银行已建立了基于互联网的现代担保物权登记公示系统，最高法院《仓储合同司法解释》也有望于近期出台，存货担保融资与担保存货管理仍具有巨大发展潜力。2016 年，中国仓储与配送协会（以下简称“中仓协”）组织起草的《担保存货监管与监控协议示范文本》即将发布，担保存货管理公共信息平台将实现与担保物权公示系统对接，并探索建立电子仓单系统。中仓协将与各类银行金融机构直接合作，按国标要求对现有金融仓储企业进行梳理、排查、评估，以促进银企双方重树信心。

综上所述，我国金融仓储业发展空间广阔，在推动经济快速发展上发挥着重要作用。共同参与、共同维护是金融仓储行业各方共同的责任。金融仓储有望成为我国经济长远发展的重要组成部分之一，前景值得期待。

（二）物联网感知仓及应用案例

1. 物联网感知仓的含义

物联网感知仓，是指将物联网技术引入动产质押贷款业务，运用各类物

联网感知终端，无死角地监测库位货物的重量、轮廓形状、位置的变化，以及库区人员与设备、外围人员与设备状态等全维信息的智能化仓库。

截至 2017 年底，平安银行物联网智能仓储网络的全国布局初显成效，已经在上海、广东、天津、沈阳、日照等地布局建设物联网感知仓库，已累计与上海钢联、日照钢铁、厦门象屿集团等近百家重点港口、大型仓储企业、大型钢铁生产企业、区域重点物流园区等近 200 家合作伙伴，签署了 60 余份物联网金融合作协议，未来将以这些监管仓为据点拓展物联网动产金融业务。预计在未来两年内，感知科技将改造 50 ~ 100 个仓库，监管资产可达数十亿元。

与行业内智能仓库、数码仓等信息化改造后的仓库相比，感知科技的物联网感知仓库，在监管技术手段、监管颗粒度精细化程度、监管要素、监管强度以及质押风险管理等方面均具备明显的领先优势。“行业内传统的基于 RFID、条码、二维码的物流信息化管理，需要用终端扫描或读取 RFID 信息，是一种被动的方式，监管的要素只是货物身份标识这一单一要素，缺乏更多和货物物理量相关的感知功能”，无锡感知合约交易中心总经理助理高峻峰说，“而该系统主动获取、生成、传输和加工信息，可以对每个库位的货物数量、质量、形状、外围人员等多维信息进行实时反馈。”

2. 物联网感知仓案例

总部位于中国无锡的感知集团有限公司（以下简称感知集团）与平安银行签订协议，租用位于无锡市城南路上 2100 平方米的中国储运仓库的管理权，并投入数十万元，在仓库内安装了各种物联网的感知终端，将其打造成为物联网感知仓库，能够存储监控资产规模超千万元的钢轧卷，用于对钢铁、有色金属、稀有金属、橡胶塑料、农产品及纺织品、大宗散货等大宗动产融资押物的在库管理。

物联网感知仓能够使客户、监管方、银行等动产融资各方参与者从时间维度、空间维度、物理状态量维度等，全面、实时、主动感知和监管动产押物的存续状态和变化信息，能够从根本上屏蔽人工监管可能带来的道德风险。虽然感知仓先期设备投入的建设成本较高，但后期的监控成本小于人工监管，且随着仓库使用时间的延长，整体成本将会被摊薄。根据平安银行和感知集团规划，预计在未来两年内，将改造 50~100 个仓库，监管资产可达数十亿元，有效促进平安银行动产融资业务增长。

除感知集团外，尚德金融等公司也构建了许多物联网感知仓。

第四节　基于物联网的感知仓单生成与应用

一、非标仓单及其标准化

从前述的动产融资诈骗案可知，“青岛港事件”系“一女多嫁”，即同一批矿石存储于一家仓储公司但从不同仓储公司处出具仓单证明，并利用这些仓单到不同银行重复质押融得巨资。这种动产融资诈骗案件的关键在于物权单据出具方（仓储公司）违规操作，导致货物与物权单据不匹配，银行依据物权单据的融资也就失去了真实保障。为解决上述问题，以感知科技为代表的科技公司和以平安银行、尚德金融为代表的金融机构，通过建设物联感知仓库，为动产融资押物的在库全维信息智能监管提供了仓储保障，即有效解决了动产融资押物的控货问题。然而，押物对应的仓单如何生成？如何标化？如何统一管理？这就是本节要讨论的问题。

（一）非标准仓单

1. 含义

仓单（Warehouse receipt），是保管人对存货人交付的仓储物进行验收之后签发的提取仓储物的权利凭证。根据我国法律规定，仓单既是债权凭证也是物权凭证。作为债权凭证，仓单持有人可以提取仓储物；作为物权凭证，仓单可以用于质押和转让。《合同法》第三百八十六条、第三百八十七条明确了仓单的必备要素和可流转性。《物权法》第二百二十三条则规定仓单可以作为质物进行质押。

非标准仓单质押业务，是金融机构向客户发放的，以仓储公司为货主出具的不可转让、不具有货权性质的仓库保管单、入库单（不包括标准仓单）为特定担保方式的授信业务。仓储质押担保项下可办理的授信业务，主要包括短期贷款、商票贴现、开立银行承兑汇票、进口开证等短期授信业务。

2. 业务特点编辑

非标准仓单质押业务有效解决了客户资金不足，担保不够与银行信用投放需要的矛盾。授信客户与金融机构签订《动产最高额质押合同》后，三方签订《仓储质押监管协议》，金融机构是仓储货物的质押权人，仓储公司代金融机构对仓储货物进行监管。客户可以得到经营周转所需的流动资金。

3. 签发对象编辑

非标准仓单是经工商行政管理机关（或主管机关）核准登记，实行独立核算的企、事业法人或其他经济组织。

非标准仓单质押业务申请人应当具备在贷款金融机构开立账户、资信状况良好、现金流量大、供销关系稳定等基本条件。具体条件如下：①在贷款金融机构开立基本结算账户，销售收入归行率在50%以上；②无不良记录；③销售收入连续稳定；④有稳定的销售网络，销售渠道；⑤仓储公司应是与授信客户没有关联关系、相互独立，规模较大，管理正规，资信良好，拥有合法营业执照的专业仓储法人企业。

非标准仓单质押业务申请人申请非标准仓单质押业务时，除应符合贷款银行流动资金贷款条件外，还应同时向贷款行提供以下信息和资料：①仓储货物相应的购销合同及贸易背景情况；②仓储货物的市场行情与变现能力情况；③货物质量、数量与仓单、质检单，货物价值与质押率；④仓储公司的基本状况、资信状况、代位清偿能力。

办理非标准仓单质押业务的出口信用证应满足以下条件：①金融机构是仓单项下的货物质押权人；②为明确各方的权利与义务，授信客户、仓储公司须与银行签订《仓储质押监管协议》；③金融机构工作人员须对照仓单亲自对质押货物进行清点，根据客户出具的《过户声明书》办理过户手续，并向仓储公司预留《质押物提货通知书》及有权签字样本；④质押货物应进行保险。

（二）仓单标准化

2013 年《仓单要素与格式规范》的国家标准发布，明确仓单分为普通仓单和可转让仓单，并有对应的格式要素，首次标准化了可流转仓单应具备的 28 个必备要素和 12 个可选要素（见附录）。这个重要的规则成果，使得具备国家标准和法律要求要素的可流转的标准仓单将成为中国仓单市场的主流。

那谁可以签发标准仓单呢？

根据法律规定，保管人有权签发仓单，条件是保管人应与存货人签订书面合同，并在验收了存货人交付的仓储物后才能够签发仓单。但在实务中存在下列情况：①仓单的签发人虽具备仓储资质及条件，但并非货物的实际保管人，②保管人虽实际保管货物，但不具备仓储资质（经营资格和安全资格）及条件，不具有签发仓单的资格，保管人不等同于仓储机构，③保管人对存货人的货物进行验收入库却不签发仓单或者签发入库单、存货单“打发”客户；保管人签发了“仓单”，但欠缺必备的要素，潜藏仓单无效的根子，④保管人签发了仓单，但在身份和利益独立性方面存在重要缺陷，如生产厂家、传统贸易商、电商、交易平台也兼营仓储业务，呈现仓单无法独立于交易双方或交易市场经营者的状态。

上述资格不当或者身份不当的各方开具的仓单，会对持单人的利益造成损害，导致持单人的权益无法保障。特别是在出现纠纷时，因为保管关系不成立、货位不明、仓储物不具备特定性、商业关系冲突等，使持单人在举证和确定所有权、实际兑付数量规格等方面出现各种困难，即使通过诉讼途径也不一定能获得法院的支持，何况还有诉讼效率和执行效率的“坑”深浅不知。

另外，即使签发的是有效的仓单，大部分也是普通仓单，并不是可转让仓单。普通仓单只能用于日常的提货，不能用于交易，不具有可流通性，使用价值很小；而可转让仓单可以满足广大仓单使用者变现、贸易、转让仓单的需求，其通过背书的方式流转，无须实物交付，加快了流通速度、降低了交易成本。

再者，保管人签发的仓单要想得到市场的认可，其自身需要具备较高的物流信息化技术水平和较好的仓单综合服务能力、商业和金融信用等，目前只有少数大中型仓储企业签发的仓单被特定范围的客户接受。其他中小型仓储企业或者管理不善的大型仓储企业即使签发了有效的仓单，但是由于该类仓单在技术、内控、信用等方面的不足导致仓单接受度不足或兑付的可靠性不佳，也不易被市场认可。同时，各仓储企业签发的仓单因内部标准各异，格式不统一，流通的范围有限，导致我国的仓单使用规模远远小于交易的规模和贸易融资的规模。

鉴于上述情况，2015 年中仓仓单有限公司联合认证、质检、征信、保险、期货等具有国内最强资源的骨干机构，共同搭建了中国公共高信用国标仓单综合服务体系。该体系从技术和法律层面为仓单用户提供高信用国标综合服务，将辅导一大批大中型仓储企业提高物流信息化技术水平和仓单综合服务能力，签发符合国家标准和法律要求的标准仓单，为促进仓单快捷、安全地融资和交易提供基石性的配套支持服务，加快商品流通。

高信用国标仓单的功能结构示意图如图 3-6 所示。

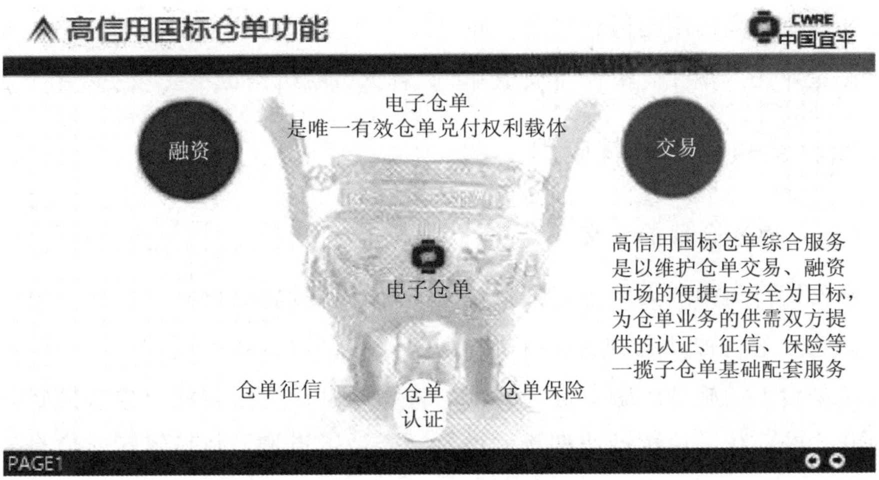

图 3-6　高信用国标仓单及其功能

这一公共服务体系支持仓单用户用可靠的技术辨认：接到的仓单是否是

合格机构签发，格式和要素是否符合国标，仓单的数据来源是否真实，仓单签发机构的信用如何，仓单兑付的可靠性如何，仓单背书转让或质押的程序和记录是否适当，仓单兑付如果失败如何赔偿及赔偿能力如何，仓单兑付风险能否转移，等等。同时，支持合格仓储企业可靠规范地提供高信用国标仓单服务，可有效控制仓储企业的内外部风险。

那么，在一定范围内，相对于“期货标准仓单”而言，部分仓储企业与金融机构个性化设计使用的“非标仓单”还是否有用？众所周知，这类“非标仓单”是在仓单国标出台前，行业为了推动动产融资服务而采用的一种过渡做法，仅仅是为了取得仓单质押明确的物权效果，以避免动产质押的众多缺点而采用的一种仓单的形式。这种“非标仓单”有两个致命缺陷，一是格式和要素不符合国标，容易被判定无效或效力受限；二是不符合可转让仓单的法律和商务条件，甚至大多标注“不可转让”，不具备可转让仓单最重要的公共变现功能，只能提货后用传统贸易或诉讼拍卖、强制回购方式变现，不利于质权金融机构快速收回贷款。此种隐患，各家金融机构的风控部门也都清楚，但在没有高信用国标仓单的年代，只能小规模地试行“非标仓单”。

相信有了高信用国标仓单后，面对以上“非标仓单”的两大缺陷，即使有仓储企业还“敢于”开“非标仓单”，各家金融机构也不会继续使用了。

二、感知仓单及其应用

（一）感知仓单的含义

平安银行与中国人民银行征信中心合作，借助物联网技术，在仓单与实物之间建立了一种动态的、实时的对应关系；同时，在中国动产融资统一登记系统平台上实施动产融资统一登记，将物联网动产融资的仓单和期货仓单标准化、统一化，根据动产押物的形态、库位、重量、数量等在库信息生成具备唯一性、排他性，便于流通，格式统一，要素齐全的押品“电子身份证”；同时，运用物联网技术将现货、期货仓单进行物联网化，将质押标的物从动产演变为流通性更好、风险更低的权利凭证。逐步推动动产实物监管融资向单证化融资，乃至单证化投融资演进，打造出一个标准的物联仓单投融资平台，实现了场外交易场内化，场内交易低成本化。商业银行可以通过风险模型、数据分析、评估体系等完成对仓单的市场定价，而社会各路资本都可以购买这个仓单，银行负责撮合交易和定价。

平安银行的物联网仓单如图 3-7 所示。

图 3-7　平安银行的感知仓单（物联网仓单）

（二）感知仓单的生成

在物联网金融业态下动产融资押品在库监管过程中，当货物装卸完成后，扫描设备将对入货物品进行 3D 轮廓扫描，并将所采集信息传输至仓单管理平台，由管理平台根据货物的形态、库位、重量、数量等货物信息绑定并生成感知仓单，并对仓单进行锁定。一旦有人对动产融资押品进行未经许可的操作时，系统将自动产生预警信息通知库管员和银行。

“感知仓单”有效清除了人工监管可能带来的监守自盗道德风险。在动产质押给银行后，监管报警服务激活，一旦系统感知到质押动产的位置、重量、轮廓这些足以改变货值或质押状态的关键信息，在没得到放贷方许可的情况下发生变化，就会自动报警。银行信贷客户经理、监管方和仓库管理方的手机、电脑都能在第一时间收到报警信息，以及系统实时抓拍的“作案现场”照片。此外，银行能在“感知仓单”管理平台上查询货物仓单是否处于质押状态，可有效避免重复质押仓单进行骗贷的问题。

（三）感知仓单的应用——以平安银行为例

平安银行借助物联网技术，致力于将普通仓单打造成具备标准仓单属性的“准标单”（又称为感知仓单、物联网仓单）。这种新型感知仓单具备唯一性和排他性特点，同时拥有标准化程度高、流通性强等诸多优势。首先，物联网技术使得仓单项下的实物被特定化，且仓单与实物之间可建立一种动态的、实时的对应关系。仓单甚至还可以绑定实物的三维空间坐标，使仓单具备唯一性和排他性，从而有效解决现行仓单中存在的虚开仓单或重复开单等问题。其次，通过推动仓储企业按照国家标准生成国标仓单，倡导仓单格式和记载要素标准化，并推动仓单编号的生成规则规范化，仓单将成为特定实物的唯一“身份证”。在此基础上，再推动仓单在权威机构进行登记注册或认证，将显著提升仓单的信用度，实现仓单高效流通。

以钢铁行业为例，平安银行联合感知集团引入感知罩等物联网传感设备和智能监管系统，在全国钢材交易的重点区域推进了大型仓库的智能改造升级，实现了对动产存货的识别、定位、跟踪、监控等系统化、智能化管理，使客户、监管方和银行等各方参与者均可以从时间、空间两个维度全面感知和监督动产存续的状态和发生的变化，有效解决了动产融资过程中信息不对称问题。

综上所述，物联网监管解决了动产融资中的抵质押物管控难题，而基于物联网技术和动产统一登记平台有效支持的新型感知仓单，将从根本上解决动产重复抵质押问题。由此，标志着动产融资业务实现了全新蜕变，传统的实物监管融资将逐步演变成更加规范、便捷、高效和安全的单证化融资。

第五节　物联网动产监管技术与服务系统

一、产生背景

动产质押贷款是大宗商品行业贸易企业向银行融资的主要方式，是指借款企业以其合法拥有的动产（包括原材料、库存产品、采购商品等）作为质物，向银行申请融资的一种授信担保形式。然而，质押动产的监管一直是个难题。在传统动产质押业务中，质押动产一般是银行交由第三方物流监管方监管，多是派驻监管人员进行人工现场监管。物流监管公司管理能力和现场监管人员的履职程度决定风险大小，一旦责任界定模糊、利益分配不均，就会产生难以把控的信贷风险。

近年来，由物流仓单重复质押、虚假仓单、联保等因素引发的融资诉讼案件频发，如多地爆发的钢贸案、青岛港有色金属骗贷案、浙江温州船舶重复抵押案、广州金山联纸业案、深圳红岭创投亿元坏账事件等，加大了银行动产质押贷款风险。银保监会公布的数据显示，2014 年仅钢贸行业贷款表内外不良率达 5.69%，远高于各项贷款的平均不良率。因此，构筑更加安全的质押动产监管体系就变得十分紧迫和必要。

为此，感知集团联合平安银行研发出“物联网动产监管技术与服务系统”，将物联网技术引入动产质押贷款业务，建成运用物联网技术的感知仓库，使客户、监管方、银行等各方参与者从时间维度、空间维度、物理状态量维度全面感知和监管质押动产的存续状态和变化。

二、系统概述

（一）设计意图

“物联网动产监管技术与服务系统”是将物联网技术引入动产质押贷款业务，将传统的智能化仓库建成物联网感知仓库。通过运用各类物联网感知终端，无死角地监测库位货物的重量、轮廓形状、位置的变化，以及库区人员与设备、外围人员与设备的状态等全维信息，并将各类信息打包封装生成电子“感知仓单”。电子“感知仓单”与质押动产形成唯一对应关系，生成后即被锁定。当有人对仓单货物进行任何未经许可的操作时，系统将自动报警，有效屏蔽传统动产质押人工监管的风险，为银行控制风险提供“物联网金融”方案。

（二）实现思路

在货物卸载过程中，重力传感器实时采集入库货物的重量并传输至后台仓单管理平台。同时，定位设备实时监测和采集入库货物所存放的仓库位置信息，仓库管理人员可以实时监控货物是否卸载至正确的库位及监测作业完成进度。系统通过自动比对前端设备采集的货物重量数据与录入的重量数据判断是否装卸完毕。如装卸完毕，则扫描设备对入库货物进行3D轮廓扫描，并将所采集信息传输至仓单管理平台。扫描完成后，仓单管理平台根据仓库位置、库位、货物信息绑定生成仓单，并对仓单进行锁定，同时激活报警服务。仓单处于锁定状态时，对仓单项下货物进行任何未经许可的操作时，系统将自动产生预警信息，并将预警自动推送至移动监管端App，库管员和银行人员可及时收到预警并采取行动。

（三）组成与功用

“物联网动产监管技术与服务系统”包括感知仓位监管系统和感知仓单管理平台，可实现对质押动产重量、仓库位置、存放库位、货物形状轮廓等关键信息的实时、无缝、智能监管，有效屏蔽了动产质押监管风险，构筑质押动产“无死角”监管平台，达到以技术创新推进动产质押融资革新的目的。

2015年6月28日，以中国科学院李亚栋院士、复旦大学信息学院郑立荣院长、中储发展股份有限公司董事刘起正先生、中国铁路物资股份有限公司总裁助理屠建平先生为代表的评审委员会，对“物联网动产监管技术与服务系统”进行了技术评审，形成意见如下：“物联网动产监管技术与服务系统”应用的各项物联网技术成熟、稳定，服务系统界面友好直观、操作简单便捷、报警及时有效，适用性和安全性高，完全满足实际业务需求。其基于先进的管理理念，通过对仓储货物重量、轮廓形状属性和操作过程的高效管理，能够实现对抵质押物实时、有效的严密监管，有效解决了长期困扰银行的动产融资业务中抵质押物的监管问题，满足了银行对抵质押物的管理要求。

“物联网动产监管技术与服务系统”的核心是“感知仓单”管理。质押动产的客观物理状态是仓单管理的内容，仓单与实物之间形成一种动态的、实时的对应关系，仓单生成后即被锁定，对仓单货物进行任何未经许可的操作时，系统将自动产生预警和报警信息。这种管理模式替代了传统质押业务中的人工监管，实现依托物联网技术对动产的全程无遗漏环节监管，有效解决了质押动产监管难题。

“物联网动产监管技术与服务系统”构筑了质押动产无死角智能保护“罩”，推动传统的实物监管融资向更加规范、便捷、高效和安全的单证化融资演变，有望给动产质押融资带来颠覆式革新。该系统可广泛应用于钢铁、有色金属、稀有金属、橡胶塑料、农产品及纺织品、大宗散货等大宗商品在库、在途、产线的全链域监管，开创了我国“物联网金融”蓝海。

凭借“物联网动产监管技术与服务系统”，感知集团开始全面试水“物联网金融”，并成功获批设立全国唯一依托物联网金融的大宗商品交易中心。该中心将以大宗商品交易为服务对象、以物联网技术应用为核心，构建交易各环节的全链域监管，并为交易双方提供以融资租赁、保险等为基础的物联网银行、物联网保险等创新应用服务的针对性金融解决方案。

第六节　供应链动产融资模式下的押物监管

一、供应链下的动产质押融资模式

（一）运作方式

供应链下的动产质押融资模式，是指银行等金融机构接受动产作质押，并借助核心企业的担保和物流企业的监管，向中小企业发放贷款的融资业务模式。在这种模式下，金融机构与核心企业签订担保合同或质物回购协议，约定在中小企业违反约定时，由核心企业负责偿还或回购质押动产。

该模式的具体运作步骤如下：

步骤 1：中小企业向金融机构申请动产质押贷款。

步骤 2：金融机构委托物流企业对中小企业提供动产进行价值评估。

步骤 3：物流企业进行价值评估，并向金融机构出具评估证明。

步骤 4：动产状况符合质押条件的，金融机构核定贷款额度，与中小企业签订动产质押合同，与核心企业签订回购协议，并与物流企业签订仓储监管协议。

步骤5：中小企业将动产移交物流企业；物流企业对中小企业移交的动产进行验收，并通知金融机构发放贷款。

步骤6：金融机构向中小企业发放贷款。

供应链下的动产质押融资模式是将物流服务、金融服务、仓储服务三者进行集成的一种创新式综合服务，它有效地对物流、信息流和资金流进行组合、互动与综合管理，以达到拓展服务、优化资源、提高经营效率和提升供应链整体绩效以及增加整个供应链竞争力的目的。

随着市场竞争和客户需求的发展，供应链下的动产质押融资模式也发展和创新出了动态动产质押业务，即核定库存质押业务。该业务与静态动产质押（非定库存质押）的最大区别在于：银行在动态动产质押中除了对借款企业的货物核定质押率，并给予一定比例的授信金额外，还会根据存货的价值核定一个最低价值控制线。当货物价值在控制线之上时，借款企业可自行向第三方物流企业提出提货或者换货的申请：当货物价值在控制线之下时，借款企业必须向商业银行提出申请，第三方物流企业根据银行的指令进行提货或换货操作；而在静态动产质押业务中，借款企业不得随意提取或更换其已质押给商业银行的货物，除非补入保证金、归还银行授信或者增加其他担保。动产质押也可以仓单质押模式进行操作，仓单可以作为权利凭证进行质押。仓单质押的，应当在合同约定的期限内将权利凭证出质给质权人，质押合同自权利凭证交付之日起生效。仓单质押一般可以分标准仓单质押和非标准仓单质押两种模式。

（二）案例分析

动产质押供应链金融服务在国内已有很多实践案例。限于篇幅问题，本节在概述以下案例的基础上，对案例进行简要分析。

案例：深圳市某实业发展有限公司（以下简称“深实业”）是一家从事国内商业批发、零售业务的贸易公司，成立于1998年，注册资本1000万元，是内蒙古伊利实业集团股份有限公司（上市公司，以下简称“伊利股份”）

在深圳地区的总代理。深实业作为一家成立时间较晚、资产规模和资本金规模都不算大的民营企业，其自有资金根本不可能满足与伊利股份的合作需要。同时该企业又没有其他可用作贷款抵押的资产，如果再进行外部融资，也非常困难。因此，资金问题成为公司发展的瓶颈。此时，深实业向当地保理公司提出以牛奶作为质押物申请融资的业务需求。在了解深实业的实际需求和经营情况，并结合其上游供货商伊利股份，保理公司经过研究分析，大胆设想与提供牛奶运输服务的物流企业合作，推出了以牛奶作为质押物的仓单质押业务。物流企业对质押物提供监管服务，并根据指令对质押物进行提取、变卖等操作。保理公司给予深实业综合授信额度3000万元人民币，以购买的牛奶做质押，并由生产商伊利股份承担回购责任。该业务自开展以来，深实业的销售额比原来增加了近2倍。该案例充分说明了供应链金融服务能够很好地扶持中小企业，解决企业流动资金不足的问题，同时也有效控制了保理公司的风险。

案例分析：该案例成功的关键首先在于保理公司的业务创新，同意用牛奶作为质押物对企业进行授信。由于牛奶属于容易变质的食品，因此操作过程中物流企业的积极配合也是密不可分的，在保理公司、物流企业、贷款客户的共同努力下，才有可能实现供应链融资的顺利开展。

（三）风险分析

1. 抵质押资产风险

抵质押资产作为供应链金融业务中对应贷款的第一还款源，其资产状况直接影响到银行信贷回收的成本和企业的偿还意愿。一方面，抵质押资产是受信人出现违约时银行弥补损失的重要保证；另一方面，抵质押资产的价值也影响着受信人的还款意愿。当抵质押资产的价值低于其信贷敞口时，受信人的违约动机将增大。

供应链金融模式下的抵质押资产主要分为两类：应收账款类和存货融资类。应收账款类的风险主要在于应收账款交易对手信用状况、应收账款的账龄、应收账款退款的可能性等。存货类融资的主要风险在于质物是否缺失、质物价格是否波动较大、质物质量是否容易变异以及质物是否易于变现等。

2. 物流监管方风险

在供应链金融模式下，为发挥监管方在物流方面的规模优势和专业优势，降低质押贷款成本，银行将质物监管外包给物流企业，由其代为实施对货权的监督。但此项业务外包后，银行可能会减少对质押物所有权信息、质量信息、交易信息的动态了解，并由此引发物流监管方的风险。

由于信息不对称，物流监管方会出于自身利益追逐而做出损害银行利益的行为，或者由于自身经营不当、不尽责等致使银行质物损失。如个别企业串通物流仓储公司有关人员，出具无实物的仓单或入库凭证向银行骗贷，或者伪造出入库登记单，在未经银行同意情况下，擅自提取处置质物，或者无法严格按照操作规则要求尽职履行监管职责导致货物质量不符或货值缺失。

二、供应链库存管理概述

供应链库存管理，是指将库存管理置于供应链之中，以降低库存成本和提高企业市场反应能力为目的，从点到链、从链到面的库存管理方法。

（一）特点

供应链库存管理的特点。供应链库存管理的目标服从于整条供应链的目标，通过对整条供应链上的库存进行计划、组织、控制和协调，将各阶段库存控制在最小限度，从而削减库存管理成本，减少资源闲置与浪费，使供应链上的整体库存成本降至最低。与传统库存管理相比，供应链库存管理不再是维持生产和销售的措施，而是一种供应链的平衡机制。通过供应链管理，消除企业管理中的薄弱环节，实现供应链的总体平衡。供应链管理理论是对现代管理思想的发展，其特点主要表现为：

1. 管理集成化

供应链管理将供应链上的所有节点看成一个有机的整体，以供应链流程为基础，物流、信息流、价值流、资金流、工作流贯穿于供应链的全过程。因此，供应链管理是一种集成化管理。

2. 资源范围扩大

传统库存管理模式下，管理者只需考虑企业内部资源的有效利用。供应链管理模式导入后，企业资源管理的范围扩大，因而要求管理者将整条供应链上各节点企业的资源全部纳入考虑范围，使供应链上的资源得到最佳利用。

3. 企业间关系伙伴化

供应链管理以最终客户为中心，将客户服务、客户满意与客户成功作为管理的出发点，并贯穿于供应链管理的全过程。由于企业主动关注整条供应链的管理，供应链上各成员企业间的伙伴关系得到加强，企业间由原先的竞争关系转变为“双赢”关系。供应链的形成使供应链上各企业间建立起战略合作关系，通过对市场的快速反应，共同致力于供应链总体库存的降低。因此，库存管理不再是保证企业正常生产经营的措施，而是使供应链管理平衡的机制。

（二）模型

1. VMI（供应商管理库存）

零售商有自己的库存，批发商有自己的库存，供应商也有自己的库存，供应链各个环节都有自己的库存控制策略。由于各自的库存控制策略不同且相互封闭，因此不可避免地产生需求的扭曲现象，从而导致需求变异放大，无法使供应商准确了解下游客户的需求。供应商管理库存（Vendor Managed Inventory，VMI）的库存管理策略打破了传统的各自为政的库存管理模式，体现了供应链的集成化管理思想，适应市场变化的要求，是一种新的有代表性的库存管理思想。

VMI 策略的关键措施主要体现在如下几个原则中：

（1）合作精神。在实施该策略的过程中，相互信任与信息透明是很重要的。供应商和客户（零售商）都要有较好的合作精神，才能够相互保持较好的合作。

（2）双方成本最小。VMI 不是关于成本如何分配或谁来支付的问题，而是通过该策略的实施减少整个供应链上的库存成本，使双方都能获益。

（3）目标一致性原则。双方都明白各自的责任，观念上达成一致的目标。如库存放在哪里，什么时候支付，是否要付管理费，要花费多少等问题，都可通过双方协商达成一致。

（4）连续改进原则。供需双方共同努力，逐渐消除浪费。

2. JMI（联合库存管理）

联合库存管理的思想可以从分销中心的联合库存功能谈起。地区分销中心体现了一种简单的联合库存管理的思想。建立分销中心后，各个销售商只需要少量的库存，大量的库存由地区分销中心储备，也就是各个销售商把其库存的一部分交给地区分销中心负责，从而减轻了各个销售商的库存压力。分销中心起到了联合库存管理的功能。

从分销中心的功能得到启发，对现有的供应链库存管理模式进行新的拓展和重构，提出联合库存管理新模式——基于协调中心的联合库存管理系统。

联合库存管理体现了战略供应商联盟的新型企业合作关系。联合库存管理，可以解决供应链系统中由于各节点企业的相互独立库存运作模式导致的需求放大问题，是提高供应链的同步化程度的一种有效方法。联合库存管理和供应商管理客户库存不同，它强调双方同时参与，共同制定库存计划。供应链过程中的每个库存管理者（供应商、制造商、分销商）都从相互之间的协调性考虑，使供应链相邻的两个节点之间的库存管理者对需求的预期保持一致，从而消除了需求变异放大现象。任何相邻节点需求的确定都是供需双方协调的结果，库存管理不再是各自为政的独立运作过程，而是变成供需连接的纽带和协调中心。

VMI 是一种供应链集成化运作的决策代理模式。它把客户的库存决策权代理给供应商，由供应商代理分销商或批发商行使库存决策的权力。JMI 是一种风险分担的库存管理模式。风险分担表明，如果把各地的需求集合起来处理，可以降低需求的变动性，因而当把不同地点的需求汇集起来，一个顾客的高需求很可能被另一个顾客的低需求所抵消。需求变动性的降低能够降低安全库存。

3. CPFR（共同预测、计划与补给）

通过对 VMI 和 JMI 两种模式的分析可以得出：VMI 就是以系统的、集成的管理思想进行库存管理，使供应链系统能够获得同步化的优化运行。通过几年的实施，VMI 和 JMI 被证明是比较先进的库存管理办法，但 VMI 和 JMI

也有以下缺点：①VMI 是单行的过程，决策过程中缺乏协商，难免造成失误；②决策数据不准确，决策失误较多；③财务计划在销售和生产预测之前完成，风险较大；④供应链没有实现真正的集成，使得库存水平较高，订单落实速度慢；⑤促销和库存补给项目没有协调起来；⑥当发现供应出现问题（如产品短缺）时，留给供应商进行解决的时间非常有限；VMI 过度地以客户为中心，使得供应链的建立和维护费用都很高。

随着现代科学技术和管理技术的不断提升，VMI 和 JMI 中出现的种种弊端也得到改进，并在此基础上提出了新的供应链库存管理技术——CPFR（共同预测、计划与补给）。CPFR 有效地克服了 VMI 和 JMI 的不足，成为现代库存管理新技术。

协同规划、预测和补给（Collaborative Planning Forecasting & Replenishment，CPFR）是一种协同式的供应链库存管理技术，它能同时降低销售商的存货量，增加供应商的销售量。

CPFR 最大的优势是能及时准确地预测由各项促销措施或异常变化带来的销售高峰和波动，从而使销售商和供应商都能做好充分的准备，赢得主动。同时 CPFR 采取了一种“双赢”的原则，即始终从全局的观点出发，制定统一的管理目标以及方案实施办法，以库存管理为核心，兼顾供应链上的其他方面的管理。因此，CPFR 能实现伙伴间更广泛深入的合作，它主要体现了以下思想。

（1）合作伙伴构成的框架及其运行规则，主要基于消费者的需求和整个价值链的增值。

（2）供应链上企业的生产计划基于同一销售预测报告。销售商和制造商对市场有不同的认识，在不泄露各自商业机密的前提下，销售商和制造商可交换他们的信息和数据，以改善他们的市场预测能力，使最终的预测报告更为准确、可信。供应链上的各公司则根据这个预测报告来制定各自的生产计划，从而使供应链的管理得到集成。

（3）消除供应过程的约束限制。这个限制主要就是企业的生产柔性不够。一般来说，销售商的订单所规定的交货日期比制造商生产这些产品的时间要短。在这种情况下，制造商不得不保持一定的产品库存，但是如果能延长订单周期，使之与制造商的生产周期相一致，那么生产商就可真正做到按订单生产及零库存管理。这样制造商就可减少甚至去掉库存，大大提高企业的经济效益。

随着经济的发展、社会的进步，供应链也得到更进一步的发展，原有的库存管理模式也逐渐显示出其缺点和不足。在充分认识原有库存管理技术弊端的同时，有针对性地提出相关的改进措施，可以不断完善和改进供应链中的库存管理技术。

CPFR 模式弥补了 VMI 和 JMI 的不足，成为新的库存管理技术。当然 CPFR 模式也不是任何场所都可以使用的，它的建立和运行离不开现代信息技术的支持。CPFR 信息应用系统的形式有多种，但应遵循以下设计原则：现行的信息标准尽量不变，信息系统尽量做到安全，易管理和维护，具有可缩放性、开放性、容错性、鲁棒性等特点。

（三）运行机制

供应链库存管理强调各节点企业的长期合作，需要一种明确的制度安排来强化各节点企业合作的持久性，以抑制各节点企业的机会主义行为。诺思曾经证明：当交易成本为正时，制度是重要的。建立合理的供应链库存管理机制，是保持供应链库存管理系统稳定健康运行的重要方法。供应链库存管理机制的建立应主要从以下三个方面着手：

1. 建立供需计划协调管理机制

包括建立共同合作目标、库存优化计划和协调控制方法、信息沟通渠道，建立利益分配和激励约束机制、风险分担机制，以保证信息在供应链上传递的准确性和及时性。

2. 建立供应链库存运行机制

主要包括制定合同规则，协作交易规则，库存信息共享规则，订单处理规则以及应收、应付账款财务结算规则等与供应链中库存物流运作相关的各种规则章程，以保证供应链上各节点企业相互合作的良性循环和生产经营的顺利进行。

3. 建立供应链库存管理绩效评价体系

如运用财务指标、内部流程评价指标，考核企业间的合作程度与经营状况。通过对考核结果的分析比较，发现库存管理中存在的问题，以便及时采取改进措施。

三、多目标优化在供应链库存管理中的应用

库存管理（Inventory Management）是供应链管理的重要组成部分。不断优化库存管理，已成为供应链及供应链上各个节点企业追求的重要目标。目前在学术界，有关供应链环境下的库存优化问题也取得了丰硕的研究成果。

本书通过分析产品市场价格和目标权重的模糊性，采用模糊数来描述，考虑到顾客需求量和订货提前期是不确定的，分别服从正态分布，在此基础上，建立了一个涉及三级供应链库存的模糊多目标决策模型，并对其进行求解，旨在给企业和决策者提供一个较满意的决策方案，使供应链和节点企业获得双赢。

（一）多目标优化模型

现实中，供应链是由大量相互协作的企业组成的，涉及各个成员企业的供、产、销的全过程。本书要考虑的是一个单一产品的三级系列供应链模式，且由三个企业即供应商、生产商和销售商组成，可以很容易延伸得到更多级的系列供应链模式或网状供应链模式。

1. 模型假设

（1）每个企业有自己的安全库存量。

（2）允许缺货，但与平均库存相比，平均缺货很少，且无同时缺货现象。

（3）连续盘点型（Q，r）库存控制策略用于检查每个企业的库存状况。

（4）企业的提前期需求是一独立的随机变量，且服从正态分布 $N(\mu_{Di}, \delta_{Di}^2)$，$i=1, 2, 3$；其中 Di 表示第 i 个节点企业。

（5）订货提前期 L 是一个不确定量，且服从标准正态分布 $N(\mu_{Li}, \delta_{Li}^2)$，$i=1, 2, 3$。

2. 模型中的目标函数

库存管理基于两点考虑：一是订货成本、库存持有成本和订购成本，另一个是顾客服务水平和安全库存水平。库存管理的总目标是在达到满意的顾客服务水平的前提条件下，尽可能降低供应链上的库存成本，提高供应链物流的效率，以强化企业的竞争力。因此，本书主要从最小化库存成本、最大化安全库存水平和顾客服务水平三个目标作为目标函数进行优化计算。

（1）供应链库存成本。供应链库存成本主要包括库存持有成本 HC、订购成本 OC 和订货成本 PC，即供应链库存成本的算式为：

$$\sum_{i=0}^{3}(PC_i + OC_i + HC_i)$$

由于订货提前期和产品市场需求均是随机的且分别服从正态分布：$N(\mu_D,\ \delta_D^2)$ 和 $N(\mu_L,\ \delta_L^2)$ ，从而得到第 i 级企业的平均在库库存为：$\frac{Q_i}{2} + k_i\sqrt{\delta_{Li}^2\mu_{Li} + \delta_{Di}^2\mu_{Di}}$ ，其中 k_i 为安全库存系数。

最小化供应链库存成本函数的计算方法为：

$$f_1 = \sum_{i=1}^{3}\left(\overline{p_i} \times Q_i + T_i \times \frac{D}{Q_i} + U_i \times \left(\frac{Q_i}{2} + k_i\sqrt{\delta_{Li}^2\mu_{Li} + \delta_{Di}^2\mu_{Di}}\right)\right) \qquad (7)$$

其中，T_i 是每次补货时发生的订货成本，D 是年预测顾客需求量，U_i 是单位在库库存持有成本，p_i 是产品价格。

（2）安全库存水平。安全库存是库存的一部分，主要为应对需要或订货点发生短期的随机变动而设置的。通过建立适当的安全库存，减少缺货的可能性，在一定程度上降低库存短缺成本。但安全库存的加大又会增加库存持有成本，因此，安全库存很难准确预测。供应链安全库存水平为：$\sum_{i=1}^{3}\left(1 - \frac{S_i}{k_i\sqrt{\delta_{Li}^2\mu_{Li} + \delta_{Di}^2\mu_{Di}}}\right) \times 100$，其中 S_i 为短缺库存水平。

使安全库存水平最大化，即最小化函数：

$$f_2 = \sum_{i=1}^{3}\frac{S_i}{k_i\sqrt{\delta_{Li}^2\mu_{Li} + \delta_{Di}^2\mu_{Di}}} \times 100 \qquad (8)$$

（3）顾客服务水平。顾客服务水平是指对顾客需求情况的满足程度。顾客服务水平越高，说明缺货发生的情况越少，从而缺货成本就较小，但因此增加了安全库存量，导致库存的持有成本上升；而顾客服务水平较低，说明缺货发生的情况较多，缺货成本较高，安全库存量水平较低。供应链顾客服务水平公式为：

$$f_3 = \sum_{i=1}^{3} \int_{k_i}^{\infty} e^{-\frac{x^2}{2}} dx \times 100 \tag{9}$$

本书的写作目的是要同时集成上述几个目标，保证供应链上所有参与企业的库存控制成本最低；提高整个供应链上的顾客服务水平和安全库存水平。设$f_j^{\max}$和$f_j^{\min}$分别为目标f_j的最大值和最小值（$j=1, 2, 3$），对上述三个目标进行处理得到目标函数为：

$$v_j(Q_i, k_i) = \frac{f_j - f_j^{\max}}{f_j^{\min} - f_j^{\max}} \tag{10}$$

由决策者给出各个目标的权重因子$\tilde{w}_j$，可将$x_i = (Q_i, k_i)$的多目标函数转化为单目标函数：

$$f(x_i) = \sum_{j=1}^{3} \tilde{w}_j v_j(x_i) \tag{11}$$

则只求式（11）所示单目标函数的最优解Q_i'和k_i'，即为供应链库存多目标优化问题（1）~（3）的最佳调和解。

（二）不确定性环境

在大量的多目标决策问题中，要求决策的目标之间往往是相互冲突的。因此，综合考虑多目标决策的所有目标后，得到一些非劣解，而把具体的最佳调和解的选取工作留给决策者，这对决策者来说是非常困难的事，是具有很强专业性的工作。如果根据决策者的不同偏好，确定决策中各目标权重的大小，直接求出一个满足决策者需要的调和解，对于决策者来说，不但容易解决且更具实效。决策者的目标偏好是模糊的，采用模糊语言对上述三个目标进行评价，有关模糊语言与模糊数的对应关系如表1所示。在此采用三角模糊数$M_i = (l_i, m_i, u_i)$，$l_i \leqslant m_i \leqslant u_i \in R$，$i=1, 2, 3$，且模糊数$M_i$在$x$处的隶属度函数为：

$$\mu_{M_i}(x)=\begin{cases}\dfrac{x-l_i}{m_i-l_i} & x\in[l_i,\ m_i)\\ \dfrac{u_i-x}{u_i-m_i} & x\in(m_i,\ u_i]\\ 0 & x\in(-\infty,\ l_i)\cup(u_i,\ \infty)\end{cases} \tag{12}$$

设每个公司有 k_i，$i=1,2,3$ 个决策者或专家做决策，则整个供应链共有 $p=\sum_{i=1}^{3}k_i$ 个决策者，每个决策者或专家可以根据自己公司的实际状况和对各个目标的偏好给出模糊评价值 $M_{ij}(l_{ij},\ m_{ij},\ u_{ij})$，$i=1,2,3$，$j=1,2,\cdots,p$。从而能构成评价矩阵 M：

$$M=\begin{bmatrix}f_1 & M_{11} & M_{12} & \cdots & M_{1p}\\ f_2 & M_{21} & M_{22} & \cdots & M_{2p}\\ f_3 & M_{31} & M_{32} & \cdots & M_{3p}\end{bmatrix} \tag{13}$$

对评价矩阵按行进行平均，可得所有专家对各个目标的模糊平均权值 $M_{ii}(l_i,\ m_i,\ u_i)$。

计算权重因子 $\widetilde{W_j}$，一般地，在选择中决策者有三种类型：公平偏好、冒险型偏好和保守型偏好。下文给出当决策者的偏好特征为冒险型偏好时，设置模糊最大最小集的隶属度函数 $f_M(x)$ 和 $f_L(x)$ 分别为：

$$f_M(x)=\begin{cases}\left(\dfrac{x-x_{\min}}{x_{\max}-x_{\min}}\right)^2, & x_{\min}\leqslant x\leqslant x_{\max}\\ 0 & otherwise\end{cases} \tag{14}$$

$$f_L(x)=\begin{cases}\left(\dfrac{x-x_{\max}}{x_{\min}-x_{\max}}\right)^2, & x_{\min}\leqslant x\leqslant x_{\max}\\ 0 & otherwise\end{cases} \tag{15}$$

其中，$x_{\min}=\inf S$，$x_{\max}=\sup S$，$S=Y_{i=1}^{3}S_i$，$S_i=\{x\mid f_{M_i}(x)>0\}$。进而得到右效用函数和左效用函数分别为：$U_M(i)=\sup(f_{M_i}(x)\ \wedge\ f_M(x))$，

$U_L(i) = \sup(f_{L_i}(x) \wedge f_L(x))$，$i = 1, 2, 3$。

则整体效用函数为：$U_T(i) = (U_M(i) + 1 - U_L(i))/2$。

最后对 $U_T(i)$ 进行规格化处理即可得到各个目标在整个优化问题中的权重值 $\widetilde{W_j}$，其中 $j = 1, 2, 3$。

在现实中，买卖双方在出售/购买一种特定的产品时，对产品市场价格的偏好有所不同。产品价格具有明显的可谈判性和不确定性。因此，在此模型中假设产品市场价格 p_i 是一模糊量。设模糊集 sp 和 bp，分别来衡量销售者和购买者对价格的偏好。由经验得知，用线性隶属函数可以提供与用更复杂非线性隶属函数相同的结果，所以在此采用有常数倍的递增/递减的隶属满意度及线性隶属函数来描述买卖双方对产品价格的偏好程度，具体公式如下：

$$\mu_{sp}(x) = \begin{cases} 0 & x < a \\ \dfrac{x - a}{b - a} & a \leqslant x \leqslant b \\ 1 & x > b \end{cases} \tag{16}$$

$$\mu_{bp}(x) = \begin{cases} 1 & x < c \\ \dfrac{d - x}{d - c} & c \leqslant x \leqslant d \\ 0 & x > d \end{cases} \tag{17}$$

其中，(a, b) 和 (c, d) 分别是销售方和购买方对价格期望的上下限值。在多目标优化过程中，为了充分体现决策者的主观性和最终结果的合理性，由买卖双方给出彼此的接受价格范围 (a, b) 和 (c, d) 的值，供应链调和商议得出产品的最终交易价格 $\tilde{p}_i$，$i=1, 2, 3$。

（三）结论

本书基于库存成本、安全库存水平和顾客服务水平三个目标，建立了供应链库存的不确定多目标决策优化模型。考虑到顾客需求和订货提前期的不确定性，变量分别服从正态分布。同时充分考虑了目标权重因子和产品价格的不确定性为供应链上及其各个企业的决策者提供了从整体利益和各自利益都需进行权衡的条件进行决策分析，在保证满意的顾客服务水平的情况下建立合适的安全库存，尽可能地降低库存成本。这样建立的模型可以使供应链上每个企业得到较满意的订货数量和安全库存，使得整条供应链和单个企业均实现了优化，因此具有很强的实用性和现实意义。

四、供应链下的服装企业库存管理优化

（一）供应链环境下石狮服装企业库存管理概述

1. 石狮服装企业库存管理的现状

石狮是我国主要的服装生产基地和集散中心之一。据石狮市统计局统计，2017 年石狮服装制造厂商有 3573 家，纺织服装产业的产值 566 亿元，同比增长 9.5%，形成了较完善的产业链条，是石狮的支柱产业。在石狮，无论是大型还是中小型服装企业，每到年末都会开展清仓大促销活动，活动周期长达一到两个月。更有甚者，一年四季都在做清仓促销活动。清仓的卖场就像一个大仓库，堆积着各式各样的积压库存。从这一现象可以看出，库存管理已经成为困扰石狮服装企业的一个难题，研究石狮服装企业的库存管理优化具有非常重要的意义。

2. 供应链环境下库存管理的特征

传统环境下，企业只关注单个企业自身的库存，而供应链环境下，企业需要关注链上各节点企业共同的库存。两种环境下的库存管理存在诸多的不同，表现在：①供应链注重整体的概念，供应链上各节点企业之间形成一个整体，通过对供应链上物流活动的统一管理，使各节点企业间形成联动机制，降低整体的库存水平；②供应链环境下的库存管理注重各节点企业间信息的共享，使各节点企业能获得较准确的需求信息，减缓“需求变异放大”效应，减少不必要的缓冲库存，并且对客户的需求做出快速响应，提高对客户的服务水平；③供应链环境下的库存管理要求供应链中各节点企业形成合作伙伴的关系，企业间进行业务流程的重组，形成以业务流程为核心，面向用户的高效供应链运作系统，使供应链整体的库存下降，减少库存维持成本。

（二）石狮服装企业库存管理存在的问题

1. 缺乏供应链的整体观念

供应链中，通过控制物流、信息流和资金流，使行业中的供应商、生产商、分销商乃至最终的用户形成一个功能链。当供应链运作良好时，链上的各节点企业会形成整体联动的效应。石狮服装企业大部分都是中小型企业，更多是从单一企业的角度去看待库存，从自身库存的存储成本和订货成本出发设置相应的订货点和订货量。企业的管理者未能从自身企业抽身出来，从更高的视野放眼服装产业的整条供应链。缺乏整体供应链库存优化的思想，导致供应链上的每个节点企业（布料供应商、服装生产商、服装销售商）维持过高的库存以保证能满足客户的需求，从而形成大量的库存积压。大量的库存积压对于服装企业乃至整条供应链上的节点企业都是一个沉重的枷锁，使之无法对客户的个性化需求做出快速反应，降低服务水平。如果不改变传统的库存管理观念，过高的库存将严重影响石狮服装企业的发展，继而使其丧失在国内的领先地位。

2. 库存管理信息化程度不高

在供应链环境下，信息共享是提高供应链效率非常重要的因素。大型企业都纷纷斥巨资购买先进的信息系统，石狮的服装企业也意识到提高信息化对企业发展的重要性。但是，市面上现有的信息系统软件的销售价格比较昂贵，还需要后期的维护费用。从企业现实出发，石狮服装企业往往不会购买完整的软件系统，而是让软件开发商将软件系统进行模块拆分，进而选择购买几个对企业最实用的模块，如库存管理模块、采购管理模块等，对服装企业各部门内部实现信息化提供了很大的帮助，但是并不能实现供应链整体信息的共享，使得企业在库存管理中依然存在很多盲点。同时，迫于资金的限制，石狮服装企业的库存硬件基础未能得到很好的完善，大部分库存活动都是靠人力来完成的，在一定程度上影响了企业的库存管理效率。

3. 缺乏合作与协调性

供应链是一个整体，需要协调好供应链上的各节点企业的活动，才能达到最佳的运作效果。协调好各节点企业是为了让供应链的信息流能够在供应链中实现无缝传递，使整个供应链在客户需求信息的引导下做出步调一致的反应，建立供需之间更加合理的关系，以适应激烈的市场竞争环境。然而，石狮服装供应链中的大部分供应商、生产商和分销商等各节点企业，并未形成良好的合作和信息共享的意识，有些节点企业为了保护自己的利益，不肯透露过多的信息给上下游的企业，企业之间的信息不对称甚至信息扭曲。这种情况下，上游企业只能通过保持较高的安全库存，才能满足下游企业的需求，为此企业必须付出较高的库存成本。于是，越往供应链上游、越远离用户的节点企业保持的库存水平越高，这就形成了“需求变异放大”效应，也就是所谓的“牛鞭效应”。

（三）推进供应链环境下石狮服装企业库存管理优化的主要措施

1. 形成供应链的整体观念

在市场竞争激烈，客户对产品需求多变的情况下，传统的只关注单一企业自身的库存管理的观念已经不再适用。供应链观念为石狮服装企业的库存管理提供了新思路：行业供应链上的各个节点企业间加强合作，密切配合，及时进行信息沟通，当客户提出个性化需求时整条供应链形成联动反应，以整条供应链最低的库存来应对客户不确定的需求，实现整条供应链节点企业的共赢。这就要求服装企业突破传统观念的束缚，打破多年形成的各自为政的库存管理模式，积极主动与上游供应商及下游的分销商建立密切的合作关系。供应链的整体观念是石狮服装企业走出僵化孤立的供应模式，顺应新时代服装消费潮流的一把利器。

2. 成立专门的信息集成部门，提高信息化水平

市场信息、企业内部的相关信息对石狮服装企业都非常重要。大多数石狮的服装企业由于受到资金的限制，不能像大型企业那样直接购进先进的信息系统软件，只能让软件的开发商将系统进行拆分，购买其中最实用的几个模块。基于这一现状，石狮服装企业可以从企业内部建设入手，弥补软硬件的不足，即石狮服装企业可以成立专门的信息集成部门（信息集成部门由实现信息化的软硬件及在部门中调研和汇总处理信息的工作人员组成）。石狮服装企业招聘专业的人才，一方面，可以对已有的信息系统进行运用和维护，

另一方面，搜集和分析市场上服装相关的最新动态信息，并将有用的信息进行汇总和反馈。这样，在一定程度上可以化被动为主动，在维持较低库存的基础上对用户的需求进行快速的反应。

3. 提高供应链的协调性

提高供应链节点企业对需求信息的共享性。石狮服装企业供应链中之所以会出现“需求变异放大”效应，主要是因为多级供应链信息的传递。供应链上每个节点企业预测的需求量都将成为其上游企业预测放大的因子，并且具有累积性。消除需求信息扭曲的方法，主要是供应链中每个节点企业在做需求预测时需要消除来自下游企业的影响，也就是每个节点企业做预测所依据的决策信息是最终消费者对市场的实际需求。因此，需要供应链中所有的节点企业共享最终消费者的实际需求信息。

建立合作伙伴关系前面提到要提高供应链中各节点企业对需求信息的共享性，实现这一目标的前提条件是：构成供应链系统的各节点企业之间应具有合作伙伴的关系，相互之间彼此信任，不用提防信息共享对企业自身会造成伤害，整条供应链形成一个稳定的战略联盟关系。具体做法有：①在石狮服装企业的供应链中引入第三方物流公司。第三方物流公司可以作为供应链上从供应商到用户之间的桥梁，将各种供需信息传递给第三方物流公司，第三方物流公司对供方和需方的库存控制起到关键的作用，加快整条供应链的反应能力，做到节点企业需要货物时能及时送达。②整条供应链中的各节点企业加强沟通和交流。让供应链上游的供应商（如：布料商或代加工厂）参与到下游企业的服饰研发和设计中，一方面，可以充分利用供应商的专业知识和技术，相互之间形成技术、信息、工艺的集成，共同改善产品，满足顾客新的、高的、差异化的需求；另一方面，上游供应商在早期参与过程中了解到第一手的需求信息，对做出准确需求预测起到关键作用，进而规避过高的库存。

（四）结论

本书通过对石狮服装企业库存管理存在的问题进行分析，发现在供应链环境下传统的库存管理思想和方法已经不能适应当今消费者对服装的个性化需求。石狮服装企业应当形成供应链的整体观念、提高信息化水平并且提高供应链各节点企业间的协调性，从这几方面入手对库存管理进行优化。

五、基于供应链管理的库存管理模式分析

随着我国经济水平的不断发展，综合国力也得到相应的提升。企业中的库存管理是企业供应链发展的具体显现，甚至是整个企业中物流发展的重要环节，同时也是企业在同行业竞争中的主要策略。所以企业想要良性发展，还需要保证供应链管理模式的良好运行，以便于控制好企业的库存，以及降低企业库存，这也是在企业整个供应链中的管理方式的广度和深度进行优化库存的管理方式。传统企业在库存管理模式下，一般情况下就是对库存的管理进行优化，并且在一种静态的环境下观察企业在发展中出现的问题。同时企业管理下供应链的管理也仅仅是局部的管理，这样的管理方式还存在很多的弊端。因此现代企业的库存管理，还需要以企业中的供应链整体进行库存的管理，优化库存管理方式，探索库存管理的最新模式，以促进企业经济效益的提高。

（一）供应链管理的库存管理重要性

企业中供应商库存管理指的就是供货方代替用户对库存方式进行良好的管理，并且库存的管理和货物的补充职能都由供应方负责。供应商在库存的管理上，主要是用户和供应商之间的合作。这也是保证供应商和供货商之间以最低的成本运作支付的服务，同时保证可靠的供货方式。供应商的库存管理模式就是一种库存管理科学方案。因此，供应商之间还需要掌握库存上的详细资料以及最终的库存量信息等，这也是对客户的生产和销售计划，还有生产和销售环境进行深入的了解，并且在供应商的信息和自身生产计划之间进行有效的整合和周密的策划。所以完善供应商的管理库存运作和管理，还可以降低企业的库存量，改善库存周转，保证企业库存水平持续优化，并在供应链管理的模式之下，对企业的库存管理模式进行优化，以保证企业的良好发展。这也是在供应链管理的模式下库存管理的重要性。

（二）供应商管理库存的几种管理模式

1. 传统库存管理模式和供应商库存管理模式

在传统的库存管理模式下，供应链上各个节点之间的企业库存管理，是企业中各自为政的基础。供应链上每一个节点，都使企业能够拥有自己的管理模式和自己的库存，并且这些模式都是相对比较封闭的。供应链中的传统库存管理模式，主要就是在交易层次上订单的驱动，并且每个节点都实现了企业库存管理的最优化管理，所以企业在发展中很容易出现“牛鞭效应”，使企业的需求扩大，造成企业最终成本得到增加。供应商管理库存模式是一种供应商和其他节点之间的充分沟通和协调，也是企业库存管理中比较合理的发展策略。

2. 联合库存管理模式和协同式供应链管理模式

联合库存的管理模式，主要就是在供应商管理库存模式的基础之上，进行最新发展的新型库存管理模式，这样的情况也较好地改变了在供应商库存管理的模式下，供应商能够掌握库存管理的最终权利，也共同承担可能出现的风险。联合库存的发展模式和管理情况也表现出战略供应商之间的合作关系，同时也强调了供应链管理模式下，合作企业之间双方互利合作的良好关系。协同式的供应链库存管理模式，主要就是一种协同式供应链管理技术，这也是建立在联合库存管理模式和供应商库存之间的最佳形成方式，这种供应和管理模式能够保证供应商的销售量。由此可见，协同式供应链库存管理模式，能够实现合作企业之间的深入合作，帮助企业制定客户合作所需要的框架，在销售报告中提出生产的计划，保证消除供应链接的约束。

（三）供应链管理库存的具体实施方法

1. 建立信息情报系统和物流网络管理系统

供应商要想良好有效地实行销售库存的管理模式，还需要在必要的时候获取与顾客的相关关系，了解客户的有关信息。通过对顾客信息的有效了解，建立起相关的信息库。在这样的环境下，供应商能够有效地掌握企业的变化，以及对于库存管理模式的变化要求，并且对产品进行分销管理。同时，对于这种分销商的模式还需要给予预测和分析功能的集成，这也是最终的供应商系统。供应商想要建立起良好的库存管理模式，还需要建立其比较完善的物流网络管理模式，在保证自身产品需求的信息以及物流通畅的同时，很多企业目前都在使用两种管理模式，这也是企业物流系统软件集成的物流管理功能，同时通过对于这一功能的拓展，也能够建立起非常完善的物流网络管理系统。

2. 建立合作框架协议，组织机构改革

想要建立起良好的供应商和用户之间的合作框架协议，还需要供应商和用户之间进行良好、有效的协商，保证订单在业务的处理过程中符合业务流程，并且还能够通过库存的控制保证有关参数进行合理的发展，这也是保证最低库存水平的合理发展状况。供应商想要实现良好库存管理模式，还应该改变供应商的组织模式，并且在企业引入供应商库存管理策略之后，在企业订货部门产生一个新的职能，这也是负责控制用户库存的良好策略，可以实现库存管理的高服务水准。所以想要控制好这一业务的功能，以及流程的具体变化，组织者在结构上也应做出相应的改变。

（四）更新管理模式，实现零库存

1. 零库存管理的方式

在企业的发展过程中，要想保证企业具有良好的库存发展模式，还需要在企业库存体系建立的基础上，保证其生产和经营方式能够正常有秩序地进行。这两点在供应链方式下也具有非常显著的作用。但是这其中也具有一定的缺陷，如果忽视就会导致企业发展的滞后。零库存管理模式的管理观念被提出之后，企业在发展的过程中还具有一定的先进性，这也是在企业库存管理模式中非常具有特殊性的库存管理模式的具体概念，这其中主要的含义就是保证企业中的某种货物，还有某些产品，不会以货物库存的形式具体存在，这也是企业库存数量为零的依据。零库存在整个企业中来说，就是在具有充分准备的前提下，实现社会储备的保证，并且使企业的库存在有准备和有前提的情况下能够找到良好的发展空间，这也是一种比较特殊的库存管理模式。

2. 采购环节实现零库存管理优点

企业实现零库存之后，还需要把企业库存中的原材料减少，甚至降到最低，直至到零，这样的方式和存储行为也能够保证企业在发展的过程中减少原材料的存储，减少资金的占用，同时也能够优化企业发展中应付的资金；这样的库存方式也能够降低企业库存管理中所需的成本。在企业的采购环节中，实现零库存之后，具有以下几个难点：第一点，企业为了实现采购环节中的零库存，还需要在发展的过程中与少数的供应商结成一个比较固定的关系，甚至在发展之后，形成一个单一的供应关系。这样的情况相对于原有的多元化采购之后，还会有供应上的评价和考核困难，甚至会出现意外断档的风险。第二点，企业进行小批量的供应和运输之后，配送的频率非常高，这也会造成非常高的物流成本。第三点，在企业发展中要想实现采购环节的零库存模式，还需要和供应商建立良好的信息交流关系。与此同时，也需要非常大的信息化投入。第四点，因为企业的计划和市场的变化，以及企业产品进行更新之后，会出现供应商产品的堆积现象，最终影响企业之间长久的合作关系。

3. 零库存管理的运作模式

企业中的零库存管理模式分为几种类型：第一种是委托保管的方式。这样的方式也能够保证企业实现零库存，并且受托方也能够利用自身的专业优势，实现高水平低效率的库存管理方式。第二种是协作分包的方式。这种方式主要是制造企业中一种产业的结构模式，根据当时的需要进行产品生产工作分包，将传统的产业结构进行调整，在原本的生产效率上进行加速操作，以此实现准时供应的需求。保证企业在供应过程中实现零库存，同时主要的企业中也包括几种销售的库存，使若干的分包劳务和销售企业的销售库存最终为零。第三种是准时制方式。准时制方式主要是依靠有效的衔接和计划最终达到和供应商之间的协调，最终实现零库存。这也是几种方式中，最简单有效的方式和手段。就是在企业生产者和供应者之间，采用固定的模式作为凭证，由下一个环节向上一个环节按照日程表进行发展，并且准时给下一环节送货，保证各个环节之间能够做到准时同步，最终实现零库存。

（五）结语

综上所述，在企业管理过程中，库存是整个供应链甚至是企业物流领域中非常重要的环节，也是企业在竞争的环境和竞争模式下的重要组成部分。不同的企业，应该选择不同种类的库存管理的策略和具体方式。企业想要成功地实行供应链管理下的库存管理模式，还应该在企业的发展过程中选择出正确库存管理模式，并且从企业的整个供应链管理出发，优化库存的管理，探索企业库存管理的重要方式和具体模式，以便于优化企业库存的管理模式，提高企业发展过程中的经济效益。

在供应链管理的背景下，库存管理模式主要分为几种类型：第一种是供应商的库存管理模式，第二种是零库存的管理模式，第三种是联合库存管理模式。这几种库存管理模式都是在企业的供应链模式之下进行的，具有多样化和合理化的良好效果，能够保证企业的合理发展，顺应现代化企业的发展模式，从而为我国经济的发展和综合国力的提高做出良好的贡献。

六、S 公司供应链库存管理现状及问题分析

S 公司是一家跨国企业集团下属的全资子公司，集团总部设立于瑞典哥特堡，是轴承科技与制造的领导者，执世界滚动轴承业之牛耳。S 公司集团于 2011 年在中国山东济南新建的绿色工厂，注册资本金 3000 万美元，计划逐步聘用员工约 600 人。工厂将参照能源和环保设计认证（LEED）标准建立，主要生产应用于汽车和卡车的圆锥滚子轴承和卡车轮毂单元，同时为工业市场和汽车后市场提供服务。此项投资将促进集团在中国及亚洲的业务快速增长。S 公司产品主要为外径尺寸为 70mm 到 220mm 的汽车和卡车用圆锥滚子轴承和卡车轮毂轴承单元，目前有四条生产通道，已与济南当地知名卡车生产商 C 公司签订了九年的长期战略合作协议。S 公司在济南建厂，一方面是为了谋求在中国及亚太地区业务的持续增长，迎合中国卡车市场转型升级的需求，另一方面更是降低成本的一大举措。在客户当地建厂，减少了进出口运输的成本，客户服务也更加紧密有效。

S 公司于 2011 年试营业，秉承集团的各项制度措施，沿用集团内部的工

作流程，在此期间只有两条通道安装完成，并进行了相应的零部件上线实验和成品测试。S 公司于 2012 年 5 月正式开业。

自开业以来，S 公司收到的销售十分可观，服务主要的市场不仅限于济南当地的卡车制造商，同时还就近服务于亚太地区和小部分全球市场。但是由于开业初期成品上线试验时间较长，很多产品未按照计划时间进入批量生产，因而一定程度上影响了订单兑现率和发货及时率。

（一）S 公司供应链管理系统现状

1. S 公司供应链概述

S 公司集团有统一的供应链理念和系统，称作 Supply Chain Concept（供应链概念）。在 S 公司，这条供应链称作“需求链”，属于拉动需求、需求驱动式（或称拉动式）供应链。

拉动式供应链就是整个供应链的驱动力产生于最终的顾客，产品生产是受需求驱动的。生产是根据实际顾客需求而不是预测需求进行协调的。在拉动式供应链模式中，需求不确定性很高，周期较短，主要的生产战略是按订单生产、组装和配置。整个供应链要求集成度较高，信息交换迅速，可以根据最终用户的需求实现定制化服务。

在拉动式供应链中，生产和分销是由需求驱动的，这样生产和分销就能与真正的顾客需求而不是预测需求相协调。在一个真正的拉动式供应链中，企业不需要持有太多库存，只需要对订单做出反应。拉动式供应链有以下优点：①通过更好地预测零售商订单的到达情况，可以缩短提前期。②由于提前期缩短，零售商的库存可以相应减少。③由于提前期缩短，系统的变动性减小，尤其是制造商面临的变动性变小。④由于变动性减小，制造商的库存水平将降低；在一个拉动型的供应链中，系统的库存水平有了很大的下降，从而提高了资源利用率。当然拉动供应链也有缺陷。最突出的表现是由于拉动系统不可能提前较长一段时间做计划，因而生产和运输的规模优势也难以体现。

在拉动需求的基本定义下，S 公司还有自己独特的通道概念，可以将这里的生产通道简单理解为生产线，但是 S 公司定义的“通道”实际比生产线、流水线的功能更广泛，它包括了对应此条生产线的零部件仓库和成品仓库，将任一产品的整条供应链看作是一条“通道”。

在这样的概念下，配合S公司自己开发的ERP系统，理论上可以很好地控制库存，完成订单。S公司的ERP系统根据拉动式供应链的概念，分为几个部分，分别为COH、DOH、OMPS和MAPICS。

COH，Customer Order Handling，顾名思义就是客户订单处理系统。用于接收客户订单，是客户订单与S公司的接口，将客户订单整理反馈到DOH系统，该系统主要由销售客服人员操作。

DOH，Dispatch Order Handling，发货订单处理。在这个系统中首先接收客户订单，将订单信息反馈到供应链排产系统OMPS中，同时接收已经完成的生产订单和成品库存信息，操作发货。该系统由供应链物流人员和销售客服人员操作。

OMPS，是供应链计划员操作系统。首先需要由计划员对每条通道和每个成品进行参数设置，比如通道的运行日期、运行时间、生产效率、成品的安全库存、包装信息、成品的BOM（Bill of Material，成品零部件表）、成品归属于哪个通道、通道的相关信息等。这些参数设置是为了排产做准备。从OMPS订单显示页面可以看到每个成品的客户需求，系统也会根据这些需求的数量和日期，按照设置好的参数自动给出建议的生产计划。供应链计划员可以对这些自动生成的生产计划进行调整，使其更符合实际。调整后确认好的生产计划要一条条发布，所谓发布，一方面是传输信息给生产部门，生产部门每条通道严格按照通道生产计划进行，另一方面就是将生产计划发送到MAPICS系统，由MAPICS系统计算MRP。

MAPICS系统，主要由供应链计划员进行操作，质量人员也会参与操作，因为要从中释放检验合格的零部件。运行前也已经由计划员设置好相应的信息和参数，比如BOM、零部件供应商、要货提前期、整包装数量等信息。系统接收到生产计划后，会根据生产计划自动计算MRP，自动生成物料需求计划，当然这些自动生成的计划也可以由计划员手动修改。物料需求计划经确认后成为订单，发送给对应的供应商。同时MAPICS也记录零部件的库存信息，它会根据成品的完成数进行回算反冲，减去已经消耗的零部件数量。

由此可以看出，S 公司的 ERP 系统根据需求驱动的定义，运作非常精准有效。计划员的职责就是日常通道计划、客户订单日常维护、零部件订单跟踪、库存维护和联系物流事宜。S 公司供应链需要与各个部门协调沟通。

（1）与供应链采购部：沟通供应商信息、供应商管理、价格条款、合同信息；

（2）与生产部：沟通通道现状、传达并检验生产计划；

（3）与质量部：协调质量检验、检测需求；

（4）与工艺部：沟通协调设备运输、设备状况；

（5）与销售公司：获取销售预测、客户需求、客户信息；

（6）与财务部：沟通供应商开票、付款事宜。

2. S 公司库存管理现状

S 公司库存管理系统也是 S 公司集团自己开发使用的全球统一系统，称为 WASS，但其只负责管理成品库存，在其中可以看到销售订单和成品发货信息。MAPICS 和 WASS 相结合就是零部件、成品库存管理的两大 ERP 系统。

现行的库存管理方法就是在设定一定安全库存的基础上，依据 MRP 进行物料管理。MRP 是一种计算物料需求量和需求时间的系统，其基本思想是围绕物料组织生产，并实现按需准时生产。它通过计划排程指导来实现生产运作，参照需求预测和在手库存以及计划的前置时间，来确定订货或者生产的时间以及数量。因此，从这个角度来讲，它也是一个生产计划与库存控制系统。S 公司使用 MRP 管理所有物料的采购，输入则是结合订单需求、预测以及当前的生产能力等因素制定切实可行的主计划。在使用 MRP 的过程中有一个误区，认为只要将 MRP 运行所需要的信息如生产计划或预测或销售订单输入系统，结合库存信息及再订购物料等就可以完成 MRP 运行并高枕无忧。殊不知一旦预测不准确就会导致 MRP 运行失败，出现缺料或者是库存过高的灾难。而 S 公司的首要客户 C 公司的预测就存在这样多变的情况。

（二）S 公司库存管理存在的问题

一直以来，S 公司的库存处于相对较高的水平，最初几年库存周转率始终低于集团平均水平。同时，S 公司的及时交货率也不尽人意。这些都集中反映了一个非常现实的问题——S 公司的库存占用资金较多但却不能满足客户需求，显然其库存管理存在较多的问题。实际上我们知道，任何企业都不是独立存在于经济环境中的个体，它是供应链中的一个节点企业，可能是上游企业的客户，也可能是下游企业的供应商。因此，企业如果没有考虑所处的供应链环境，依旧针对自身的内部管理使用传统的库存管理方式，就会或多或少出现一些问题和矛盾。S 公司根据自身所处供应链状况分析发现，主要存在如下问题：

1. 所有零部件统一管理，没有进行分类管理

在 S 公司的库存管理中，很大程度上是凭管理者的主观意愿和经验，未采取先进的库存管理技术方法。例如：公司库存的订货批量、生产批量以及订货点的确定具有很大的盲目性，随时间和管理者的变化，这些数据都有可能发生较大的变动。同时也没有对不同型号的各类产品以及零部件进行库存管理级别的分类，物料管理缺乏科学性。

2. 不能做到准确预测，使库存难以得到很好的控制

预测是供应链管理中需求管理的内容，是供应链运作的源头，也是供应链优化的起点。如果销售预测与实际需求差别太大，将会对供应链运作带来巨大的影响，导致库存飙高或者短缺，增加供应链运作成本，同时降低客户满意度。

3. 企业与供应商间缺乏整体合作，各自关注自身利益

一直以来，由于价格、利益分配等问题，国内企业的供需双方的合作关系非常松散，仅仅是单一的买卖关系。它们好似一列火车下的轮子，看似运行轨迹一致，方向一致，有着一定的联系，但却因各自独立而不能深入到对方，始终就是一对利益的矛盾体。企业的经营目的都是利润最大化，从买方来说希望获得成本最低效益，能以尽可能低的价格买入商品；从卖方来说希望获得利润最大效益，能以尽可能高的价格卖出商品。从这个角度上来讲，这两者的利益是相互排斥的，此消彼长，其中一方的利益增加必然是以另一方的利益减少为代价的，反之亦然。

在供应链管理深入人心之前，企业间的合作关系基本上都是以这样的状态存在，各自为政的合作过程就是各自利益最大化的博弈过程。这种情况下，企业间这种不可调和的矛盾，影响供应链整体运作效率是必然的。S 公司也不可避免地需要面对这样的问题。S 公司每年都有成本降低的目标，通常达成这一目标最直接也最快捷的办法就是要求供应商降价。原材料市场价格也会因市场趋势而产生波动，对供应商来说，原材料价格上涨导致其成本上升，最直接的办法就是要求 S 公司对其购买价格上涨，以直接转嫁这种材料上涨的成本。双方在寻求获益的过程中，都是从企业自身的角度出发，完全没有考虑对方的利益，这样的合作关系是非常松散而且缺乏供应链整体概念的。从某种意义上来说，供需双方所能争夺的利益是有限的，达到一定程度后就不再有任何改变的空间，当有限的利润空间降无可降的时候问题就会出现。松散的合作关系，追求自身利益最大化，让企业间缺乏协调甚至可能相互对抗，其结果必然是整体服务水平下降、库存水平增高。

4. S 公司与供应商间缺乏良好的信息沟通机制，影响供应链绩效

众所周知，物流、信息流、资金流是供应链的三种形态。其中，信息流好似桥梁，是物流和资金流的载体，能有效帮助供应链传递供需信息和管理要求，信息传递的准确及时能帮助改善和提高供应链绩效。需求预测、库存状态、生产计划、物料计划等都是供应链管理中不可或缺的重要信息数据，这些信息在供应链的各节点企业之间传递，必须做到快速准确。S 公司通过分析发现，其在国内订单处理上占用的时间在原材料采购周期里平均达到 1/3，也就是说 7 天的交期里有 2~3 天的时间是用于订单的审批、流转、确认等类信息传递的过程。而且采购周期越短，这种问题越突出。由于在信息处理上没有与供应商及时互通，致使订单信息的延迟和失真成为一种常态。而信息延迟得越久，失真的情况就越严重。这种低效的信息传递系统严重影响库存控制的效果，导致库存的可靠性很差。

一直以来，S 公司都在致力于库存管理的改善和提高，不断升级更新自己的 ERP 系统。从历史的库存周转率数据来看，其库存周转率虽然逐年上升，但非常缓慢，说明运用的库存管理方法对 S 公司库存管理的改善和提高效果

不明显。正由于上述的问题和矛盾的出现，使S公司的库存管理受到了很大的挑战。库存的增加，使公司不仅面临资金的压力，同时也增加了管控的难度，因而不得不寻求更好的库存管理方法和策略来加以改进。

七、不确定环境下的建筑供应链库存管理

（一）引言

在供应链管理下，建筑企业仍然普遍存在库存成本过高的现象，其主要原因就是存在不确定性。施工过程中，采购人员按照业主要求的施工工期计划进行材料采购，供应商要在采购需求信息发出的短时间内将所需材料送至施工现场。在上游材料供应商提供及时供货服务的基础上，下游总承包商才有可能快速响应业主的施工工期要求，但由于施工工期的不确定性，需求预测并不能可靠地确定需求量；而且施工材料（钢筋、水泥等）的生产过程复杂，其间存在如机器发生故障、在制品的瓶颈工序积压等不确定因素，供应商的准时到货率无法得到保障，很有可能因出现缺货而造成损失。所以本书针对建筑项目不确定的需求和供应的特点，利用模糊随机理论和不确定规划理论，研究构造合适的订货量模型，以降低不确定性影响，从而有效降低建筑供应链的库存成本。

（二）不确定性分析

一个建筑项目从设计准备阶段到施工阶段再到竣工验收阶段，往往需要几年甚至更长时间，而且建设过程中涉及的情况较多，各种变化带来的不确定因素就更多了。对于建设项目库存管理来说，最主要的不确定因素就是施工工期、设计变更以及供应商准时到货率，可从不确定需求及准时到货率两方面进行研究。

不同施工工序对材料的需求量是不同的，只有保证原材料库存量的充足，才能保证施工的正常进行，而库存量的大小又是根据项目的进度来确定的。对于建筑项目库存来说，材料应在工序最迟开工时间之前运至现场，不然就会造成工程项目工期延迟，也不应早于工序最早开工之前运至现场，不然就

会导致库存过多。因此可以看出，材料的库存量大小与施工各工序时间、各工序最早开工及最晚开工时间之间存在着相应的关系。所以可以通过绘制详细的施工进度表及施工网络图来确定短时间内材料需求状况，从而减小建筑项目施工工期不确定性对材料订购量的影响，为后面的建筑供应链库存管理奠定基础。

（三）建筑供应链订货量模型建立

1. 模型假设

假设材料供应商是周期盘点情形下的管理库存，以三大建材中的木材为例，假设一对一的供需关系，即总承包商只从一家木材供应商处采购货物，而供应商也只为这一承包商供应，承包商的补货批量就是供应商的生产批量。

此外，假设不允许缺货，即库存持有量与准时到货量总和大于等于承包商的需求量。为避免订货过多带来损失，假设订货批量具有资金与库存空间的约束。

其中影响此模型的订货量的有关因素如图 3-8 所示。

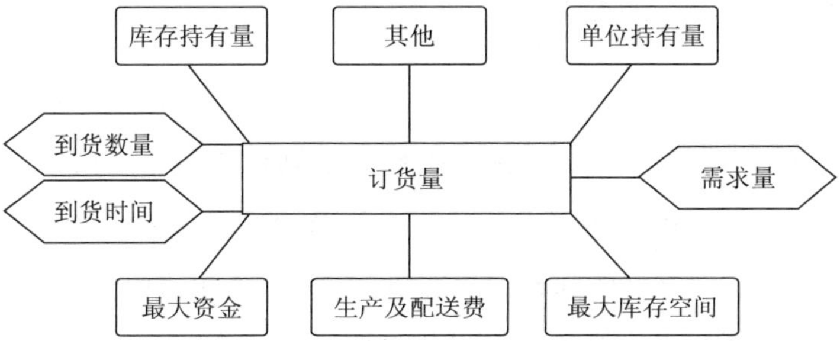

图 3-8　不确定环境下影响订货量的因素

2. 订货量模型的建立

不确定环境下的周期订货、不允许缺货的存储状态如图 3-9 所示。

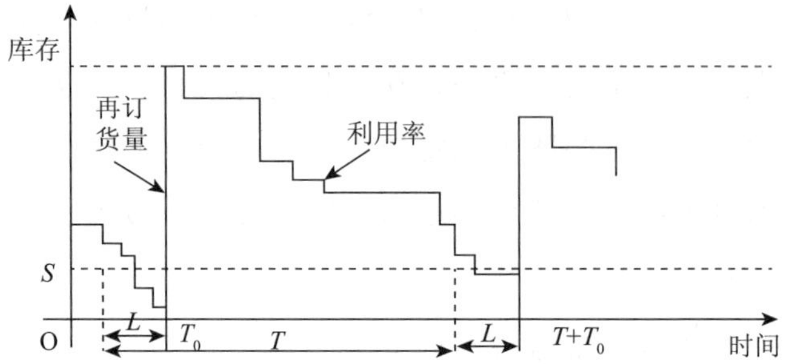

图 3-9　库存存储状态［（T，S）策略］

3. 库存量与施工进度、订货量的关系

在工程项目实施过程中，施工进度、库存量和订购量之间存在着直接影响的关系，某段时间内某个工序对材料的需求受施工进度的影响，某段时间内库存量和订购量也决定着对应时期项目能否按正常进度施工。因为考虑到材料供应所引起的工期拖延只可能发生在各个补货期，所以确定适宜的周期及订购批量，采用周期盘点的订货策略，将对工期的不利影响降至最低。同时库存量和订货策略之间也有直接影响，不同的订购策略和不同时期的材料需求共同决定着库存量的大小。

（四）结论

本部分内容借助模糊随机理论和不确定规划理论的研究成果，对 EPC 模式下的建筑供应链订货量问题进行研究。针对建筑供应链中既存在需求不确定，又存在无法随时补货的问题，研究更接近实际的周期盘点、不允许缺货、VIM 的订货量模型，有效地解决了建筑供应链的库存问题；最后将所建立模型下的订货量和库存成本与传统 EOQ 模式进行了比较，结果表明，应用模糊随机供需变量的订货量模型是降低库存成本的有效模型。

八、供应链库存管理面临的挑战与对策

（一）前言

本部分对供应链库存管理面临的挑战与对策这一论题做了翔实的探究分

析，并在对库存管理和问题解决方面下了比较大的功夫，对目前我国的库存管理和问题提出了自己的看法。

（二）供应链上库存管理的问题

1. 信息化程度不够，信息流受阻

供应链库存管理强调协作和信息共享，供应链各节点企业之间的需求预测、库存状态、生产计划等都是供应链库存管理的重要数据。企业要对客户需求做出快速有效的反应，必须实时准确传递分布在供应链各节点的企业信息。目前，许多企业的信息传递系统尚未建立，供应商了解到的客户需求信息常常是延迟的或不准确的信息。因此，会给短期生产计划的实施带来困难。所以，如何有效传递供应链库存管理信息是提高供应链库存管理绩效有待解决的问题。

2. 外部环境的不确定性

库存控制受到许多不确定性因素的影响，如订货提前期、货物运输状况、原材料的质量、生产过程的时间需求变化等。为了降低不确定性对库存控制的影响，必须了解不确定性的来源和影响程度。但很多公司并没有认真研究和跟踪其不确定性的来源和影响，造成有的物品库存不足，而有的物品库存积压的现象。同时，企业的计划无法顾及那些无法预知的因素，如：因市场变化而引起的需求波动，供应商的意外变故导致的缺货，以及企业内突发事件引起的生产中断，等等。这些不确定因素才是形成库存的主要原因。如何研究和追踪这种不确定性的变化是对供应链库存管理的又一挑战。

3. 供应链中企业间缺乏合作与协调

供应链是一个整体，需要协调各方活动，才能取得最佳的运作效果。协调的目的是使满足一定服务质量要求的信息可以无缝地、流畅地在供应链中传递，从而使整个供应链能够根据用户的要求步调一致，形成更为合理的供需关系，适应复杂多变的市场环境。如果组织间缺乏协调与合作，会导致交货期延迟和服务水平下降，同时库存水平也由此而增加。组织之间存在的障碍有可能使库存控制变得更为困难，因为各自都有不同的目标、不同的绩效评价尺度、不同的仓库，也不愿意与其他部门共享资源。

4. 库存控制策略简单化

忽视不确定性对库存的影响。很多企业没有认真研究和跟踪其不确定性的来源和影响，错误估计供应链中物料的流动时间（提前期），造成有的物品库存不足。了解和跟踪不确定性状态后，还要利用跟踪到的信息去制定相应的库存控制策略。这是一个动态的过程，因为不确定性也在不断地变化。有些供应商在交货与质量方面可靠性好，而有些则相对差些，库存控制策略不能过于简单，必须要能反映这种情况。许多企业对所有的物品采用统一的库存控制策略，物品的分类没有反映供应与需求中的不确定性，因为这种传统的库存控制策略多数是面向单一企业的，其库存控制方法并没有体现供应链管理的思想。

总的说来，我国企业的供应链管理水平依然比较低，而其中对库存问题的研究更为薄弱。虽然国内外针对单个企业库存控制模型的研究已经有完善、成熟的理论成果了，但是对于信息技术的集成化供应链环境下的库存问题，相关研究并不多见，完善、成熟的理论则更少了。

（三）供应链上库存管理的方法

通过加大信息技术基础设施建设，运用计算机、网络通信和 ERP 系统等信息技术，加快信息传递，可以实现供应链中库存信息即时共享。通过安装供应链信息技术系统，企业可以随时进行数据的收集和处理，并根据系统的建议进行生产。相关数据分析表明：信息技术系统的使用可使公司库存减少五成。比如，通过对原材料和产成品在流动过程中的每一环节进行即时的跟踪记录，使最终用户与设计、采购、生产和销售等上游节点运营环节之间实现尽可能快速和直接的沟通，准确预测并快速判断用户需求，实现供需平衡，避免压货或缺货的现象大量出现。另外，库存量、需求预测、生产计划等信息的收集和处理、加工和传递，能有效降低库存成本，对于供应链库存管理具有重要的意义。通过建立先进的网络技术平台和完整的客户数据库，使得客户的需求能第一时间反馈到供应链中，便于企业及时响应。借助供应链信息技术系统，节点企业之间的信息交流与沟通更加便捷。不仅可以提高信息共享的程度，也可使节点企业之间的联系更加紧密，迅速应对各种不确定性，使整条供应链库存管理更加精确、可行，达到各成员企业间信息沟通完全，并能随时向供应链反馈信息，协调调度供应链库存。

（四）供应链管理环境下库存管理的对策

1. 可外包

对供应链中的库存进行外包，使库存管理更加系统化、专业化、规模化。企业将有机会将优先的资源集中于自己的核心产业，使资源得到充分的优化配置，提高企业的核心竞争力，从而提高商品的流转速度，达到降低库存、降低风险、降低管理难度的目的。

2. 基于供应链的库存管理模式

供应商管理库存。供应商管理库存，是在互相同意的前提下由供应商管理库存，并决定库存水平。要实施供应商管理库存，就要求供需双方建立透明的共享信息，以方便供应商及时、准确地做出库存决策，从而降低库存成本，获得有利的竞争地位。联合库存管理，是由双方共同制订库存计划，以保持供应链相邻节点间对需求的一致性，从而避免出现供应链系统中由于各节点企业的相互独立库存运作模式所导致的“牛鞭效应”，是提高供应链的同步化程度的有效方法。

3. 工程项目中物资库存管理模式的构建

（1）基本思想。工程物资管理过程中，施工承包企业与工程项目物资材料供应商通过长期合作，建立相互信任和长期稳定的关系，以实现项目整体利益最大化。通过工程项目部提供物资数据与库存信息进行集中采购，降低工程项目物资成本；通过工程项目的物资信息直接与建立的物资系统进行信息共享，降低供应链上各节点的库存、减少业务周期等，以降低交易价格，从而有效降低施工项目的物资供应成本。

（2）建立工程项目物资库存模式。供应商管理库存由供应商为需方企业，即施工承包企业建立工程物资库存，供应商保质、保量按时将物资存入承包商的仓储基地，物资的所有权属于供方，需方则根据物资实际的领用量，每月结算一次，料完款清。在信息共享的基础上，由供应商进行库存决策，及时补货，并负责配送。通过整合整个供应链上的资源，以降低供需双方的成本。在供应商与施工承包企业双方共同协商制定库存计划的基础上，供应商将物资材料生产商所需物资直接存入施工承包企业的仓储基地中，将供应商的分散库存进行集中。并要求供应商按施工承包企业的订单组织生产，产品完成时，随即运送到施工承包企业的仓储基地补充库存，通过降低供应厂商的库存来降低供应成本。

（五）案例分析：龙钢备件库存管理现状及存在问题分析

1. 库存管理现状

目前在用物资种类达6万多种，库存资金2亿元以上，并有上升的趋势。库存备件不能满足维修需要，急件计划较多。存放场地紧张、地点分散，查找费时费力。

2. 库存管理存在问题分析

物资分类不明确，备件与大修专用件未区分开，占用空间大，增加工作量；储备定额不科学，最高、最低定额都偏高；部分备件完全依靠管理者的主观判断去决定采购数量；编码系统不规范，存在同一备件重复编码的现象，导致备件存储品种增多，库存资金升高，增加了工作量。

目前，计划管理工作在不断地完善和提高，但是随着整个经营环境的变化，当前备件计划管理凸显出一定的不足，存在的主要问题表现在思想观念陈旧，存在着“有比无好、多备少患”的错误思想；缺乏专业知识，业务水平低，凭经验去确定；其次是缺乏对备件管理信息的收集和研究。

3. 供应商管理的现状及问题分析

目前，龙钢各类备件供应商有160多家，没有一套完整的供应商管理体系，从而使采购入库的备件出现不同的问题，如质量问题、供货周期问题等，因此，迫切需要构建一个科学有效的供应商管理模式，真正地采购到物美价廉、质量合格、满足交货周期要求的备件。

（六）结束语

笔者对供应链上库存管理所存在的问题一一点出而且做出了自己的观点分析，对库存管理过程中所存在问题，也逐个进行了解决方法的探究，期望对供应链上库存管理问题的解决有所帮助。

第四章

基于物联网的动产融资押物监管实证

第一节 实证1——基于物联网的GPS车贷押物监管

一、车贷概述

个人汽车贷款，又称个人汽车消费贷款（以下简称车贷），是指中国的商业银行向个人发放的用于购买汽车的人民币贷款。对象是18~60周岁的自然人，用于购置自用车或商用车，根据购置用途不同，贷款额度有所差异。

目前，分期贷款购车已经越来越成为一种趋势，正在逐渐成为一种潮流。现行的车贷大致分为两种类型：银行贷款（银行发放的贷款）和各类融资机构（不包括银行）的抵押类贷款。银行发放的车贷，车辆不用办理抵押，也不需要公正，最长贷款年限大多为三年。根据贷款的年限、车型收取不同的手续费（详见各银行信用卡网页说明），但要求贷款者有固定的工作和收入。本节重点介绍由汽车销售公司成立的金融贷款机构（如大众汽车销售公司的大众汽车金融、通用汽车的上汽通用汽车金融）基于车辆抵押的车贷业务。

（一）发展历程

国内最早的汽车贷款业务出现于1993年。银行业的汽车贷款业务萌芽于1996年，当时中国建设银行与中国第一汽车集团公司（以下简称一汽集团）建立了长期战略合作伙伴关系。作为合作的一项内容，中国建设银行在部分地区试点办理一汽大众轿车的汽车贷款业务，由此开始了国内商业银行个人汽车贷款业务的尝试。

1998年9月，中国人民银行颁布《汽车消费贷款管理办法（试点办法）》。

2004年8月，中国人民银行、中国银保监会联合颁布了《汽车贷款管理办法》。

（二）基本规定

贷款对象：年龄在18周岁（含）至60周岁（含），具有完全民事行为能力的自然人。

贷款额度：所购车辆为自用车的，贷款金额不超过所购汽车价格的80%；所购车辆为商用车的，贷款金额不超过所购汽车价格的70%，其中，商用载货车贷款金额不超过所购汽车价格的60%；所购车辆为二手车的，贷款金额不超过所购汽车价格的50%。

贷款期限：所购车辆为自用车，最长贷款期限不超过5年；所购车辆为商用车，贷款期限不超过3年；二手车的贷款期限最长不得超过3年。

贷款利率：按照商业银行的贷款利率规定执行。

担保方式：申请个人汽车贷款，借款人须提供一定的担保措施，包括纯车辆抵押、车辆抵押+担保机构、车辆抵押+自然人担保和车辆抵押+履约保证保险。

还款方式：贷款期限在一年以内的，可以采取按月还息任意还本法、等额本息还款法、等额本金还款法、一次性还本付息还款法等方式；贷款期限在一年以上的，可采取等额本息、等额本金还款法。具体还款方式由经办银行与借款人协商并在借款合同中约定。

需要提供的申请材料：①《个人贷款申请书》；②个人有效身份证件，包括居民身份证、户口簿、军官证、护照、港澳台同胞往来通行证等，借款人已婚的要提供配偶的身份证明；③户籍证明或长期居住证明；④个人收入证明，必要时须提供家庭收入或财产证明；⑤由汽车经销商出具的购车意向证明；⑥购车首期付款证明；⑦以所购车辆抵押以外的方式进行担保的，需提供担保的有关材料；⑧如借款所购车辆为商用车，还需提供所购车辆可合法用于运营的证明，如车辆挂靠运输车队的挂靠协议、租赁协议等；⑨是个体商户的，必须提供个人的营业执照。

（三）贷款类别

1. GPS类抵押借款服务

客户办理抵押手续后，车辆可继续使用。该类贷款的特点是无须押车、自由行驶，手续简便、当天到账，借款期限自由选择、还款方式自由灵活。

2. 移交类抵押借款服务

办理抵押登记手续后客户车辆需存放指定车库保管。该类贷款的特点是收费低、手续简便、到账快，借款期限自由、还款方式灵活。

（四）办理流程

1. 客户申请

客户向银行提出申请，书面填写申请表，同时提交相关资料。

2. 签订合同

银行对借款人提交的申请资料调查、审批通过后，双方签订借款合同、担保合同，视情况办理相关公证、抵押登记手续等。

3. 发放贷款

经银行审批同意发放的贷款，办妥所有手续后，银行按合同约定以转账方式直接划入汽车经销商的账户。

4. 按期还款

借款人按借款合同约定的还款计划、还款方式偿还贷款本息。

5. 贷款结清

贷款结清包括正常结清和提前结清两种。正常结清：在贷款到期日（一次性还本付息类）或贷款最后一期（分期偿还类）结清贷款；提前结清：在贷款到期日前，借款人如提前部分或全部结清贷款，须按借款合同约定，提前向银行提出申请，由银行审批后到指定会计柜台进行还款。

贷款结清后，借款人应持本人有效身份证件和银行出具的贷款结清凭证领回由银行收押的法律凭证和有关证明文件，并持贷款结清凭证到原抵押登记部门办理抵押登记注销手续。

二、上汽通用汽车金融车贷

（一）申请条件

上汽通用汽车金融有限责任公司规定借款人申请个人汽车贷款时，应当同时符合以下条件：

（1）是中华人民共和国公民，或在中华人民共和国境内连续居住一年（含一年）以上的港、澳、台居民及外国人；

（2）具有有效身份证明、固定和详细住址且具有完全民事行为能力；

（3）具有稳定的合法收入或足够偿还贷款本息的个人合法资产；

（4）个人信用良好；

（5）能够支付规定的首期付款；

（6）贷款人要求的其他条件。

（二）贷款金额

汽车贷款发放实施贷款最高发放比例要求制度，贷款人发放的汽车贷款金额占借款人所购汽车价格的比例，不得超过贷款最高发放比例要求。前款所称汽车价格，对新车是指汽车实际成交价格（扣除政府补贴，且不含各类附加税、费及保费等）与汽车生产商公布的价格之中的较低者，对二手车是指汽车实际成交价格（扣除政府补贴，且不含各类附加税、费及保费等）与贷款评估价格之中的较低者。

自用传统动力汽车贷款最高发放比例为80%，即首付比例不低于20%；自用新能源汽车贷款最高发放比例为85%，即首付比例不低于15%；二手车贷款最高发放比例为70%，即首付比例不低于30%。

汽车金融公司可在向消费者提供购车贷款的同时，根据消费者意愿提供附属于所购车辆的附加产品（如导航设备、外观贴膜、充电桩等物理附属设备以及车辆延长质保、车辆保险等无形附加产品和服务）的融资。汽车金融公司开展购车附加产品融资业务时，执行与汽车贷款一致的管理制度。

（三）贷款年限

汽车贷款的贷款期限（含展期）不得超过5年，其中，二手车贷款的贷款期限（含展期）不得超过3年。经贷款人同意，个人贷款可以展期：一年以内（含）的个人贷款，展期期限累计不得超过原贷款期限；一年以上的个人贷款，展期期限累计与原贷款期限相加，不得超过该贷款品种规定的最长贷款期限。

三、在押车辆智能管控系统

（一）组成架构

目前，在汽车 4S 店提供分期付款的 GPS 类抵押汽车贷款业务中，对按揭在押车辆的管理，大都采用基于 GPS 的车辆智能管控系统，又称 GPS 车辆管理系统或 GPS 车载监控系统，它是依托卫星定位、地理信息及无线通信等物联网技术手段，可实时掌握车辆位置和状态数据，为实时、有效监管贷款在押车辆提供服务的软硬件综合系统。

基于 GPS 的在押车辆智能管控系统的体系架构如图 4-1 所示。

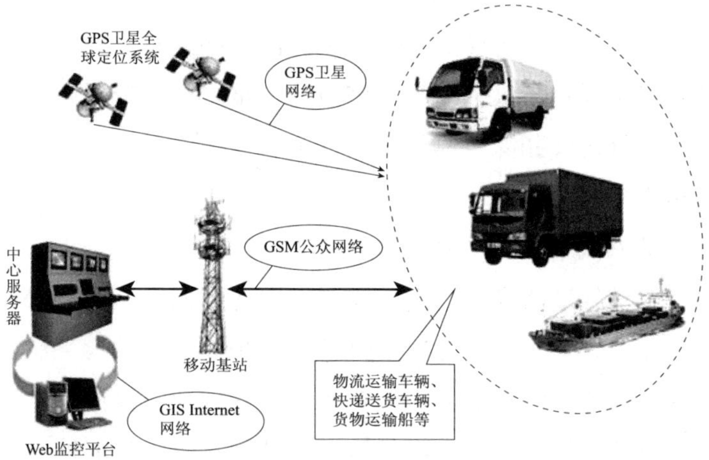

图 4-1　基于 GPS 的在押车辆智能管控系统的体系架构

从图 4-1 可以看出，基于 GPS 的在押车辆智能管控系统由车载终端、GSM/GPRS/ CDMA 无线通信网络、服务器软件和客户端软件组成。该系统采用互联网和物联网技术，通过短信或其他方式对远程在押车辆进行定位，能够定时回传车辆位置信息，具有防拆、防屏蔽、防探测、防扫描、远程断电熄火、对非法破坏 GPS 进行预警，实时查看在押车辆的状态、行驶记录和轨迹等特点。

（二）系统功能

车载终端大都提供定位跟踪、超速报警、越界报警、紧急报警、断油断电等功能。鉴于不同品牌车载终端的功能不尽相同，我们以广州星唯信息科技有限公司生产的666型GPS车载终端为例进行说明。

1. 车辆定位

系统可实现所有的车辆在同一幅地图上同时显示，根据车辆的位置和数量，系统可自动将地图调整到最合适的比例尺，使所有车辆的实时位置和状态一目了然。车辆快速闪动表示车辆正在运行，车辆慢闪表示车辆停止。

2. 单车定位放大

监控单台车时，系统以连续的蓝色线条在地图上描述需监控车辆的运行路线，车辆的实时状态和车辆的实时位置每分钟自动刷新一次，以确保随时向系统上传最新数据。若电子地图上标注地点不详细，可转换至卫星地图。

3. 车辆卫星地图

通过卫星地图，可查看到车辆周边的道路和建筑物的清晰实体图景。

4. 精准的电子地图

使用最新的、正版的、不断更新的MapABC地图显示车辆的位置和轨迹。车辆周边的停车场、加油站、工厂、各种级别的公路等在电子地图上都有清晰明了的位置标注。

5. 车辆行车轨迹

可查询任意时段的车辆行车轨迹，地图自动以连续的蓝色线条描述需监控车辆的运行路线，直观、明了，并可导出至Excel报表。

系统还可以自动以动态形式回放车辆运行轨迹，让您清晰、细致地了解车辆的历史运行状态。

6. 行车里程及油耗

系统可根据设定的时段输出该车的开车时间、停车时间、行车里程，以及该里程所对应的油耗情况。

7. 车辆停车地点分析

系统可根据设定时段输出该车在何时、何地停车，停车多长时间。同时，可得出该段时间内该车的行驶里程、行驶油耗、行驶时间等，并可将报表内容以 Excel 格式保存。

8. 车辆行驶报表

在报表分析功能中，可根据行车过程中系统记录的信息生成停车报表、行车报表、超速报表、里程报表等十几种实用的报表，并可将报表内容以 Excel 格式保存。

9. 手机查车

用户可通过手机登录系统平台，查看车辆的实时情况，可直接在手机中查看地图，并进行相关车辆的控制功能，既简便，又实用。

10. 围栏报警

通过自由设置围栏，进出围栏报警，围栏内开门、关门报警，围栏内限速报警等手段，监控车辆的合理使用范围及安全。

11. 信息点标注

可在地图上标注企业自己的网点及送货到达目的地、收费站、加油站等标注点，方便操作。标注点将在“车辆跟踪”和“行车轨迹回放”显示出来。通过更多网点的标注，您可以确定最有效的运输路径，并可清楚地知道车辆是否按规定运行。

12. 短信报警

可设定车辆紧急情况联系人，当车辆遇到紧急情况时，系统可自动将报警信息发送到联系人的手机上。

13. 扩展功能

油量监控功能、温度监控功能等。

（三）车载终端

1. 组成原理

GPS 车载终端由主机模块、天线和可选配件组成，其中主机模块和天线构成了车载终端的基础部分，可实现实时定位，探测经纬度、时间、行进方向和速度的基本功能。车载终端的主机模块上留有数据接口，可根据需要外接设备和传感器，以实现附件的功能要求。

车载终端分为 GPS/GSM 车载终端、GPS/GPRS/CDMA 车载终端等。GPS/GPRS/CDMA 车载终端产品是以 Internet 为载体，实现终端与中心之间通信连接，与 GPS/GSM 车载终端相比，其卓越的数据传输能力及突出查询监控的时效性都得到充分体现，监控范围广，依托网络覆盖可实现全国漫游监控，数据传输速率高、误码率低、稳定可靠。目前，基于 GPS 的在押车辆管控系统的车载终端产品品牌有许多，价格从几十元到数千元不等。

2. 产品类型

从安装方式上看，车载终端大致可分为接线型和无线免安装型。

（1）接线型车载终端。接线型 GPS 车载终端如图 4-2 所示。

图 4-2　接线型 GPS 车载终端示意图（SC-GX010 官方标配）

目前，市面上还有一种防拆型 GPS，具有隐型主机、无线连接、无线射频识别、防拆卸、防剪线、防解码、抗屏蔽等特点，可以实时定位，随时感知车辆位置，历史轨迹回放、电子围栏等都可以防止用户不按规定把车开离范围。接线型设备还具备远程断油断电功能，当有人骗租时可以使用断油断电功能使车辆无法启动，以便安全追回车辆。此外，GPS 定位器里面还有内置电池，当有人破坏 GPS 线路时，后台的管理平台可立即提示剪线报警，押物监管方和车主可第一时间知道 GPS 正在被破坏，以避免损失。

（2）无线车载终端。无线免安装型车载 GPS 终端操作简单，零成本安装，体积小巧，安装位置隐蔽，其双模定位、双防功能防屏蔽防搜寻，更是给车辆多加了两层保护。由于该终端超长待机三年，性能超稳定，监管方再也不用因为 GPS 定位器的各种问题而不断挑战贷款车主的耐性了。

深圳市卫通达电子有限公司生产的 WTD-012B 型车载终端的外观如图4-3所示。

图 4-3　WTD-012B 型车载终端的外观

WTD-012B 型多功能车载终端，采用日本最新工业级 GPS 模块 GPRS 模块，主机小巧、安装隐蔽、功耗低。

WTD-012B 型多功能车载终端的技术指标如下：

- 内置日本工业级 gps 模块和 gprs 模块，使用全球 gsm 网络；
- 使用频段：gsm8500/900/1800/1900mhz；
- 接收参数：1575. 42mhz；
- gps 漂移最新过滤技术，定位更准跟踪精确；
- gprs/sms 双通道传输、tcp 上传数据工作模式；
- 接收灵敏度：egsm900：class4 [2w]. gsm1800：class1 [1w]；
- 支持第三方网络 sms*** 定位获取中文地址、手机上网查车；
- 定位时间冷启动小于 40m，热启动小于 3. 5m；
- 体积：73mm×45mm×18. 5mm（比火柴盒大一点点）；
- 工作温度：低温-35℃，高温 85℃。

北斗/GPS 车载无线终端 CBD-007 的外观如图 4-4 所示。

图 4-4　北斗/GPS 车载无线终端 CBD-007 的外观

北斗/GPS 双模卫星定位车载终端 CBD-007 的技术参数如表 4-1 所示：

表 4-1 车载终端 CBD-007 的技术参数

GMS 模式	850/900/1800/1900MHz（可选）	
卫星定位参数	灵敏度：跟踪灵敏度-159dBm；捕获灵敏度-144dBm	
	频率：L1，1575.42 MHz	
	C/A 编码：1.023 MHzchiprate	
	20 通道查看追踪	
	优于 10 米	
	冷启动：42 秒	
	暖启动：38 秒	
	热启动：2 秒	
速度范围	0~255km/h	
速度精确度	小于 0.1m/s	北斗/GPS 速度模式
	最大误差为 0.5km/h	汽车脉冲速度模式
时间精确度	全球同步北斗/GPS 时间	
记录容量	360 小时行驶数据（每秒采集 5 次，每分钟存储一条数据）	
数据保存	主机断电后，数据保存时间不少于 10 年	
音频输入	支持 1 路音频采样，编码精度支持 16Bit，编码格式支持 G.726 或 G.711，存储 48h 音频数据	

3. 终端安装

本节以市场上较为常见的 GPS 车载定位终端——深圳市合智思创信息技术有限公司生产的 SC-GX010 为例（如图 4-5 所示），说明 GPS 车载定位终端的详细接线方法。

图 4-5 SC-GX010 的外观

步骤 1：清线。

按照图 4-2 所示，清点所需 GPS 车载定位终端配件是否齐全。

标准型的车载 GPS 定位器有 4 根线需连接，这四根线的颜色和连接要点如下：

- GPS 车载定位终端红线——汽车正极 DC9V-36V；
- GPS 车载定位终端黑线——汽车负极/搭铁线；
- GPS 车载定位终端白线——汽车 ACC/钥匙线（检测发动机开关状态，必接）；
- GPS 车载定位终端黄线——汽车油线/电线。

步骤 2：装 SIM 卡。

SIM 卡在车载 GPS 定位器中扮演着重要的角色，当 GPS 定位器采集到终端的经纬度数据后，需通过 SIM 卡的 GSM 网络以 GPRS 的形式把定位数据上传到指定的后台，最后后台经过解析位置数据形成监测系统。

安装好后打开备用电源开关（注：SIM 卡一定要在未通电的情况下进行安装，防止烧卡）。

步骤 3：接线。

安装好 SIM 卡后，把各种颜色的线按顺序接好，确保不会松垮，并用防水电工胶布绑好，避免进水。（接线过程中请使用标准的接线方法进行接线。接线处理不好可能会造成 GPS 车载定位终端断电无法工作，也可能导致短路起火）

SC-GX010 的接线示意图如图 4-6 所示。

步骤 4：固定。

GPS 车载定位终端网体积小巧，容易隐蔽安装。常见的安装固定位置是将主驾驶/副驾驶的前挡板拆下，或在座位底下、后备箱等地方安装。既要确保 GPS 天线能正常接收卫星信号，同时又能确保车辆洗车的时候不易进水，以防因进水而致终端烧毁。

另外，需保证信号接收面上方没有金属物质遮挡，确保接收面朝向天空。可以通过魔术贴或者塑料扎带来固定平放，使其在长时间的使用中不会脱落。

GPS 定位器固定的时候没有正反上下之分。

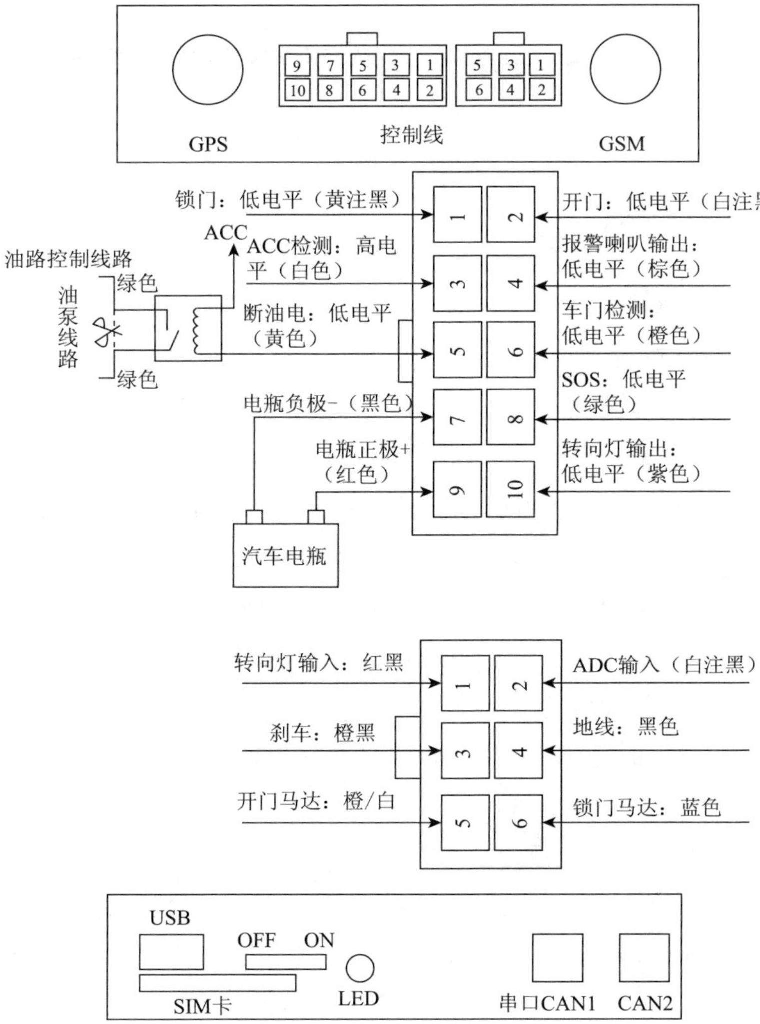

图 4-6 SC-GX010 接线示意

步骤 5：激活。

将车辆复原后，登入后台，进入“添加新设备”，然后将车牌号码、终端 ID、SIM 卡号等信息输入进行激活，就可以在电脑以及手机、微信里对车辆进行定位管理了。

第二节 实证2——基于物联网的汽车租赁押物监管

一、国内外现状

（一）国外现状

1. 研究现状概述

国外汽车租赁业出现于1918年，理论基础深厚，实践经验丰富。F. Guerriero、F. Olivito等指出汽车租赁业行业继续蓬勃发展，并存在着市场细分的现象；T. Paukert、Z. Sirotek等的研究成果表明汽车租赁市场受价格水平影响大；Solomon提出了一种基于网络互动和基于位置的租赁服务系统，旨在提高租赁服务的处理速度、租赁时长准确性；B. Fontem给出汽车租赁公司在汽车租赁业务外提高公司盈利的新途径。Taub，Eric A. 分析了一种汽车租赁服务应用软件的可行性、便捷性和效率；F. Omar、A. Nabot等探讨了借助互联网实施汽车租赁的便捷性；Burkitt-GrayAlan论述了联网汽车租赁服务为汽车租赁业提供的有效数据支持。

2. 主要国家的汽车租赁状况

法国Autolib Autolib成立于2011年12月，在法国巴黎提供服务。现阶段已经形成一个拥有3827辆共享出租车辆，由遍布巴黎的1064个站点组成的庞大网络；截至2016年1月，其3732辆共享出租车2016年的预约使用次数达到了100422次。

Autolib云平台服务由微软提供，将登记亭、租车亭、充电站和车内系统连接到后端系统，用来实现数据分析和业务见解。车辆识别主要是利用射频卡识别技术和访问控制技术实现，通过车载射频卡读卡设备识别检验用户信息，利用远程控制用户访问电动车，为验证用户打开车门。2016年，Autolib电动车共享服务项目即将进军英国伦敦，2017年9月，预计将引进200~250

辆电动车，与此同时，还将在法国建设1.6万个电动汽车充电桩。

戴姆勒集团的car2go自2008年10月于德国乌姆（Ulm）率先试营运，获得政府与民众的广大回应，因此戴姆勒将营业版图逐渐扩大，其30个营运据点遍及60个欧美城市区域，包含德国、美国、加拿大等主要城市，共有超过13000辆的电动smart fortwo投入服务。

Car2go就是通过网际网络将汽车联网，运用电子地图GIS和全球定位系统GPS规划和运行车辆的出行轨迹。同时，支付系统简单、透明、智能，使使用者感受到全方位智能化的汽车共享服务。

2015年亚洲首个car2go落户重庆，car2go也有了它的中文名——即行。根据最新数据，已经有超过10万重庆会员注册并开始享受这种全新的出行方式，即行car2go已经为重庆市民提供了115000次汽车共享服务，并且在今年秋季，在原有的400辆smart fortwo基础上扩容，又增加200辆，并相应调整和扩大运营区域。

此外，宝马与Sixth租车公司一起推出了名为Drive Now的汽车共享租赁服务，美国Zipcar推出了ONE>WAY的短租服务，丰田汽车公司与日本国土交通省共同合作Ha：mo汽车租赁共享计划，福特汽车公司推出Go！Drive，通用汽车公司也不甘示弱地推出了名为Let' s Drive NYC的汽车共享计划，奥迪汽车公司at Home创新汽车共享服务，新能源汽车分时租赁正在欧美国家如火如荼地展开。

2017年，全球汽车租赁市场规模超过1500亿美元。2018年，全球的汽车租赁市场发展势头迅猛，汽车租赁业的增幅遥遥领先于其他服务行业，日趋突出的规模化经营带来的效益规模化是全球汽车租赁业发展的潮流。从业务形式来看，国外汽车租赁企业已经开拓了相当数量的业务渠道和服务形式。在经营性租赁的基础上，同时开展融资性租赁、二手车销售、车辆保险等多种与之相关的业务。特别是二手车业务成为其重要业务之一，通过该业务的开展，有效扩大了自身车辆更新的空间。从利润水平来看，欧洲汽车租赁业的总体利润水平在5%左右，美国汽车租赁业总体利润水平在7%左右，均高于汽车销售业的4.46%。从纵向趋势上看，汽车租赁行业已经基本保持稳定。

综合以上几种情况可以看出，汽车租赁行业在国外发达国家已经普遍处在行业生命周期中的由成长期向成熟期的过渡阶段。从整体分布来看，当前，在全球千亿美元的汽车租赁业务中，以欧美国家的租赁市场发展最为成熟。全球汽车租赁业的运营车辆的保有及年需求总数约在 300 万辆（国际汽车租赁公司的汽车更新速度为 8~12 个月）。

在美国，以租赁形式销售的新汽车占该国汽车总销售量的 1/3 左右，并且大部分车为长期租赁，而旧车的租赁业务约为 40 万辆；日本每年的汽车租赁销售规模达到 200 多万辆，约占全国新汽车销售量的 15%，且该比例有不断提高趋势；德国汽车租赁业的运营车辆总数为 250 万辆左右；法国 1997 年以租赁方式使用汽车的人有 300 多万，占法国总人口的 7%。

被称为“建立在车轮上的国家”的美国，汽车保有量达到 2. 5 亿辆，基本上 16 岁以上的美国常住人口都有驾照。此外，美国高速公路发达，加上汽油便宜以及公共假期众多，因此自驾车旅行成为美国人休闲的最佳方式。除了驾驶自有车辆，美国人也可以从 Hertz、Avis、Budget、National、Zipcar 等老牌公司租车。近年来，随着共享经济的盛行，美国人也有了共享模式的 Turo 和 GetAround 两家公司可以选择，且取车方便，价钱合理。此外，美国也是汽车保有量最大的国家，租车市场相对比较成熟。就美国汽车租赁的市场容量来看，目前美国汽车租赁市场规模超过 300 亿美元。受限于人口和汽车保有量等因素，未来美国汽车租赁市场的发展空间比中国要小。

3. 汽车租赁的竞争情况

从竞争角度来看，通过多次并购和特许经营等模式的创新，世界主要汽车租赁公司已从最初的小规模经营发展为现在遍布全球主要国家，平均租赁站点数千个、运营车辆数十万辆、雇员达数万人的特大型跨国公司。发达国家在存在一些大型、跨国汽车租赁企业的同时，同样有中小企业存在。欧洲中小企业占据 30%左右的汽车租赁市场，日本 5000 多个汽车租赁企业中，车辆数少于 50 辆的占 68%，其中不乏只有 1 辆车的企业。

2018 年，世界上排名最前的四大著名汽车租赁公司分别是赫兹（Hertz）、安飞士（Avis）、欧洲汽车（Europcar）、巴基特（Budget），其中，仅赫兹

（Hertz）一家，就在全球 147 个国家拥有超过 550000 辆营运车的规模，设有超过 8100 个租车网点。全球汽车租赁市场竞争格局如表 4-2 所示。

表 4-2　全球汽车租赁市场竞争情况一览表（待高清修改）

区域	公司	成立时间	定位	简介
北美	Alamo	1974 年	专注于为家庭和休闲旅客提供低成本、高价值的汽车租赁服务	Alamo 在美国已成为华特迪士尼世界度假区与迪士尼乐园度假区的官方指定租车公司，业务遍布整个北美地区、欧洲、南美、大洋洲以及非洲南部
	Hertz	1918 年	全球最大的汽车租赁公司	赫兹租车网络遍布世界 147 个国家，拥有 8500 多个租车门店
	Budget	1995 年	Avis 旗下北美经济型连锁租车品牌	遍及 120 多个国家，拥有超过 3000 家门店，主要服务于美国、加拿大等地区
	Thrifty	1958 年	目前被 Hertz 国际租车收购	覆盖全球 77 个国家 1000 多个门店，分布于北美、中美、南美、非洲、欧洲、中东、亚洲和太平洋地区等
	Enterprise	1957 年	北美最大的汽车租赁公司之一	最长车龄为 1 年，主要服务于美国、加拿大等地区
	Nationa	1947 年	全球连锁汽车租赁公司，隶属于世界第三大租车集团	主要服务于机场旅客的租车需求，首开美国汽车租赁业的先例，推出异地还车服务
欧洲	Sixt	1912 年	高端汽车租赁服务	主要国家车龄不超过 6 个月，租车服务覆盖全球 105 个国家，拥有全球最大的宝马和奔驰车队规模，在德国、奥地利、瑞士占据主导地位
	Europcar	—	欧洲市场占有率第一	平均车龄为 4~6 个月，主要服务于欧洲、大洋洲、非洲等地区

资料来源：前瞻产业研究院整理

（二）国内现状

1. 研究现状概述

近年来，我国的汽车租赁业加速发展，已引起不少学者的注意。从近几年发表的多篇有关汽车租赁发展研究的论文来看，有“朝阳产业”“黄金产业”之称的汽车租赁服务，被国内学者普遍看好。陶浩、霍潞露等探讨了未来我国的汽车租赁业，提出其可与航空、高铁、旅行社及企业等深度整合与协同，在商务出行、休闲自驾、会展等方面的发展前景广阔。王楠楠等多名学者相继发表论文，表明汽车租赁的形式和服务有待进一步多样化。胡燕玲分析了我国经济快速发展、道路密集建设、自驾游增多、私家车限行限购、汽车租赁业蓬勃发展背景下，影响国内汽车租赁业发展的经营网络平台落后、营销方式单一、多以本地市场服务为主、未形成全国或区域性网络等弊端，并提出相应的改进对策。王凌艳通过调查沈阳市汽车租赁业情况，研究了国内汽车租赁在车辆共享、避免资源浪费、实现经济环保等方面的效果。蒋金亮、苏红等深入分析了电动汽车分时租赁项目，首先，总结了电动汽车的发展形势与挑战；其次，从定义与特征、竞争市场、发展优势以及作用等角度对分时租赁开展了系统性阐述；再次，介绍了国内外分时租赁的典型案例，对其成功经验及发展困境进行了总结；最后，从模式选择、经营运作、车辆选型、相关标准、充电桩建设、政策保障六个关键层面，对电动汽车分时租赁提出了针对性建议。张晖以完善我国汽车融资租赁登记制度为研究点，通过对我国现行汽车管理相关法律制度的分析，汽车融资租赁登记过程中的问题剖析，对我国船舶和航空器的融资租赁登记比较研究，以及对国外有关动产融资租赁登记规定的分析研究，提出完善我国汽车融资租赁登记制度的建议和理论依据，对促进我国汽车融资租赁业的发展具有重要意义。本文将主要采取比较方法、分析方法和理论联系实际方法，结合当前我国汽车融资租赁登记实践，以及对《合同法》《担保法》《物权法》《道路交通安全法》等相关法律制度进行分析，提出对汽车融资租赁登记的构建和完善。董永胜以电动汽车分时共享租赁的发展现状为研究背景，对开发电动汽车分时共享租赁平台所能带来的各种好处和积极意义进行说明和分析，同时结合国内外的各种电动汽车分时共享租赁平台发展趋势和研究现状，对电动汽车分时共享租赁平台以后的发展空间进行说明；通过分析各个电动汽车分时共享租赁平台的实例，了解电动汽车分时共享租赁平台所要处理的车辆交互信息和车辆数据信息，得出所研究的电动汽车分时共享租赁平台所具有的功能模块；接着对该系统的数据库设计、详细功能设计以及总体设计等进行了分析和说明，然后根据对该系统的设计部分和需求分析部分进行该系统的测试实施工作；最后对该系统中将要改进和目前存在的问题进行说明和分析。杨小鸿对新能源出租汽车与分时租赁共同发展的现状进行了阐述，从运营网点数量较少、汽车服务方面存在局限性、相关的监管体系有待完善三个方面入手，对新能源出租汽车与分时租赁存在的主要问题进行解析，并以此为依据提出了我国新能源出租汽车分时租赁服务的优化措施。郭传凯针对传统出租车行业难以满足乘客的出行需求，在新型出行服务应运而生并不断壮大的情况下，围绕互联网技术的应用应使网约车以共享经济调动闲散资源参与城市客运的思路，根据交通部网约车新规及地方网约车法规既认可网约车的合法地位，又试图将其拉入传统出租车的监管框架，共享经济属性的褪去导致了社会福利下降的事实，提出了监管者变革思路的途径和方法。陈成功探讨了营运车辆挂靠经营与租赁经营的行政监管问题。马铭婉从遵循“被动型”监管思路，鼓励创新，坚守审慎监管的态度等角度，研究了政府和网约车平台职责分明、各司其职、承认平台的治理地位、构建“政府管平台，平台管司机和车辆”的监管模式。李晓瑜通过对理论界和实践中出现的新政合宪合法性考问、网约车运输服务法律关系、网约车平台承运人身份等问题进行了充分论证，研究了打造“政府管平台、平台管专车”法治监管模式。

2. 汽车租赁现状

（1）概述。随着中国汽车市场进入后市场时代，汽车租赁将迎来新一轮增长，在互联网经济对汽车行业的不断影响下，“分时租赁”与“共享经济”等新概念成为汽车租赁市场的热点。未来汽车租赁市场仍将保持较高的发展速度，预计到2020年中国汽车租赁市场规模将达到810亿元。

与传统汽车相比，新能源汽车在使用成本、环保上具有无可比拟的优势。为了加速新能源汽车的销售，充分利用国家产业补贴政策，新能源主机厂纷纷加入汽车租赁行业。目前，加入新能源汽车租赁行业的企业有比亚迪股份有限公司、北京新能源汽车股份有限公司、江淮汽车集团股份有限公司、长安汽车股份有限公司、上海一汽集团、吉利汽车有限公司等企业，几乎涉及了所有的新能源主机厂。除了主机厂之外，还吸引了大量的资本涌入。目前，市场上的新能源租车品牌有一度、绿狗、地上铁、途歌、Evcard 等。2016 年新能源汽车租赁市场参与者众多，但是真正投入运营的企业很少。以北京市场为例，目前北京市场新能源租赁市场有 200 余家租赁公司参与，但是真正在运营的不到 15 家，形成规模的更少，整个产业仍处于发展的初期阶段。

按照新能源汽车租赁市场的目标客户，可以将市场分为两类：一类是以 B 端商业客户为主，专注于公务车、通勤车、物流车的租赁，其中地上铁深圳租赁公司是该领域的佼佼者；另一类是以 C 端个人用户为主，为个人提供分时租赁服务，其中北京恒誉新能源汽车租赁有限公司是该类公司的代表。

新思界产业研究中心发布的《2017 年新能源汽车租赁行业深度市场调研及投资分析报告》显示，目前两个市场均呈现良好的发展态势，截至 2016 年底，地上铁深圳租赁有限公司在成立不到两年的时间内实际运营车辆达到了 3600 辆，公司在深圳、广州两地的物流车租赁业务供不应求，目前处于无车可租的火爆状况，两地的租车业务均已实现盈利。2017 年公司新投入 10000 辆新能源汽车，继续加大市场开发力度。北京恒誉新能源汽车租赁有限公司的租车品牌为绿狗租车。绿狗租车是国内较早涉足新能源个人市场租赁的企业，曾参与科技部的公务车改革。目前绿狗租车已经在三省五市开展了租车业务，运营车辆达到 3000 辆，注册用户达到 10 万，2017 年该公司向租赁市场投入 10000 辆新能源汽车。新思界产业研究员认为，预计到 2020 年，中国新能源汽车租赁市场的规模将达到 370 亿元，新能源汽车租赁市场将成为汽车租赁市场发展最快的细分市场。同时，跨国公司进入中国，采用与中国企业合作的方式，利用中方的市场网络，实行跨国公司的管理标准，往往采用特许经营模式和合资模式。目前，主要汽车租赁公司在华布局情况如表 4-3 所示。

表 4-3 主要汽车租赁公司在华布局情况一览表

企业	时间	在中国的布局
赫兹（Hertz）	2016 年 7 月	赫兹与优步和 Lyft 达成新的租车协议
	2015 年 12 月	赫兹减持神州租车 7800 万股，交易后，赫兹的持股量将减至约 10.2%
	2015 年 9 月	赫兹减持神州股份 6000 万股
	2014 年 9 月	中国最大租车公司神州租车有限公司开始在香港首次公开发售（IPO）路演，拟筹高至 4.68 亿美元，其中约 1/3 由 5 名基础投资者及现有股东 Hertz 认购
	2013 年 5 月	中国航信与 Hertz 国际租车公司签署为期两年的独家分销协议，并计划通过系统直连对接的形式，在中国航信系统平台上在线分销 Hertz 全球租车产品
	2013 年 4 月	赫兹战略投资神州租车，赫兹门店将并入神州运营系统，继续在主要城市提供高端租赁服务
	2012 年 4 月	比亚迪美国公司和赫兹签署协议，比亚迪 E6“先行者”电动车将在赫兹的帮助下进入美国租赁市场，而赫兹下一步计划将比亚迪 E6 的租赁市场扩大到北京和上海
	2011 年 8 月	比亚迪汽车与全球最大的汽车租赁公司赫兹在深圳坪山工厂正式签约，双方将联手推出电动汽车出租业务
	2011 年 8 月	赫兹租车宣布在华启动电动车租赁计划。未来将积极与上海嘉定国际汽车城开展合作，加强电动车和插电式混合动力车在嘉定区企业、政府和社区中的推广，促进电动车租赁项目的发展
安飞士（Avis）	2016 年 11 月	安飞士与滴滴出行达成战略合作协议，双方将携手为滴滴中国用户在近 175 个国家和地区提供境外安飞士（Avis）以及巴吉（Budget）的租车服务
	2015 年 1 月	安飞士与丰田汽车（中国）投资有限公司携手，共同推出福祉车租赁服务。于 2015 年 1 月 23 日开始，安飞士在上海地区提供 ALPHARD 埃尔法、HIACE 海艾士福祉车的租赁，这在中国汽车租赁服务行业尚属首次尝试
	2014 年 10 月	上汽大通与 Avis 安飞士租车成功达成了机场等专线车品牌联合推广合作，将为上海地区的消费者提供大批量上汽大通 G10“国宾车”级用车服务的豪华福利
	2011 年初	安飞士在中国推出“分时租车”的短租业务
	2002 年	安飞士与上海安吉汽车租赁公司各出资 3300 万美元组建合资企业

资料来源：前瞻产业研究院整理

（2）实际现状概述。途歌押金难退。途歌，以互联网为背景的共享汽车公司，行业内的种子选手。途歌采取分时租赁模式，也就是可以随取随用的汽车租赁服务，用户可以按个人用车需求和用车时间预定租车时长和租用车型，如今被曝用户1500元的押金都难以退还。在2018年初，途歌就被曝出广州和深圳有大量共享汽车闲置在停车场，汽车出租方考虑资产安全问题，就回收了车辆，导致途歌的停运。9月，又传出途歌悄然撤出南京市场，北京、广州等地的运维接近停滞。官方对于押金的设定是最后一笔订单结算后20天就能申请退还租车押金。若在历次用车中未发现违章行为，押金将于7个工作日退还。但是用户们申请后都超过一个月了，甚至有些已经申请了三个月都还没有收到退款。

Car2Go失联。Car2Go是戴姆勒旗下的共享汽车项目，它和普通的共享汽车不一样，没有设定取还车的地点，与共享单车模式类似，并且目前在中国只有重庆才有。在苹果手机上的App Store中已经搜索不到这款应用了。另外一位预装过Car2Go的用户表示，软件似乎已经“抛锚了”，注册和登录基本都不行。

二、国内汽车租赁与监管

（一）新能源汽车租赁现存问题

新能源汽车自面世以来，就一直备受瞩目，无论是国家对于新能源汽车购置的补贴政策，还是社会各界对新能源汽车发展的助力推进，一直未曾停滞。新能源分时租赁作为新能源汽车领域里的主导行业，对新能源汽车的发展具有极大的推动作用。然而，目前新能源汽车分时租赁的发展面临较大阻力、难题众多。首先，租赁公司与租户之间的信息不对称：对于车辆的实时状态，具体位置无法及时获取准确信息，不能24小时随时监测车辆故障，车辆遇险时也无法第一时间获取险情信息；租户用车时驾驶不当造成汽车损毁；等等。同时，租赁公司在对车辆、电桩的管理上存在效率不高的问题，租户寻车困难，管理系统不够完善，导致用户体验下降。

这些痛点和难题都阻碍了分时租赁行业的发展。新能源分时租赁想要突破这些瓶颈，获得发展，一定离不开物联网。目前，基于物联网技术的车联网在国内发展迅速，使得电动新能源汽车分时租赁业务渐渐被社会公众接受。电动新能源汽车分时租赁免去了传统汽车租赁过程中较为繁杂的签约流程，既不需支付高昂的租车押金，更不必前往指定的租赁门店取车。此外，电动新能源汽车的分时计费、自助取还、智能环保的分时租赁特色，使租赁汽车的过程变得更加方便、快捷、人性化，在节省租车费用的同时，还能够充分地利用车辆和道路资源。

（二）新能源汽车租赁监管平台

2016 年，北京市就已经开始在国家部委及北京市相关单位完成 2000 辆纯电动车分时租赁的示范运营。目前，北京市的新能源电动汽车分时租赁车辆已经超过万台，充电网点数百个，监管平台的架构如图 4-7 所示。

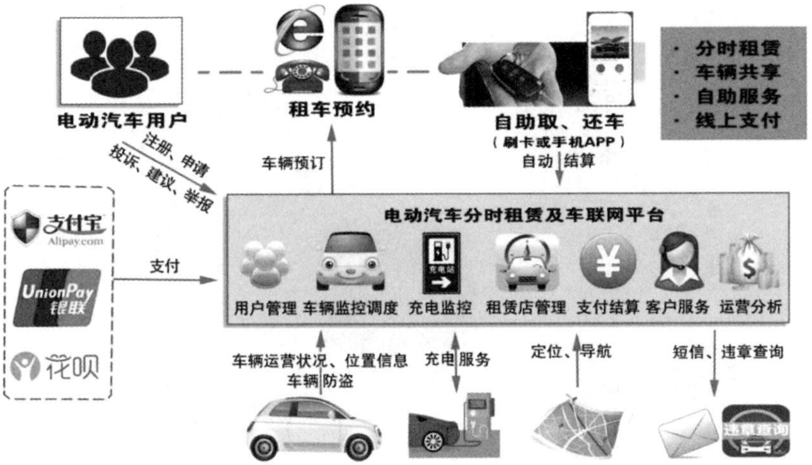

图 4-7　新能源汽车分时租赁汽车管控平台

在图 4-7 所示的新能源汽车分时租赁汽车管控平台中，车辆运营状况、位置信息、车辆防盗、车辆定位、车辆导航、监控调度等功能的实现，都采用了传感器、GPS、RFID、嵌入式等物联网技术。

（三）迪蒙汽车分时租赁监管平台

1. 平台概述

迪蒙汽车租赁解决方案是由迪蒙公司自主设计研发的一套多网融合汽车租赁管理整体解决方案。方案融合了共享经济理念，通过先进的移动互联网技术，对传统汽车租赁系统进行了互联网化改造，不仅覆盖了传统租赁业务模式，还拓展了多元化的线上汽车租赁业务。通过系统，客户不仅可以高效开展和管理线下业务，还可通过 PC 网站、App 等渠道开展全新的线上租赁业务。最大化优化配置时间与空间，提高汽车使用效率、提升用户体验、降低企业管理运营成本，助力企业“互联网 +”升级转型。

迪蒙汽车租赁解决方案适用于传统线下租赁公司、拥有大量闲置车辆的政府企事业单位，其业务模式如图 4-8 所示。

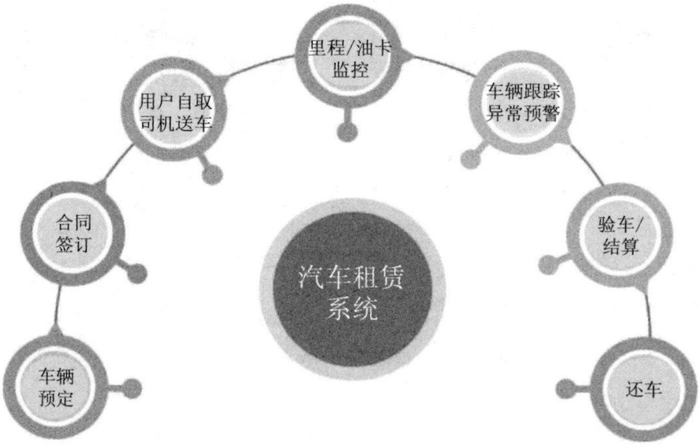

图 4-8　迪蒙汽车租赁监管方案

2. 平台优势

业务类型全覆盖：迪蒙汽车租赁监管平台能够覆盖长租、短租、代驾、接送机、以租代售、分时租赁、公车租赁等各项租赁业务。

全方位实时监控：迪蒙汽车租赁监管平台实现订单、车辆、合同、客户的全程跟踪，实时监控，平台业务一手掌控。

灵活的租金设置：迪蒙汽车租赁监管平台针对不同车辆，可设置不同的租金和优惠活动，经营多样化。

高性能稳定架构：迪蒙汽车租赁监管平台（以下简称平台）采用先进技术架构，基于分布式结构部署，支持大批量数据的处理和存储。

3. 平台分析

在图 4-8 所示的迪蒙汽车租赁监管方案中，平台将车辆定位监控与业务集成为一体，除了具备基于 GPS 的车辆跟踪、异常预警等常用功能外，“里程/油卡监控”模块还能够针对出租行业的特点，通过 GPS 设备直接统计车辆行驶的公里数、剩余油量、用车时间等信息，并与“验车/结算”“还车”等结算模块进行挂接，实现一体化服务。

（四）智信通汽车分时租赁监管方案

作为中国顶尖的智能控车车联网整体提供商，智信通在汽车金融、出行分时租赁、网约车和汽车新零售领域，已与众多行业内顶级品牌商达成合作，为整个汽车行业解决了无数车联网技术难题，助力打造车联网智能控车新业态。针对分时汽车租赁业务，智信通基于物联网技术的“智能车载终端+后台管理系统”智能控车解决方案的功能模块如图 4-9 所示。

图 4-9　智信通智能控车解决方案功能模块图

智信通智能控车解决方案的核心功能主要包括三大服务，即控制服务、数据服务和事件报警，具体内容如下：

控制服务：远程寻车（鸣喇叭）、远程开锁、远程锁门、远程开后备箱、钥匙控制、断总线供电。

数据服务：读取车身状态（发动机状态、开锁状态、锁门状态、四门开启状态、四门关闭状态、安全带、后备箱、手刹、档位状态、刹车踏板、续航里程、总里程、油量、发动机启动状态、发动机熄火状态）信息、GPS 信息、VIN 码、驾驶行为、位置监控、轨迹监控。

事件报警：非法开门报警、中控锁未锁报警、门未关报警、后备箱未关报警、碰撞报警、亏电报警、插拔报警。

图 4-9 所示智能控车解决方案适用于新能源、燃油车、物流车辆分时出行。该方案率先实现无人值守下随时起租、随时停租的出行业务，是日租、长租业务的升级版，是未来大众出行业务的主流。

智信通分时租赁解决方案的后台管理系统设有远程控制、位置监控、轨迹监控、围栏报警等多个管理模块；解决方案包含内置采集端、外置采集端、远程控制终端以及移动 GPS 和唯一识别等硬件产品。通过前端的车载硬件产品，采集到相关数据并及时反馈到后端系统平台。

智信通分时租赁解决方案可以实现车辆轨迹监控，监控和回看轨迹路线，精准里程读取，方便计算租车费用；精确事故车信息及时收集，了解驾驶员的驾驶行为；精确了解车辆状态，剩余电量、续航里程，充电桩管理等。系统全自动运营，可以根据数据合理分配管理人员，降低营运成本；同时实现对车辆和驾驶员的实时监控，了解车辆状态和驾驶员行为，降低信息不对称性。通过远程控制终端，能够实现对车辆的远程控制，如开锁车门、升降车窗、开启大灯、开起后备箱等，同时还能实现远程断电。这些功能解决了分时租赁风险监控问题。在资产监控方面，具有远程事故报警、拖拽报警、异常震动报警、车辆故障报警、拆除报警、碰撞报警、位移报警、急停报警等报警功能以及位置轨迹监测、驾驶行为分析等功能，能够实现对车辆的实时监控，从而全天候保证车辆资产安全。行驶记录仪独有的高清行驶记录功能，配备 1080P 超高清摄像头，能看清 10 米外前车车牌号，全天候行车录像，可为碰瓷、意外事故记录下有力的证据。而超级胎压监测器则具有轮胎亏气报警功能，防止行车途中发生爆胎，保障驾驶员及乘车人生命安全。

目前，智信通新能源分时租赁解决方案已经在宜维租车、大连全在用车、亿源动力、滴滴出行、首汽约车等平台上得到推广运用。Trend Force 旗下拓墣产业研究所预计，2016 年全球汽车共享参与者数量将超过 1500 万人，汽车数量将超过 26 万台。若以 1 台共享汽车可取代 9～13 台私家车计算，相当于取代 234 万～338 万台的私家车，这表明未来汽车共享服务需求规模将继续稳定成长。由于汽车共享公司的收入可观，所以许多汽车制造商开始涉足这一领域。

第三节　实证 3——基于物联网的供应链融资押物监管

一、供应链融资

（一）供应链金融及其研究现状

1. 供应链金融的含义

供应链金融，是指以核心客户为依托，以真实贸易背景为前提，运用自偿性贸易融资的方式，通过应收账款质押、货权质押等手段封闭资金流或者控制物权，对供应链上下游企业提供的综合性金融产品和服务。不难想象，供应链融资是由商品交易过程中的应收应付、预收预付和存货融资衍生出来的一种组合融资方式，是以核心企业为切入点，通过对信息流、物流、资金流的有效控制或对有实力方关联方责任捆绑，针对核心企业以及上下游长期合作的供应商、经销商提供的整体融资服务。

由于物流占据了整个商品交易过程中重要的交付环节，连接了供应链的上下游，物流服务环节和物流生产环节在供应链上起到了举足轻重的作用，因此，在物联网金融业态下，基于大型物流企业的供应链金融模式，是当下最普遍的供应链融资途径。国内大型快递公司如顺丰、申通、圆通、中通、百世汇通等，大型物流公司如中铁物流集团（中仓网）、德邦、华宇、安能等，均通过海量客户收发物流信息进行供应链金融服务。目前，顺丰、德邦已经开始通过物流数据渗透货主采购、仓储物流费用等方面，从而进入供应链金融。

2. 研究现状

潘敏、吕栋等在厘清互联网金融本质属性的基础上，以互联网金融倒逼传统银行经营转型为背景，分析互联网金融对传统银行业“二八原则”经营理念的冲击，提出以“三流合一”创新小微客户信用风险管理的思路，并以应用物联网技术实现对动产质押品（汽车）实时监管为例作了详细描述；冯晓玮、王成付及郭行飞针对传统供应链融资方式，按照初始授信、合作放款、贷后回款三大运营阶段和线下、线上两大操作过程，在总结相关信用风险和操作风险的基础上，采用物联网金融模式对风险进行了控制，并从感知层、网络层、应用层三个层次，给出了识别物联网金融模式下供应链融资新生风险的方法，为识别与控制相关风险，以及供应链融资的物联网化奠定了坚实基础；尹海丹以中山市为例，分析供应链金融实践运作情况，收集样本数据，通过构建结构方程模型（SEM），对中山市供应链金融发展影响因素进行实证分析，提出了供应链金融发展路径建议；龙云安、张健、艾蓉针对供应链系统本身存在问题致使供应链金融发展陷入瓶颈状态的现象，通过分析供应链金融和“区块链+供应链金融”平台发展现状，针对平台出现的问题，开创性地将基于区块链技术的供应链金融平台分为权限管理、授信管理、合约管理和溯源追踪四个模块，对其进行优化设计，以充分利用区块链技术特点，保障交易、数据的真实性和共享性，扩大供应链金融服务对象，实现供应链全覆盖，分析了平台可能出现的风险并提出相关建议；刘伯超从供应链融资动产质押的内涵与法律关系入手，以《物权法》《担保法》为法律基础，结合《合同法》等相关法律规定，从质权的有效性风险、动产质权优先受偿性受阻的风险、质权实现的风险、质权人与监管人间法律关系不确定性的风险、质押物本身价值不确定性的风险等方面提出了供应链融资动产质押的法律风险，并从供应链融资中动产质押法律法规完善建议、实务操作层面的措施两个维度提出法律风险防范措施。

（二）供应链融资的架构

供应链融资业务模型架构如图 4-10 所示。

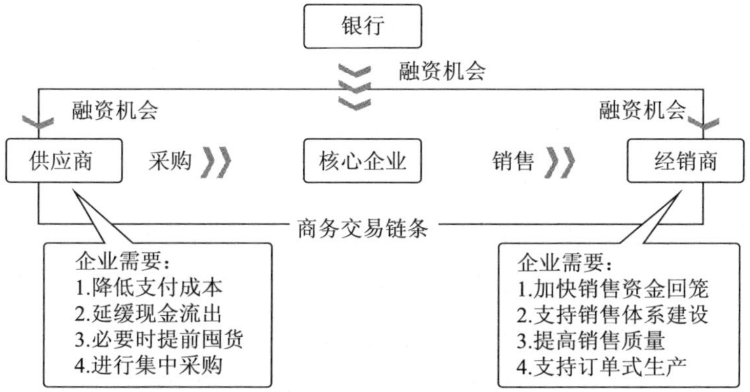

图 4-10　供应链融资业务模型架构

在供应链融资业务中，供应链上下游的原材料、半成品和成品供应商，负责供应链融资动产监管的第三方企业，以及经销商、金融机构和第三方物流企业之间的关系如图 4-11 所示。

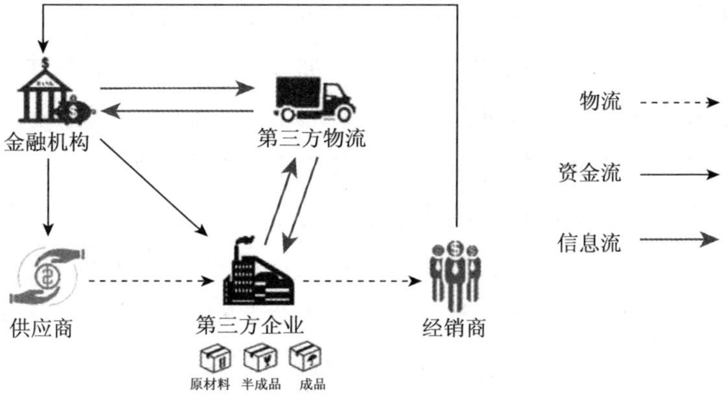

图 4-11　供应链融资关系图

近几年，在国内较为严峻的经济大背景下，许多供应链上下游的中小企业无法迅速获得资金，银行等传统金融机构门槛较高，而互联网金融平台通过开展供应链金融业务，能够帮助中小企业融资，使资金流入到实体企业里去。而中小企业完成销售后会通过互联网金融平台回报给投资者本金和利息，能够有效降低成本，符合互联网金融合规化发展的逻辑。也就是说，供应链融资试图解决上下游企业融资难、担保难的问题，打通供应链上下游企业融资瓶颈，降低供应链上下游企业的融资成本，提高核心企业及配套企业的竞争力。

（三）供应链融资的优势

降低融资风险。在传统的工业领域，由于产业链较长，在产业链上的中小企业通常会以赊账销售形式达成交易，因此会造成企业资金紧张，风险增大。中小企业由于融资难度较大，导致整条产业链运行不佳。供应链金融是在整条产业链当中选取一个核心企业，以此作为信用担保，为上下游中小企业提供融资服务。因为融资中不仅有核心企业作为担保，还有实际的交易行为作为抵押，故在融资方面，供应链金融会大幅度降低中小企业的融资风险，激活融资市场。

降低融资成本。传统中小企业融资大部分会找银行进行贷款，但银行融资的利率很高，会给企业带来较大的负担，有可能会造成贷款的成本大于企业最后的利润。因此，贷款贵的问题一直困扰着中小企业。进入互联网时代以来，供应链金融和互联网相结合，一方面破解了融资信息不对称难题，另一方面把投资人和中小企业通过产业链连接起来，盘活了资金量，使中小企业摆脱银行贷款的限制，能够以较低的成本获得融资资金。

提高融资效率。供应链上的中小企业处于从属地位，经常会出现资金短缺的现象。究其原因，一是长期以来供应链形成的押货押款的行业规则，二是资金常用于供应核心企业产品。所以中小企业常需要通过融资来缓解经营压力，而且融资需要的时效性较高，一般最长时间会持续半年左右，而融资需要资金则时间要求较短。此外，供应链金融可以提高企业信用等级，把供应链全局的资金盘活，大幅度提高资金的使用效率，提高企业的融资速度。

（四）供应链融资的未来

供应链金融在美国的实践，为人们提供了有价值的观察窗口，成为核心企业重要的盈利来源，UPS（United Parcel Service，联合包裹服务公司）和GE（美国通用电气集团）的金融业务占总收入的比例可达17%和30%。我们认为，供应链金融在中国将“青出于蓝而胜于蓝”。究其原因，大致有二：一是相比美国的金融自由化，我国金融管制造成金融资源配置的低效率，众多中小企业融资成本居高不下，供应链融资的诉求远高于美国；二是以互联网为特征的金融创新在国内如火如荼，已经引领世界潮流。将创新工具用于供应链，全面拓宽了资金来源，突破了美国模式下核心企业自身信用天花板的限制，令金融具备成为主业的可能条件。

目前，中国已经摘得全球供应链业务规模的桂冠。预测至2020年，我国供应链金融业务规模将达15万亿元。

（五）供应链融资的风险

1. 信用风险

核心企业因其竞争力较强和规模极大，故在上下游中小企业的议价谈判中处于强势地位，往往在交货、价格、账期等贸易条件方面对上下游中小企业要求苛刻，占用供应商大量的资金，导致供应链资金紧张，迫使供应商向银行融资以维持企业的基本生产运作。一旦企业获得银行贷款以后，供应链资金紧张状况获得缓解，核心企业有可能进一步丧失支付货款的积极性，使得供应链出现不稳定性，带来一定风险。

第一，中小企业存在管理不规范、资产规模小、缺乏对自身信用的管理和资信不足等问题；同时，中小企业生产经营行为的不确定性较大，导致风险很高。第二，银行企业以及企业与企业之间的信息不对称带来了负面效应。这两方面的因素使得信用风险成为供应链融资服务商的主要风险来源。

2. 监管风险

由于供应链整个环境的复杂，使得银行和核心企业很难做到对流程进行监管和控制。如供应链中的运输和仓储环节的规范缺乏标准，流通中的物权很难得到相应保证，使得银行风险管理无法实现无缝连接。

3. 信息传递风险

由于每个企业都是独立经营和管理的经济实体，当供应链规模日益扩大、结构日趋复杂时，供应链上出现错误信息的机会也随之增多。信息传递延迟将导致上下游企业之间沟通不充分，对产品的生产以及客户的需求在理解上出现分歧，不能真正满足市场的需求。这种情况可能给商业银行传递一种不准确或有偏差的信息，从而影响商业银行的判断，带来风险。

供应链融资还存在行业风险、经营风险、市场风险、法律风险、政策风险等。行业风险是衡量企业所在行业周期性的繁荣和衰退，对金融机构产生的潜在风险；经营风险是衡量企业内部的经营管理能力，体现企业的付款能力。如果不能对这些风险进行有效的识别和防范，会在融资过程中为银行带来损失和不利。但物联网技术的发展和运用可以有效控制供应链融资的传统风险，提高银行的监管水平，给物流企业发展带来诸多便利，促使企业更好地进行融资，提升资金周转效率，降低运行成本，形成多方共赢。

（六）供应链融资案例与风险分析

1. 案例 1：基于应收账款的供应链融资模型

家乐福集团是全球 500 强企业，运营稳健，对上游供应商有明确的付款期限且能按照合同执行，在全球有着数以万计的供应商。银行可以将家乐福集团作为核心企业，为其上游供应商设计供应链融资模型。结合历年的应付款项和合同期限，综合评估后给予供应商一个授信额度，该额度在偿还后可以循环使用。然后由家乐福集团将支付给上游供应商的款项支付给银行，由此完成一个封闭的资金链循环。该供应链融资模型能够缓解供应商的资金压力，同时促进银行获取更多的客户。

家乐福集团基于应收账款的供应链融资存在的风险如下：

家乐福集团的风险：家乐福集团是否会出现经营、税务、人事变动等风险，如果出现，是否仍然能够按照合同支付供应商货款。在贸易公司中，违约支付货款的现象非常普遍。此类风险一旦产生，将严重影响银行贷款的安全性。

上游供应商的风险：主要表现在对家乐福集团的供货规模是否稳定，产品质量是否稳定，以及经营的规范性能否承受税务、工商、消防、卫生等政府部门的检查风险。由于上游供应商往往规模较小，经营的稳健性和规范性并不能保证，承受政府检查的能力往往较低。因此根据上游供应商和家乐福集团的交易数据，动态评估上游供应商的风险是必要的。

上游供应商和家乐福集团的合作风险：主要表现在上游供应商和家乐福集团的合作是否出现问题。其中，供货规模的波动能够反映很多问题。因此，及时了解家乐福集团和供应商的交易数据是非常重要的。

2. 案例 2：基于库存的供应链融资模型

UPS 是 1907 年成立于美国的一家快递公司，如今已发展成为拥有 360 亿美元资产的大公司。UPS 在 2001 年收购了美国第一国际银行，并将其改造为 UPS 金融部门，并推出开具信用证、兑付国际票据等国际金融业务。UPS 可以在沃尔玛公司和东南亚数以万计的中小供应商之间斡旋。UPS 在两周内将货款提前支付给供应商，前提是揽下其出口清关、货运等业务及获得一笔可观的手续费。出口商得到了及时的现金流，UPS 则和沃尔玛公司进行一对一的结算。UPS 依托的是出口商的货物质押权，依据出口商、UPS、沃尔玛公司之间的三方协议，明确货物质量、价格调整等问题的责任划分和相关规则。同时，将风险分解到合作各方，谁能更有效地承担和消化风险，就应该由其承担该风险。UPS 连接着沃尔玛公司和出口商，其可能存在的风险在于：

出口商：产品质量出现问题造成沃尔玛公司不能及时支付，或者其他原因引起沃尔玛公司不愿意及时支付。由于 UPS 不能代替沃尔玛公司履行验货的职能，因此提前支付出口商的款项，必然面临货物验收不通过所带来的风险。尽管可以通过经验来判断哪些产品出现质量问题的风险较小，或者简单通过“免检”证明来判断，但依然存在这样的风险。此类风险必须在三方协议中加以明确，并转嫁给出口商。或者约定在沃尔玛公司产品验收合格后支付出口商货款，以屏蔽货物质量问题。

沃尔玛公司的风险类似于案例 1。沃尔玛公司和出口商的合作风险类似于上述案例。

以上两个案例是两类最为典型的供应链金融产品，案例 1 依托的是应收账款质押，案例 2 依托的是库存质押。通过上述两个案例的分析，可以清晰地看出供应链融资业务的风险主要来源于三个方面：核心企业风险、合作伙伴风险以及核心企业和合作伙伴的合作风险。

二、基于物联网的供应链融资监管

（一）基于物联网的供应链融资监管模式

基于物联网的供应链融资监管模式，主要是通过 GPS、生物识别等手段，对动产存货进行识别、定位、跟踪、监控等系统化、智能化管理，然后进行数据汇总并分析，使客户、监管方和银行等各方参与者均可从时间、空间两个维度，动态、全面、实时感知和监督动产的存续状态和发生的变化，进行风险监控和市场预测。这种对动产无遗漏环节的监管，极大地降低了动产质押的风险。

基于物联网的供应链融资监管模式如图 4-12 所示。

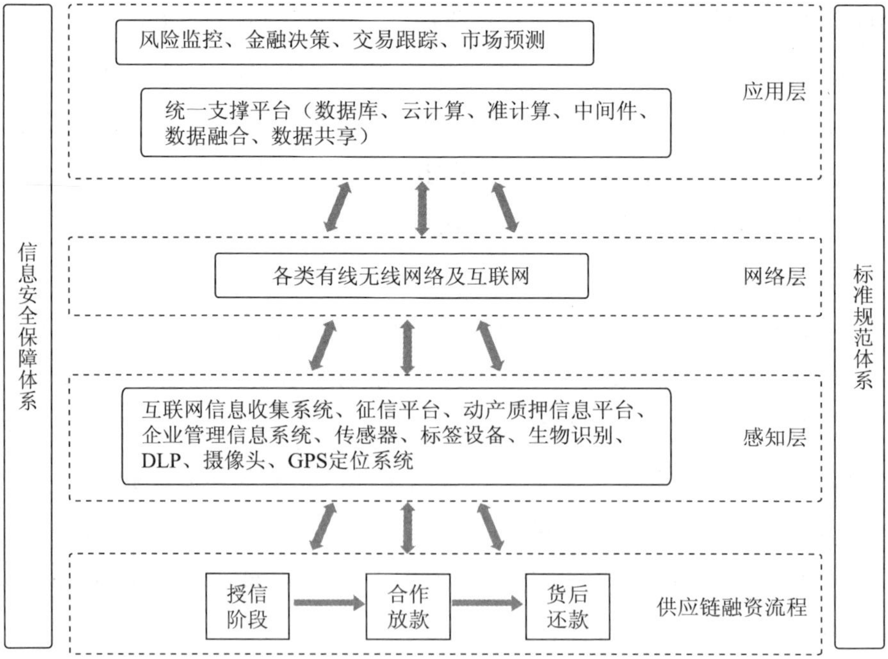

图 4-12　基于物联网的供应链融资监管模式

（二）基于物联网的供应链融资三大优势

基于物联网的供应链融资模式具有以下三大优势：一是政府鼓励和支持供应链金融系统模式，完善的政策使得供应链金融能健康发展；二是随着科技创新和技术创新，互联网供应链金融产品更具有创新力；三是供应链金融的产品多样，市场广阔，有实体企业增加信心，并且周期较短，产品需求大。

随着行业发展，未来还会有更多不同的风控手段、更多参与主体、更多服务机构和监管政策等的出现，但不论怎样发展，技术和供应链金融的结合是需要一直坚持的。

（三）基于物联网的供应链融资监管风险分析

基于物联网的供应链融资模式在风险控制上，需要把单个企业的不可控风险转变为供应链企业的整体可控风险。在授信时要考察企业的真实经营状况，对于资金流向和货物流向要合理监控。如果出现风险，互联网金融平台要迅速应对，化解协调风险，以保证投资者利益不受侵害。从目前的发展来看，物联网在供应链金融服务领域中的作用还是趋向于利好的方向发展，但是，这并不代表在今后的发展过程中没有任何的风险存在。物联网金融模式下传统供应链融资风险将得到很大程度的控制，但同时不可避免地会产生各类新生风险。

根据物联网金融的分层结构，可以将新生风险分为三类：感知层风险、网络层风险、应用层风险。

1. 感知层风险

感知层所采集信息的准确性、完整性、全面性是其风险的主要关注点。因此，感知箱、感知罩乃至感知仓内各类信息源的低效运行、相关检测设备失灵或故障，将直接导致风险的产生。

对照供应链金融的授信、放款、回款三个阶段，基于物联网的供应链融资模式在感知层的新生风险如下：

（1）授信阶段需要得到借款企业的相关数据，可能面临的风险有：电商数据不可靠风险、平台数据不完整风险、市场信息不准确风险。

（2）合作放款阶段，主要是质押物验收阶段，可能面临的风险有：品质检验设备故障风险、监测不及时不准确风险、反应不及时风险、货物丢失风险、配送故障风险。

（3）贷后回款阶段，面临的风险除了合作放款阶段的风险外，还有融资项目跟踪不及时风险、市场信息收集不全面风险。

2. 网络层风险

在基于物联网的供应链融资模式中，网络层主要借助互联网技术将感知层得到的数据进行远距离传输。由于相关技术和标准尚不完备，因而产生了较多风险。面临的风险主要有：信息泄露风险、信息延迟风险、信息加密风险、信息丢失风险、信息不对称风险、物联网标准风险、恶意干扰风险、网络不稳定风险。这些风险将导致应用层不能及时得到全面、准确、客观的数据信息，对后续数据处理和科学决策产生重大影响。

3. 应用层风险

在基于物联网的供应链融资模式中，应用层，可以通过对下层获得数据的清洗、标注、挖掘等途径，为风险监测、金融决策、交易跟踪、市场预测等提供服务。这一层次的风险主要是参与各方合作经营以及有可能破坏合作状态所产生的风险，主要有：商业机密泄露风险、知识产权保护风险、数据挖掘效率风险、数据融合风险、各参与方合作风险、物联网管理风险、社会经济风险、政策法规风险、组织管理风险。

（四）基于物联网的供应链融资营销建议

通过以上对基于物联网的供应链融资模式的分析，建议在具体的营销方面，银行应注意以下几点：

1. 完善物联网技术

物联网作为一个“可视追踪”的技术平台，可以有效地帮助银行与客户对相关金融服务产品的操作与收益进行及时的跟踪与监管，可以在第一时间根据市场的运营情况制定科学的管理制度与操作方法，从而降低在金融服务过程中由于市场波动而带来的收益风险。但从当前技术水平来看，物联网给供应链金融带来便利的同时也相应地带来了很多技术上的风险，所以银行在未来应注重完善物联网技术。

2. 注意相关设备的技术水平

在感知层，相关检测设备的失灵可能会导致数据不可靠、货物丢失等问题，所以在应用物联网技术的同时，需要严格限制相关设备的技术水平，尽量降低在感知层的风险。

3. 横向扩展物联网金融的覆盖行业

2016 年，平安银行继续以汽车行业为突破口，逐步将物联网动产融资覆盖至有色金属、能源、建材、矿产品、农产品等多个行业，着力打造出“物联网+供应链”大宗商品金融范式。因此，其他商业银行可以在诸多领域与大型生产企业、交易平台、仓储物流企业合作，将“物联网+供应链”金融覆盖至多个行业。

三、海尔供应链融资及监管案例

目前，中信银行已与海尔集团开展供应链金融在线融资项目合作。海尔集团旗下日日顺平台现有的销售网、物流网、信息网与中信银行的供应链网络金融业务紧密结合，搭建线上线下相融合的供应链网络平台，其业务流程如图 4-13 所示。该平台为日日顺平台上下游中小企业提供便捷融资和支付服务，并通过严密的管理流程，借助大数据的分析技术有效控制风险。

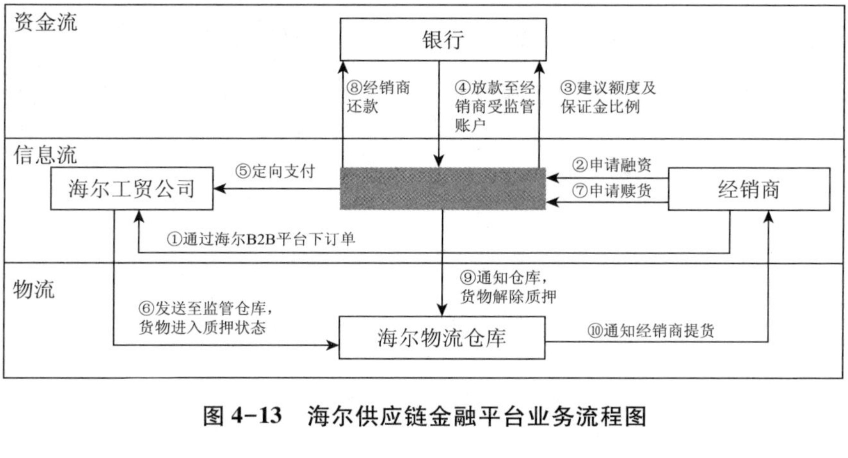

图 4-13　海尔供应链金融平台业务流程图

首先，通过传感器、标签、生物识别、DLP、条形码、摄像头、GPS 等手段收集信息，把握产品从生产、运输到销售的每一个环节。由此，可以提高产品的流通效率，也可对产品的生产及运输进行监控，确保质量与安全。同时，保证信息在供应链中的透明度，使得信息对称化，有利于提高企业的信用度，加强上下游企业间的服务往来。

海尔集团成立自己的 P2P 平台和第三方支付公司快捷通，不仅可以保证融资有真实贸易依据，还能把账款真实打到规定的账户，防止挪作他用，同时在物流网上对贸易货物进行监控。

通过物联网技术，海尔掌握了供应链上下游的资金、货物流通、经营等众多数据。海尔提供的经营数据与企业财务数据相结合，可以构建更为全面的信用评价模型，屏蔽信用较差企业，缓解信用风险；全自动的在线操作与风险预警，最大限度控制了操作风险；消费品行业价格的稳定性，则基本规避了货物价格波动所带来的市场风险。

在海尔供应链融资业务中，由于授信对象大多为小微企业，贷款需求额度普遍在 500 万元以下，是传统意义上的高风险客户群体。而且，这些客户普遍缺乏抵押和担保物，日常的融资需求主要依靠民间借贷，经营风险较高。而物联网技术的运用恰好可以降低银行的信用风险。

中信银行方面，通过物联网技术在企业中的运用，银行可获得企业产品流、资金流等数据，及时了解企业的经营状况，对企业、资金流等进行高效的监管，解决以往银行监管“难”的问题。根据海尔集团 2016 年 5 月发布的最新数据，其供应链金融平台交易量已经达到 101 亿，用户规模为 200 万，发展十分迅猛。

第四节　实证 4——平安银行大宗商品融资押物监管

一、动因与思路

（一）动因

传统动产融资贷款时需要雇佣第三方监管公司对质押物进行监管，增加了银行成本。同时，在传统动产融资业务模式中，监管的质量和准确性主要取决于监管公司的管理能力和现场监管人员的履责程度，银行面临重复抵质押、押品不足值、押品不能特定化、货权不清晰、监管过程不透明、监管方道德风险、预警不及时等一系列风险。此外，对于企业来说，传统的动产质押需要将企业的质押物移到银行指定的仓库中，其不但增加了企业物流成本，而且也会妨碍企业的正常经营。

为解决银行上述难题，平安银行联合感知集团，通过引入物联网技术，有效地赋予动产以不动产的属性，重振银行动产融资业务。

（二）思路

1. 方案概述

平安银行联合感知集团引入感知罩等物联网传感设备和智能监管系统，在全国钢材交易的重点区域推进了大型仓库的智能改造升级，利用 RFID、智能视频、工业二维码等技术赋予动产以不动产的属性，实现了对动产存货的识别、定位、跟踪、监控等系统化、智能化管理，使客户、监管方和银行等各方参与者均可以从时间、空间两个维度全面感知和监督动产存续的状态和发生的变化，有效解决了动产融资过程中信息不对称问题。

2. 结构模式

在货物卸载过程中，重力传感器实时采集入库货物的重量，并传输至后台仓单管理平台。同时，定位设备实时监测和采集入库货物所存放的仓库位置信息，仓库管理人员可以实时监控货物是否卸载至正确的库位及监测作业完成进度。系统通过自动比对前端设备采集的货物重量数据与录入的重量数据，判断是否装卸完毕。如装卸完毕，则扫描设备对入库货物进行 3D 轮廓扫描，并将所采集信息传输至仓单管理平台。扫描完成后，仓单管理平台根据仓库位置、库位、货物信息绑定生成仓单，并对仓单进行锁定，激活报警服务。仓单处于锁定状态时，对仓单项下货物进行任何未经许可的操作时，系统将自动产生预警信息，同时将预警信息自动推送至移动监管端 App，库管员和银行人员可及时收到预警信息并采取行动。

3. 风险防范

物联网技术给银行带来便利的同时，也带来了监控方面的隐患。感知设备信号容易被干扰。例如安置在物品上的传感设备，一旦信号受到恶意干扰，很容易造成物品损失，而且重要信息也容易被篡改和丢失。同时，如果感知设备被摘除也会使对仓库物品的监控缺失。为了防范风险，感知设备可以在电池供电，低功耗的情况下保持连续工作 6~12 个月；设备具有报警服务，包括 7×24 小时不间断预警与报警服务，授权设备状态预警与货物重量变化报警，还有非授权设备预警与轮廓变化报警。

二、电子仓单质押线上融资业务

（一）业务简介

平安银行的“电子仓单质押线上融资业务”，是与现货类电子交易市场合作，通过平安银行线上融资平台、市场电子交易平台和仓单管理平台等多方平台的互联互通，为市场交易会员特别定制的一项全流程在线融资产品/服务。

平安银行的“电子仓单质押线上融资业务”包括拟交收电子仓单质押线上融资、已有电子仓单质押线上融资两种业务模式，买方交易会员和卖方交易会员的线上融资需求得以全覆盖。买方交易会员，可以预先利用银行融资购得仓单；卖方交易会员，则可以经市场注册的电子仓单在平安银行“贴现”，快速获得流动资金。

（二）业务特点和优势

1. 买方客户无须先行提供担保即可实现融资

电子仓单质押线上融资业务，不仅能解决卖方会员因电子仓单占压资金所面临的流动资金需求，也能满足买方会员因支付仓单交收款项所需的融资需求，且无须先行提供任何抵质押担保。

2. 交易行为与融资服务无缝嵌入

客户无须改变交易操作习惯，交易、融资、交收、支付一站式搞定。平安银行线上融资平台通过与电子交易市场电子交易平台和仓单管理平台的互联互通和数据协同，已成功实现了会员交易、交收、支付行为与银行结算、融资服务的无缝衔接和高效融合。

3. 首推电子仓单质押在线

电子仓单质押在线的融资业务，实现了电子仓单质押、冻结、解除的全线上操作，客户无须再办理传统质押操作的烦琐手续。

4. 全流程在线操作、高效便捷

各业务参与方均可通过相应的业务处理平台，轻松实现自身的各种业务操作处理，大大降低了手工线下操作压力。不仅降低成本，而且交易信息安全、易存储、易跟踪、易查证。单笔出账可控制在半小时到一小时之间，赎单放货 5 分钟即可完成。

5. 系统稳定，业界领先

线上操作，系统稳定与安全尤为重要。平安银行作为国内领先的、最专业的供应链金融服务银行，也是最早开展线上供应链金融服务的银行。2009 年即已全面推广应用线上融资系统，也是迄今为止唯一实现内外部系统全部打通、全流程线上操作的银行。“电子仓单质押线上融资”服务功能依托的即是这样一个成熟稳定的融资服务平台。

6. 数据高度共享，便于掌控和迅速决策

所有交易行为均在线操作和实现，信息透明，供各方实时查询和共享。电子交易平台与线上融资平台有关交易价格信息的共享，便于会员客户迅速做出买入或卖出的决策，并可利用银行结算和融资服务，迅速达成决策所期待的效果。

（三）业务申办流程

平安银行“电子仓单质押线上融资业务”的申报流程如下：

步骤 1：银行与电子交易平台签署合作协议，双方实现系统对接；

步骤 2：电子交易平台推荐拟融资的交易会员，并协助银行做会员调查；

步骤 3：交易会员提出授信申请；

步骤 4：银行审批通过后，为交易会员开通网上银行服务；

步骤 5：交易会员可通过电子交易平台或网上银行渠道，凭借平台成交记录或持平台确认的电子仓单提出具体的融资申请；

步骤 6：银行在线出账审批和发放融资；

步骤 7：交易会员可在线查看融资状态等各类信息。

三、感知物联网动产监管系统解决方案

平安银行自 2015 年在全国各大港口城市布局，大宗商品融资的大门将重新大开，而这幕后的技术推手就是无锡感知科技产业集团。目前，感知科技产业集团重点关注物联网动产监管领域的传感网、RFID、Internet 延伸与 M2M（Machine-to-Machine/Man）。

2015 年 9 月 22 日，在由万联网主办的 2015 中国物流金融创新高峰论坛上，感知科技产业集团副总裁姜华分享了“物联网动产监管系统”的主题演讲。

（一）物联网动产质押的核心技术

2015 年，感知科技产业集团与平安银行开展了基于物联网技术的动产融资押物监管的战略合作，并签署了合作协议。平安银行、感知科技产业集团联合提出了物联网金融的概念，由此触发了物联网金融革命的物联网金融模式。感知科技产业集团在研物联网的核心就是物联网动产押物监管技术，主要包括三类物联网设备，具体如下：

感知卡：能够对对象、位置、属性等实现全程的监管。

感知罩：能够实现对各种不同形状、不同属性的货物的全球监管。

感知箱：能够对特种货物和特种商品、高质押的商品进行过程管理。

（二）系统组成与工作原理

物联网动产质押监管系统由前端感知子系统、手机 App、控制中心以及后端的云平台服务器组成，系统的组成架构如图 4-14 所示。

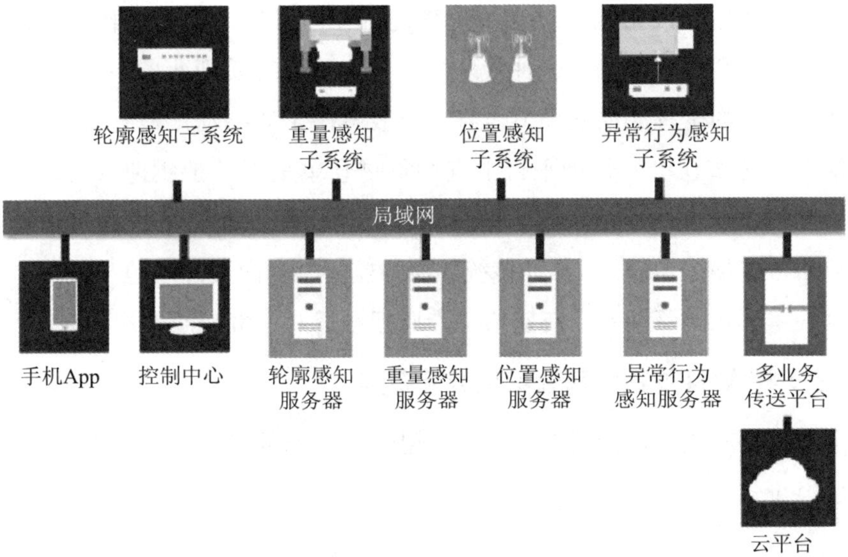

图 4-14　物联网动产质押监管系统

在图 4-14 中，物联网动产质押监管系统的前端感知子系统包括轮廓感知子系统（感知在库押物的摆放外形、轮廓）、重量感知子系统（卸货过程中货物重量的感知）、位置感知子系统（在库押物的库位信息感知）、异常行为感知子系统；后端服务器提供轮廓感知、重量感知、位置感知、异常行为感知等服务，云平台提供仓单监管服务，为客户交易、仓单融资、仓储管理等提供7×24 小时的无缝监管服务技术支撑。

物联网动产质押监管系统能够实时准确感知货物的客观存在。在系统上可以清楚看到具体货物的存放仓库、详细仓位、货物重量、形状轮廓和入库时状态信息，可直观地了解某个货物的存放仓库位置、仓位位置、重量、轮廓形状。此外，物联网动产质押监管系统能够7×24小时实时监测质押货物的重量变化、形状轮廓变化和操作区域的异常行为，严密监管货物，屏蔽了人工监管可能带来的监守自盗道德风险。当商贸企业偿还了银行贷款之后，系统对货物的报警服务解除，企业可正常出货。

物联网动产质押监管系统的核心是“感知仓单”管理。质押动产的客观物理状态是仓单管理的内容，仓单与实物之间形成一种动态、实时的对应关系，仓单生成后即被锁定，对仓单货物进行任何未经许可的操作时，系统将自动产生预警和报警信息。这种管理模式替代了传统质押业务中的人工监管，可以实现动产的全程无遗漏环节监管，有效解决了质押动产监管难题。此外，银行能在“感知仓单”管理平台上查询货物仓单是否处于质押状态，可有效避免重复质押仓单进行骗贷的问题。物联网动产质押监管系统构筑了质押动产无死角智能保护“罩”，推动传统的实物监管融资向更加规范、便捷、高效和安全的单证化融资演变，有望给动产质押融资业务带来颠覆式革新。

（三）感知科技物联网金融监管示范库

感知科技利用动产监管技术，在无锡做了一个示范库（如图4-15所示），目前已经正式运营。

图4-15　感知科技物联网金融监管示范库

图4-15所示的物联网金融监管示范库的工作是把物理仓库搬到线上，变成一个虚拟仓库进行管理。借助形状、状态、重量、位置等物联网感知和控制技术，实现了对仓库货物的质押属性的跟踪和管理。从业务生成、状态感

知，到业务确认完成、信息封装与货物绑定，再到形成感知仓单，全部自动完成。货物轮廓感知的效果如图 4-16 所示。

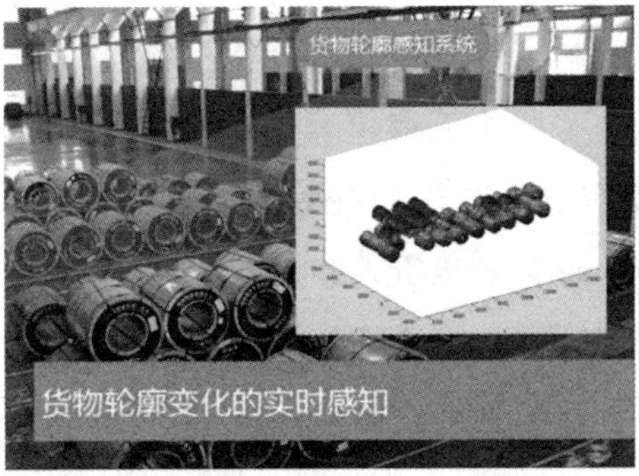

图 4-16　货物轮廓感知子系统效果图

图 4-15 所示的手机 App，是针对物联网动产质押监管系统报警提供服务的模块，能够提供包括 7×24 小时不间断的预警与报警服务、授权设备状态预警与货物重量变化报警、非授权设备预警与轮廓变化报警等。

第五节　实证 5——易简贷与中铁物流合作的仓易贷

一、项目背景

2016 年，李克强总理在两会政府工作报告中两次提及互联网金融，并在报告的“2016 年重点工作部分”强调，“加快改革完善现代金融监管体制，提高金融服务实体经济效率，实现金融风险监管全覆盖，规范发展互联网金融，大力发展普惠金融和绿色金融”。同时，国家的相关政策也为互联网/物联网金融带来了千载难逢的发展机遇。

根据河北省政府京津冀协同发展规划印发《河北省建设全国现代商贸物流重要基地 2016—2020 年规划》提出的“到 2020 年商贸物流业成为河北省

重要支柱产业，初步建立联通全球、面向全国、服务京津、带动周边、发展自己的智慧物流服务网络，大力发展物流金融”要求，中铁物流集团（中仓网）联合易简贷（冀商金融旗下的互联网金融 P2P 投资理财平台），推出河北省首个“互联网+物流”的金融产品“仓易贷”，即以仓储物资质押的方式，为有融资需求的企业或个人搭建融资平台，推动物流金融建设。仓易贷是由与中铁物流集团有长期合作的有融资需求的借款人，通过易简贷平台（官网：www. ejiandai. com）和投资人签订电子借款合同，借款人将货物质押存放在中铁物流集团仓库并签订货物质押合同，资金通过第三方支付达到借款人的对公账户，以货物质押的方式确保了投资人的资金安全，也体现出河北省商贸物流规划中“互联网+”的战略落地。仓易贷产品的上线，能够为中铁物流集团在全国各地的仓储商家们提供在生产、制造、销售等整个链条上的金融服务，为大宗商品行业企业基于动产的临时性融资提供了新渠道。

2016 年 3 月 24 日，上海檀实资产管理有限公司、上海尚升供应链管理有限公司战略入股易简贷签约仪式暨中铁物流集团联合易简贷推出“仓易贷”产品上线仪式，在石家庄市中茂海悦酒店隆重举行。

简而言之，“仓易贷”是为满足大宗商品行业企业的临时性资金需求，帮助企业完成灵活、多样资本注入的物联网金融融资服务平台。具体操作方法为：有临时资金需求的大宗商品行业企业通过“仓易贷”金融服务平台提出融资申请，由银行对企业进行评级并反馈；随后，企业与保险公司签订保险合同，将受益人设定为银行，再由银行放款给事先与企业签署好合同的交易中心，由交易中心放款。交易中心利用物联网监管系统，对仓储作业采用全程信息化管理，时刻监管在押货物的动态和静态信息，从根本上杜绝重复质押或者空单质押的产生。同时，监管系统与中心仓储系统、银行及保险公司相应的管理系统对接，实现数据的互联互通。

二、解决方案

鉴于“仓易贷”是针对大宗商品行业企业基于动产质押的融资平台，故“仓易贷”提供的业务服务涉及大宗商品行业企业、金融机构、仓储企业等，其业务流程及监管方法如图 4-17 所示。

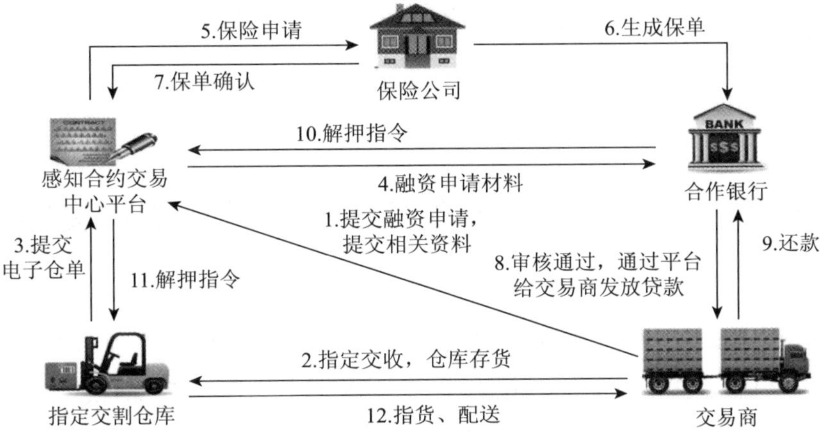

图 4-17　仓易贷业务智能监管

资料来源：马宏建. 物联网的金融蓝海［R］. 方正证券

仓易贷产品的期限大都为 10~180 天，年化收益为 6%~10%。如前所述，“仓易贷”是由易简贷公司与国内知名的第三方监管仓库合作推出的，其主要的业务流程如下：

（1）全国各地的借款人（货主）提交融资申请（贷款金额为货物市场评估值的 50%及以下）并提交相关材料；

（2）货主在遍及全国的中仓网仓储基地提供足额货物，货物质押（要求签订货物资产的处置方）、封存后，负责货物监管的交割仓库向中心平台提交电子仓单；

（3）合作银行收到中心平台传递的融资申请材料和保险公司的确认保单后，向审核通过的借款人发放贷款；

（4）借款到期，货主向合作银行还清贷款后，合作银行发解押指令给中心平台，中心平台发解押指令给指定的交割仓库，最后由货主提货。

从图 4-17 不难发现仓易贷是典型的四流合一产品，它叠加了仓储过程中需要的仓储、物流、互联网/物联网、金融（合作银行和保险公司）等多个环节，从“产品、法律、透明、资金、监管”等多方面充分保障投资者权益，践行普惠金融，实现了资金、货物、仓库、商业的融合，达到了加强风险控制，提高资金流动性，保障投资人利益，进而促进物联网金融模式平稳健康发展的目的。

第六节　实证6——开鑫金服的动产融资押物监管

开鑫金服是由开鑫贷融资服务江苏有限公司开发的App，由国开金融有限责任公司联合江苏省信用再担保集团有限公司、江苏省国信资产管理集团有限公司、无锡金投控股有限公司等江苏省内大型国有企业出资设立。该平台坚持“支持实体、服务百姓”的发展理念，目前主要为供应链合作伙伴提供系统开发、产品与风控模型设计等服务，在引领民间资本参与重点项目建设，引导社会资金支持实体经济，降低中小微企业融资成本等方面取得了一定成效。开鑫金服旗下开鑫贷坚持小额普惠原则，提供网络借贷信息中介服务；开金中心是金融资产交易、定制化投融资服务平台。

开鑫金服提供的基于动产抵押和质押的融资产品包括车辆担保抵押、合作机构担保、保险公司承保、供应链金融等系列产品。因篇幅问题，本节简要概述开鑫金服的整车物流供应链融资、应收账款融资等动产融资业务及押物监管问题。

一、整车物流供应链融资与押物监管

（一）整车物流供应链融资业务概述

目前，国内物流承运商的车队大多为车辆少、员工少的夫妻店，经营规模不大，缺乏抵押物。承运商若采用传统的银行贷款模式，每贷一笔款，都要跑到线下网点，不仅浪费时间，且放款时间长达一个月乃至数月。根据中国物流与采购联合会物流金融专业委员会数据，我国物流企业的融资需求每年在3万亿元以上，成本被满足的尚不足10%。

为缓解物流企业融资难、融资贵，推动实体经济发展，国务院办公厅出台了《国务院办公厅关于进一步推进物流降本增效促进实体经济发展的意见》，提出拓展物流企业的融资渠道。在 2018 年 4 月 23 日的中央政治局会议上，提出要“降低企业融资、用能和物流成本”。基于此，开鑫金服旗下的开金中心与上市公司长久物流集团合作，开发并上线了整车物流供应链融资业务（如图 4-18 所示），为长久物流承运商提供精准融资（24 小时以内可融资成功）。项目上线三个多月，已成功为承运商提供资金 10719 万元。历经五载，开鑫金服借助金融科技将小微企业融资成本降至 8%。

图 4-18　整车物流供应链融资业务

（二）整车物流供应链融资的押物监管

根据长久物流将每条运输线路的运输量按照份额分配给各个承运商的物流实际，开鑫金服为长久物流定制开发了整车物流供应链融资平台，对整车装载货物后的质押物（如图 4-19 所示）按照如下步骤进行监管：

步骤 1：承运商登录系统；

步骤 2：上报承运车辆的车牌号；

步骤 3：在线办理动产融资质押的相关手续；

步骤 4：采用 GPS 技术，对承运在途车辆进行自动跟踪、定位；

步骤 5：货物安全运送到目的地后，解除质押。

从以上步骤可以看出，开鑫金服的整车物流供应链融资平台，对质押货物的管控过程不需要承运商全程汇报，不仅方便了物流集团对体系内承运商的管理，而且实现了对质押货物的自动监管。

此外，专注于金融科技服务的开鑫金服为长久物流集团定制开发的供应链系统，通过直连长久物流集团的 ERP，还能够充分挖掘承运商与长久物流集团之间业务往来的真实数据，有效解决了制约传统供应链金融业务的“信息不对称”问题，在风险可控的前提下实现了精准服务。通过智能化融资系统以及大数据风控，开鑫金服实现了对异地承运商的快速融资。

图 4-19　物流供应链融资业务的整车在押标的物

二、应收账款融资业务及其押物监管

（一）应收账款融资业务概述

应收账款融资是指企业将自己的应收账款转让给银行并申请贷款，银行的贷款额一般为应收账款面值的 50%~90%，企业将应收账款转让给银行后，应向买方发出转让通知，并要求其付款至融资银行。

目前，应收账款融资主要包括以下三种类型：

（1）应收账款质押融资（Assigning of receivables）。即供货企业以应收账款债权作为抵押品向融资机构融资，融资机构在向供货企业融通资金后，若购货方拒绝付款或无力付款，融资机构具有向供货企业要求偿还融通资金的追索权。

（2）应收账款保理（Factoring of receivables）。收账风险转移给融资机构，融资机构要承担所有收款风险并吸收信用损失，丧失对融资企业的追索权。

（3）应收账款证券化。应收账款证券化是资产证券化的一部分，指将企业那些缺乏流动性但能够产生可以预见的稳定的现金流量的应收账款，转化为金融市场上可以出售和流通的证券的融资方式。

应收账款融资业务能缩短企业应收账款的收款期限，降低了买卖双方的交易成本，提高了资金的周转速度和人力运用效力，免除了企业人工收账的困扰。因此，优化企业应收账款管理，可以为企业活化除固定资产以外的资产科目，通过应收账款增加营运周转金，强化财务调度能力。

（二）应收账款质押融资押物监管案例——开鑫金服质押牛奶监管

为了践行物联网金融进一步深化“服务实体、服务三农、服务小微企业”的理念，开鑫金服以物联网技术为依托，通过赋予动产以不动产属性，以物联网动产融资形式为合作企业提供了应收账款质押融资服务。

开鑫金服的应收账款质押融资服务，是根据开鑫金服供应链的历史数据，通过优选无违约记录的核心企业，选择贸易业务交易规模稳定、单笔规模较小、商品价格波动较小的食品及农产品企业，为之提供应收账款质押融资。鉴于篇幅所限，本节以牛奶为例，简要说明应收账款质押融资押物监管方法。

一家食品公司A，销售一批牛奶给下游的若干分销商。若分销商无法全额付款给食品公司，可向与之合作的开鑫金服提出融资需求。之后，开鑫金服通过物联网传感设备，对这批质押牛奶进行追踪、监控和管理，流程和方法如下：作为分销商的一家超市，每卖出一箱牛奶，扫描牛奶箱上的条形码，库存数量减少一箱，销售数据增加一箱，销售收入立即得到计算更新；借助开鑫金服的管理平台，分销商、食品公司和融资服务机构都可以实时接收质押牛奶供销数据的变化，进而能够清晰、准确地获取质押牛奶的库存及销售数据，确保分销商及时还款，进而实现了对这批质押牛奶的智能监管。

第五章

结　语

本书针对目前国内动产融资过程中的重复抵/质押、押品价值不足、货权不清晰、监管过程不透明、监管方道德风险、预警不及时等问题，在广泛吸收了业内专家学者真知灼见基础上，通过借助物联网技术赋予动产以不动产属性，从动产融资抵质押物实时感知、仓单及仓储的智能化管理，非标仓单的标准化及智能仓单的统一化管理，供应链动产融资的全程无遗漏监管等维度，构建了物联网金融业态下的动产融资押物监管模型，并对动产融资的抵质押物智能监管进行了实证分析。

在组织结构上，我们在概述物联网金融、分析物联网金融现状、对比传统金融与新金融的基础上，对动产融资、动产押物管理现状、国内动产融资统一登记系统、国外动产融资管理经验等动产融资现状进行了深入分析；之后，提出了基于物联网的动产融资押物监管模型，给出了动产押物状态信息的主动实时感知方法，介绍了基于物联网技术的动产融资感知仓，论述了基于物联网的感知仓单生成步骤及应用方法，阐述了基于物联网的动产押物监管技术和服务系统，并概述了供应链动产融资模式下的押物监管途径；最后，结合基于物联网的 GPS 车贷、基于物联网的汽车租赁、基于物联网的供应链融资、平安银行大宗商品融资、易简贷与中铁物流合作的仓易贷、开鑫金服的动产融资等实际案例，对基于物联网的动产监管技术和方法进行了实证分析。

研究成果对变革供应链金融模式，带来动产融资业务的智慧式新发展，以及银行全面、主动监控抵押物并及时掌握供应链上下游企业经营状况，提高银行对动产融资的积极性，破解当下的动产融资困局，推动动产融资业务蓬勃发展，构建物联网金融信任新体系，防范化解金融信贷风险，为银行信贷决策提供参考等，具有积极的探索意义。同时，研究成果对解决企业融资难、融资贵问题，优化配置企业资本，规范商品流通秩序以及推动金融创新等，具有一定的理论指导意义和实际应用价值。

利用物联网作为客观信用高阶形态的先天优势，可以构造全新的业务逻辑和商业体系，为流动的商品赋予金融属性，重塑行业信用体系，推动主观信用向客观信用变革，对在一定程度上破解传统动产融资难题有积极作用。由于物联网金融涵盖了仓储物联网金融、货运物联网金融、公共服务物联网金融等多个方面，借助物联网技术，可以对仓储金融的监管服务实现网络化、可视化、智能化，使得过去独立的仓储金融服务得到发展，也可使金融创新服务风险得到有效控制；借助货运物联网金融服务，可以通过双向管理（金融管理与物联网管理）的手段并复合金融卡技术（RFID 卡与银行卡合一），面向货运车辆，实现一车一卡，集成卡车运营中的一切商务活动，进行金融物联网金融概论服务创新；借助物联网技术，通过在远程抄表（燃气表、水表、电表等）公共服务系统的智能卡上集成金融服务，实现远程金融直接结算，并借助金融卡的集成作用作为通行证，打通各个公共服务物联网，实现各个专业的、孤立的物联网之间的共享服务。然而，因为时间原因及团队的研究实力及水平有限，本书仅对仓储物联网金融、货运物联网金融领域动产融资的监管方面进行了研究，尚未涉及公共服务物联网金融领域的监管、M2M+GNSS 模式的供应链融资物流监管、基于 NB-IOT 的资产追踪等问题，这也是我们未来研究的重点之一。

参考文献

[1] 何盛明. 财经大辞典 [M]. 北京：中国财政经济出版社，1990.

[2] 盖锐，孙晓娟. 金融学（第二版）[M]. 北京：清华大学出版社，2016.

[3] 皮天雷，赵铁. 互联网金融：逻辑、比较与机制 [J]. 中国经济问题，2014（4）：98-108.

[4] 皮天雷，赵铁. 互联网金融：范畴、革新与展望 [J]. 财经科学，2014（6）：22-30.

[5] 关于促进互联网金融健康发展的指导意见 [J]. 中国银行业，2016（7）：45.

[6] 苏曼丽，阳淼. 首批 27 家企业获第三方支付牌照　上海银联“意外”落选 [J]. 金融科技时代，2011，19（6）：10.

[7] 刘艳梅，余江，张越，陈凯华. 七大战略性新兴产业技术创新态势的国际比较 [J]. 中国科技论坛，2014（12）：68-74.

[8] 国务院关于加快培育和发展战略性新兴产业的决定 [J]. 中国投资，2010（10）：15.

[9] 王继祥. 中国物联网金融研究报告（内部报告）[R]. 华夏物联网研究中心，2012-12.

[10] 阙方平. 颠覆性变革悄然来临：物联网金融“十大假说”[J]. 银行家，2016（11）：32-37.

[11] 胡稚弘. 物联网金融创新助力工行智慧转型发展 [J]. 中国金融电脑，2018（2）：34-38.

[12] 吴少驹. 物联网在互联网金融中的应用 [J]. 全国商情（经济理论研究），2015（23）：73-74.

[13] 周轩千. 平安银行行长邵平：物联网金融是互联网金融的高阶形态 [N]. 上海金融报，2016-02-26（A07）.

[14] 杨健. 物联网金融是互联网金融的高阶模式 [J]. 大众理财顾问，2017（10）：32.

[15] 范永霞. 物联网金融概论 [M]. 北京：中国金融出版社，2018.

[16] 供应链金融创新案例 [R]. 银通智略报告，2016-10.

[17] 专家：新金融是我国经济转型新亮点 [EB/OL]. 新华网，2016-07-15.

[18] 聚宝汇彭帅：新金融的核心是多元化　需要更多生态圈参与 [EB/OL]. 零壹财经，2016-08-10.

［19］中华人民共和国担保法［EB/OL］. 中国政府网，2005.

［20］邹瑜. 法学大辞典［M］. 北京：中国政法大学出版社，1991.

［21］吴庆宝. 最高人民法院专家法官阐释民商裁判疑难问题［M］. 北京：人民法院出版社，2008.

［22］娄飞鹏. 动产抵押与动产质押的比较分析及建议［J］. 海南金融，2012（11）：76-78.

［23］柳芃. 论动产抵押与动产质押的竞合［J］. 中国海洋大学学报（社会科学版），2016（1）：75-80.

［24］青岛港融资骗贷案追踪［EB/OL］. https：//finance. ifeng. com/stock/special/qingdaogang/.

［25］沈绍基. "青岛港事件"带给仓储业与担保品管理的思考［J］. 中国银行业，2014（7）：44-47.

［26］刘长江. 我国商业银行抵质押品管理中存在的问题及对策研究［J］. 河北企业，2012（8）：13-14.

［27］赵华. 如何提高商业银行抵质押品管理的有效性［J］. 商，2014（17）：104.

［28］https：//www. zhongdengwang. org. cn/zhongdeng/index. shtml.

［29］孙飞显，刘喆，赵景海. 物联网金融业态下的动产融资押物监管模型［J］. 中州大学学报，2018，35（6）：110 - 113.

［30］张卫国，卢媛媛，等. 基于非均衡模糊近似支持向量机的 P2P 网贷借款人信用风险评估及应用［J］. 系统工程理论与实践，2018，38（10）：2466-2478.

［31］韦起，魏云捷. 基于 Markov-vine copula 的我国网贷平台对传统金融机构风险传染效应研究［J］. 系统工程理论与实践，2018，38（2）：317-328.

［32］董纪昌，王国梁，等. P2P 网贷平台信任形成机制研究［J］. 管理学报，2017，14（10）：1532-1537.

［33］毛杰. 基于基础设施建设采用互联网金融+PPP 模式研究［J］. 中州大学学报，2016，33（2）：10 - 15.

［34］侯燕. 新常态下农村金融改革面临的新挑战及应对策略［J］. 中州大学学报，2016，33（5）：47-52.

［35］张璇. 物联网金融下银行创新转型及风险防范的思考［J］. 华北金融，2017（5）：59-62.

［36］李晓雯，海峰. 基于 AHP 层次分析法的物联网金融安全系统构建［J］. 财会月刊，

2017（12）：64-67.

[37] 石永. 信用体系视角探索物联网金融发展［J］. 中国新通信，2018，20（9）：76-77.

[38] 李雪迎. 物联网金融模式下我国商业银行贷前控制研究［J］. 中国商论，2018（10）：37-38.

[39] 安世友. 论我国动产浮动抵押的比较优势、融资风险及应对之策［J］. 金融理论与实践，2015（3）：20-23.

[40] 陈书义，李建慧，吴明娟，邢涛. 物联网动产质押监管系统应用及标准化［J］. 信息技术与标准化，2017（7）：20 - 22.

[41] 谭德俊. 基于经济资本的商业银行全面风险管理研究［D］. 湖南大学，2014.

[42] 严代彪，孙长国. 基于感知卡的物资配送监控管理系统设计［J］. 计算机与网络，2015，41（6）：72-75.

[43] 田进凤. 多目标优化在供应链库存管理中的应用［J］. 商业经济研究，2016（16）：34-35.

[44] 赖冬琴. 供应链下的服装企业库存管理优化［EB/OL］. https：//www. 21ks. net/lunwen/ kcgl/101547. html.

[45] 闫碧莹. 基于供应链管理的库存管理模式分析［J］. 企业技术开发，2016，35（14）：128-129.

[46] 魏晓玮. S公司供应链库存管理现状及问题分析［EB/OL］. https：//max. book118. com/html/2015/0616/19200228. shtm.

[47] 陈丹. 不确定环境下的建筑供应链库存管理［J］. 经济师，2015（12）：194-196.

[48] 刘永胜. 供应链库存管理面临的挑战与对策［J］. 经济问题，2003（3）：21-23.

[49] Guerriero，F. Olivito. Journal of Mathematical Modelling and Algorithms in perations Research，2014，13（3）：1-36.

[50] T. Paukert，Z. Sirotek. Tinbergen Institute Discussion Papers，2016，91（1 - 2）：260-272.

[51] Solomon. Designing a New Car Rental Service Using Location-Based Services，2015.

[52] B. Fontem. An Optimal Stopping Policy for Car Rental Businesses with Purchasing Customers［J］. Annals of Operations Research，2016：1-30.

[53] Taub，Eric A. New York Times，No. 57315，2016.

[54] F. Omar，A. Nabot. Ease of Use and Its Effect on User Decision of Adopting New Method of

Car Rental Service, 2016.

[55] Burkitt-GrayAlan. Global Telecoms Business. 2017.

[56] 陶浩. 我国汽车租赁业发展环境与需求分析 [J]. 企业研究, 2012 (4): 4.

[57] 霍潞露, 董伟栋. 浅谈中国汽车租赁行业的发展 [J]. 汽车工业研究, 2014 (11): 16-19.

[58] 王楠楠. 汽车租赁企业缘何屡当“替罪羊”[J]. 交通建设与管理, 2013 (Z1): 24-25.

[59] 胡燕玲. 汽车租赁企业发展的问题及建议 [J]. 现代经济信息, 2014 (15): 379.

[60] 王凌艳. 沈阳市汽车租赁业情况调查 [J]. 合作经济与科技, 2015 (22): 51-52.

[61] 蒋金亮, 苏红. 电动汽车分时租赁发展模式研究 [J]. 交通与运输 (学术版), 2016 (2): 82-84+93.

[62] 张晖. 汽车融资租赁登记制度研究 [D]. 华南理工大学, 2016.

[63] 董永胜. 电动汽车分时共享租赁平台的设计与实现 [D]. 西安电子科技大学, 2016.

[64] 杨小鸿. 新能源出租汽车与分时租赁共同发展的现状、问题与对策 [J]. 中国国际财经 (中英文), 2017 (21): 215-216.

[65] 郭传凯. 共享经济属性的回归与网约车监管思路的选择 [J]. 山东大学学报 (哲学社会科学版), 2017 (3): 82-88.

[66] 陈成功. 营运车辆挂靠经营与租赁经营的行政监管浅析 [J]. 法制博览, 2018 (33): 238.

[67] 马铭婉. 网约车行政监管路径的探索 [J]. 辽宁行政学院学报, 2018 (6): 68-72.

[68] 李晓瑜. 网约车运营监管之法律问题探析——以郑州市新政实效为例 [J]. 决策探索 (下), 2018 (4): 17-18.

[69] 潘敏, 吕栋, 唐建东, 郑毅, 林源. 互联网环境下商业银行信用风险管理创新研究——以物联网技术在汽车产销供应链融资中的应用为例 [J]. 福建金融, 2015 (7): 57-60.

[70] 冯晓玮, 王成付, 奚雷. 物联网金融模式下供应链融资风险识别与控制 [J]. 商业经济研究, 2016 (3): 180-182.

[71] 郭行飞. 物联网金融模式下供应链融资风险识别与控制研究 [J]. 现代营销 (下旬刊), 2018 (2): 36.

[72] 尹海丹. 中山市供应链金融发展创新研究 [J]. 合作经济与科技, 2018 (17): 50-53.

[73] 龙云安, 张健, 艾蓉. 基于区块链技术的供应链金融体系优化研究 [J/OL]. 西南金

融，2019（1）：1-7［2019-02-20］. http：//kns. cnki. net/kcms/detail/51. 1587. F. 20190116. 1445. 006. html.

［74］刘伯超. 供应链融资中动产质押法律风险与防范措施［J］. 物流技术，2017，36（8）：131-135.

［75］姜华 . 感知物联网动产监管系统解决方案［EB/OL］. http：//info. 10000link. com/newsdetail. aspx？doc=2015092890003.

［76］阙方平. 物联网金融制度变迁研究［M］. 北京：中国金融出版社，2017.

附录　仓单要素与格式规范

1　范围

本标准规定了仓单类型、要素、印制与填写要求。

本标准适用于仓储活动中使用的普通仓单，质押融资业务、期货交易中的可流转仓单等。

2　规范性引用文件

下列文件对于本文件的应用是必不可少的。凡是注日期的引用文件，仅标注日期的版本适用于本文件。凡是不标注日期的引用文件，其是最新版本（包括所有的修改单）适用于本文件。

GB/T 18354 物流术语

3　术语与定义

GB/T 18354 界定的以及下列术语和定义适用于本文件。

3.1

仓单 warehouse receipt

仓储保管人在与存货人签订仓储保管合同的基础上，按照行业惯例，以表面审查、外观查验为一般原则，对存货人所交付的仓储物品进行验收之后出具的权利凭证。

[GB/T 18354—2006，定义 3.22]

3.2

仓单要素 warehouse receipt fundamental element

仓单在形式和内容上所包含的反映仓储物品和活动的单元信息。

3.3

保管人 depository

依据仓储合同，验收、储存、保管与交付存货人仓储物，并收取仓储费的一方。

3.4

存货人 customer

依据仓储合同，将仓储物委托保管人储存保管，并支付仓储费的一方。

3.5

仓单持有人 warehouse receipt holder

合法持有仓单的当事人。

注：仓单持有人最初为存货人，在仓单经背书转让后，仓单持有人即为受让人。

3.6

保兑 confirmation

保管人出具的仓单经存货人同意，由其他仓储保管方承诺向仓单持有人兑现仓单货物的保证。

3.7

背书 endorsement

在仓单背面或者粘单上记载有关仓单转让等事项并签章的行为。

4 仓单类型

4.1 普通仓单

依据仓储合同，由保管人向存货人出具的不可转让的存储仓储物的凭证。普通仓单示例参见附录 A。

4.2 可流转仓单

因仓储物权发生变化，经仓单持有人背书和货物保管人确认后可依法转让的仓单。可流转仓单示例参见附录 B。

5　仓单要素

5.1　必备要素

普通仓单的必备要素包括 14 项，可流转仓单的必备要素包括 28 项。必备要素的内容及用语见附表 1。

附表 1　仓单必备要素的内容及用语

仓单类型	序号	要素内容	可选择用语	填写说明
普通仓单、可流转仓单	1	“仓单”字样	仓单、入库单	可流转仓单使用“仓单”字样，普通仓单使用“入库单”字样
	2	仓单编号	编号，No.	
	3	仓单填发日期	填发日期	汉字大写，如贰零壹贰年拾壹月壹日
	4	存货人名称	存货人，存货单位	存货人（单位）实名全称
	5	存货人住所	存货人地址	
	6	保管人名称	保管人，保管单位并盖章	保管单位实名全称并盖章
	7	仓储物名称	名称、品种	
	8	仓储物规格	规格、型号、等级	
	9	仓储物包装	包装	
	10	仓储物计量单位	单位	件、千克、立方米等
	11	仓储物数量	数量	
	12	仓储场所	保管仓库地址	
	13	交货人	交货人签字、送货人签字	填写“自然人”姓名
	14	收货人	仓库收货人、验收人、填发人	填写“自然人”姓名
可流转仓单	15	仓储物标记	标记、商标、生产厂家、生产日期、产地、含量	
	16	仓储物损耗标准	损耗标准	
	17	仓储费率	仓储费率	
	18	仓储物价格	货物合计金额、货值	货物价值大写、小写同时填写
	19	凭证权利展示	凭单提货	

续表

仓单类型	序号	要素内容	可选择用语	填写要求
可流转仓单	20	仓库发货日期	发货日期，提货日期	
	21	被背书人签章	被背书人签章	采用电子化仓单的企业，应在系统内保留连续背书的记录，并可供查询确认
	22	背书人签章	背书人签章	
	23	保管人背书签章	保管人签章	
	24	背书日期	年、月、日	
	25	仓单持有人提取货物盖章	仓单持有人提取货物盖章	公章、人名章、手印
	26	发货人	仓库发货人	填写“自然人”姓名
	27	提货人	提货人签字	填写“自然人”姓名
	28	提货人有效证件	提货人有效证件名称及号码	

5.2　可选要素

仓单可选要素包括 12 项，内容及用语见附表 2。

附表 2　仓单可选要素的内容及用语

仓单类型	序号	要素内容	可选择用语	填写说明
普通仓单、可流转仓单	1	仓储物保险金额	保险金额	
	2	仓储物保险期间	保险期间	
	3	仓储物保险人名称	保险人	
	4	货品编码	货品编码、商品编码	
	5	复核、记账	复核、记账	
	6	“保兑”字样	保兑	应在正本提货联正面显著位置
	7	仓单保兑人签章	保兑人	实名全称
	8	关联仓储合同	关联合同号	
	9	附件	附件	粘贴在指定处，加盖骑缝章
	10	存货库位	货物存放库位	

续表

仓单类型	序号	要素内容	可选择用语	填写说明
普通仓单、可流转仓单	11	格式条款（说明、注意事项）	根据业务需要选用，由存货人与保管人事前约定事项	明确存货人与保管人之间的基本权利义务
	(12)	电子签名栏	电子签名	电子仓单使用

6 仓单的印制与填写

6.1 印制要求

6.1.1 文字颜色

文字颜色宜为黑色。

6.1.2 底纹

仓单正本提货联应印制底纹。

6.1.3 联数

仓单联数应不少于三联，包括正本提货联、会计记账联、仓库留存联等，并标明每联用途。

6.2 填写要求

（1）仓单必备要素应记载齐全，填写工整。

（2）仓单中仓储物金额合计应以汉字大写和阿拉伯数字同时记载，二者应一致。

（3）仓单上的记载事项应真实，不得伪造、变造，可流转仓单所记载要素不得有修改痕迹（包括不得修改后盖章）。

（4）仓单应具唯一性。

附录 A
（资料性附录）
普通仓单示例

以下为普通仓单正面示例。此仓单背面无内容。

×××××公司入库单

填发日期（大写）　　年　　月　　日　　No.

存货人（单位）：　　　　　　　　　　　　　　　　存货人地址：

仓储物名称	规格	包装	单位（件、吨、立方米）	数量	备注

保管人（单位全称）盖章：____________________　　保管仓库地址：____________________

收货人签字：　　　　　　　　　　　　　　　　交货人签字：

附录 B
（资料性附录）
可流转仓单示例

B.1　可流转仓单正面

××××× 公司仓单

填发日期（大写）　　年　　月　　日　　No.

存货人（单位）：____________　　存货人地址：

保管仓库地址：____________

仓储物名称	规格	包装	单位（件、吨、立方米）	数量	标记	仓储物损耗标准	仓储费率
仓储货物合计金额（大写）¥（小写）							

正本提货联

保管人（单位全称）盖章：____________

收货人签字：　　　　交货人签字：

（附件粘贴处）

B.2 可流转仓单背面

×××××公司仓单

填发日期（大写） 年 月 日 No. ____________

被背书人签章 年 月 日	被背书人签章 年 月 日	被背书人签章 年 月 日	被背书人签章 年 月 日
背书人签章 年 月 日	背书人签章 年 月 日	背书人签章 年 月 日	背书人签章 年 月 日
保管人签章 年 月 日	保管人签章 年 月 日	保管人签章 年 月 日	保管人签章 年 月 日

（粘贴单处）

仓单持有人提取货物盖章　　保管人（单位）盖章

提货人：　　发货人：

提货人有效证件名称及号码：　　提货日期：